Rainer Könecke

Interpretationshilfen
Deutsche Kurzprosa
1969–1989

12 Texte und Interpretationen
Sekundarstufe II

Ernst Klett Verlag
Stuttgart Düsseldorf Leipzig

Ein herzliches Dankeschön an meine Kollegin
Gertraud Geisler vom Gymnasium Syke
sowie an meine Freunde Christian Brockmann,
Egbert Zulauf und Burkhard Koch, die mir
mit Korrekturen, guten Tipps und wertvollen
Anregungen sehr geholfen haben!

Die Deutsche Bibliothek – CIP-Einheitsaufnahme

Ein Titeldatensatz für diese Publikation ist bei
Der Deutschen Bibliothek erhältlich

1. Auflage 2002   1 ⁵ ⁴ ³ | 2007 2006
Alle Rechte vorbehalten
Dieses Werk folgt der reformierten Rechtschreibung und Zeichensetzung. Aus-
nahmen bilden Texte, bei denen lizenzrechtliche Gründe einer Änderung ent-
gegenstehen.
© Ernst Klett Verlag, Stuttgart 2002
Internetadresse: http://www.klett-verlag.de
E-Mail: klett-kundenservice@klett-mail.de
Satz: Hahn Medien GmbH, Kornwestheim
Druck: Wilhelm Röck, Weinsberg
Einbandgestaltung: Gabriele Jakobi, Altenkessel
ISBN 3-12-922669-9

Meinem Klassenlehrer und Freund
Christian Brockmann

Inhalt

Einleitung   7

Wolfgang Weyrauch: Uni (1969)
Text   9
Interpretation   13

G. B. Fuchs: Ein Kongressbericht (1969)
Text   27
Interpretation   30

Günter Kunert: Sintflut (1975)
Text   43
Interpretation   46

Angelika Mechtel: Netter Nachmittag (1976)
Text   56
Interpretation   59

Reiner Kunze: Element (1976)
Text   71
Interpretation   74

Brigitte Kronauer: Der Kontrolleur (1977)
Text   89
Interpretation   92

Gabriele Wohmann: So was von Warterei (1978)
Text   103
Interpretation   105

Gisela Elsner: Die Schattenspender (1980)
Text   117
Interpretation   120

Christoph Hein:
Frank, eine Kindheit mit Vätern (1980)
Text   133
Interpretation   136

Christoph Meckel; Reparaturwerkstatt (1981)
Text 151
Interpretation 154

Erich Fried: Der Präventivschlag (1982)
Text 166
Interpretation 168

Hans Joachim Schädlich: Am frühen Abend (1887)
Text 183
Interpretation 185

Einleitung

Der Titel des vorliegenden Bandes der „Interpretationshilfen" enthält mit Bedacht den Begriff „Deutsche Kurzprosa": Im Unterschied zu dem Vorgängerband „Deutsche Kurzgeschichten. 1945 bis 1968" (Klettbuch 922606) wurde bewusst auf den gattungsmäßig einigermaßen klar umrissenen Begriff „Kurzgeschichte" verzichtet. Während im Bereich der deutschsprachigen Kurzprosa der Nachkriegszeit die Gattung der Kurzgeschichte vorherrschend war und sich die meisten damit beschäftigten Autoren – mehr oder weniger – an entsprechenden gattungsspezifischen Merkmalen orientierten, gilt dies für die Zeit der siebziger- und achtziger Jahre des vergangenen Jahrhunderts nur noch sehr bedingt. Die Kurzgeschichte büßte mehr und mehr ihre literarische Vorbildfunktion ein, die sie in der Nachfolge von Borchert, Böll, Schnurre usw. über ca. zwei Jahrzehnte besessen hatte. Während die Kurzgeschichte zum Ende der sechziger Jahre aus den verschiedensten Gründen heraus gewissermaßen ausgedient hatte, gilt dies nicht für einzelne typische Elemente der Gattung, die, als bewährtes episches Handwerkszeug, je nach Bedarf weiter verwendet wurden. Zu diesen zählen u. a. die Konzentration auf wenige Figuren sowie das lineare Erzählprinzip und, in vielen Fällen jedenfalls, der fragmentarische Charakter der Geschichten.

Begriff „Kurzprosa"

So bot es sich für diese Sammlung von wiederum 12 Interpretationen an, den allgemeinen Begriff „Kurzprosa" zu wählen und die einzelnen hier interpretierten Texte jeweils mit dem ebenfalls eher unspezifischen Begriff „Geschichte" zu bezeichnen.

Mit der Preisgabe der Gattung Kurzgeschichte ist jedoch, wie die nachfolgenden Analysen zeigen sollen, keineswegs auch ein Verzicht auf eine konzentrierte Durchgestaltung von Werken der modernen Kurzprosa verbunden. Von den formalen und thematischen Möglichkeiten des Erzählens wird vielfältiger bzw. vielgestaltiger als zuvor Gebrauch gemacht, und das in mehrfacher Hinsicht. So greifen einige Autoren auf parabolische Formen (Kunert, Fried, Meckel) und sogar auf alt- und neutestamentarische Motive zurück (Kunert, Fried; Schädlich). Neben Beispielen eines sehr realistischen Erzählstils (die DDR-Autoren Hein und Kunze, ebenso Schädlich) treten groteske (Elsner) oder phantastische und sprachlich verrätselte (Fuchs) bzw. ins Surrealistische hinüberspielende Formen (Meckel). Die meisten Autoren wahren konsequent die Außensicht, einzelne hingegen geben das Geschehen aus einer betont subjektiven Sicht wieder (Wohmann, Mechtel, Fried).

Vielfalt der Formen ...

Auch in thematischer Hinsicht bieten die hier versammelten Texte ein breites Spektrum: Einige beziehen sich kritisch auf damals aktuelle

... und Themen

politische Vorgänge oder Verhältnisse (Weyrauch, Kunze). Mit der Verantwortung des Einzelnen für die Mitmenschen in der Gesellschaft (Zivilcourage, Nächstenliebe) setzen sich die Texte von Kronauer und Schädlich auseinander, die globale Verantwortung (Dritte Welt, Rüstungswettlauf, Umweltzerstörung) wird in den Geschichten von Elsner, Fried und Kunert angesprochen. Auf das Thema Frau und Gesellschaft, das im Zuge der Frauenbewegung in den Siebzigerjahren an Bedeutung gewann, nehmen die Geschichten der Autorinnen Mechtel und Wohmann Bezug; auf die Problematik von Familien- und Beziehungsstrukturen gehen Meckel und Hein ein.

Die hier genannten Zusammenstellungen können zugleich als Vorschläge für Unterrichtsreihen verstanden werden, in denen über die Methode des inhaltlichen und formalen Vergleichs die unterschiedlichen Phänomene modernen Erzählens herauszuarbeiten wären. Dabei bieten sich natürlich neben der traditionellen Bearbeitungsweise, der Textanalyse und -interpretation, alle möglichen Formen des produktionsorientierten Arbeitens an.

Textauswahl

Selbstredend kann mit der hier getroffenen Textauswahl nicht einmal ansatzweise der Anspruch erhoben werden, die deutschsprachige Kurzprosa der Zeit zwischen 1969 und 1989 zu repräsentieren. Dies verbietet sich schon deshalb, weil außer zwei in der DDR entstandenen Geschichten alle anderen von Autorinnen und Autoren der Bundesrepublik Deutschland verfasst wurden; Texte aus Österreich und der Schweiz fehlen in diesem Band ganz. Die Notwendigkeit einer umfangmäßigen Beschränkung und ebenso der Blick auf das didaktisch Sinnvolle und Machbare ließ es geboten erscheinen, eine Reihe von interessanten Kurzprosa-Texten, z. B. von Thomas Bernhard, H. C. Artmann, Kurt Marti, Peter Bichsel, Volker Braun, Alexander Kluge, Wolfdietrich Schnurre, nicht in die Sammlung aufzunehmen. Es ist jedoch durchaus denkbar, dass Schüler, die im Unterricht mit Eigenarten der Kurzprosa und Methoden ihrer Analyse (und möglichst auch ihrer Synthese) vertraut gemacht wurden, sich im Rahmen einer Ausweitung des Themas oder im Zusammenhang einer Semester- oder Facharbeit selbstständig mit Texten dieser oder anderer Autoren dieses Zeitraumes auseinandersetzen.

Wolfgang Weyrauch: Uni (1969)

Der Polizist konnte nicht mehr atmen. Hinter der Pflastermalerin her, die wie ein Kerl aussah, quer übern Kaiserplatz, unter dem Viadukt durch, den Südwestcorso lang, bis zur Laubenheimerstraße, links ab, wo sonst, nach rechts heißt sie anders, auf die rechte Seite, in irgendein Haus hinein, aber in welches, egal, bloß dem Mädchen nach, dem man mal aus dem Trainingsanzug helfen sollte, um herauszukriegen, ob das Fräulein alles hat, was es haben muss, mitten in die Künstlerkolonie, wohin sonst, in den Hof mit den Mülleimern und Sandkuhlen und Teppichstangen, Hof gleich Rechteck, ein Dutzend Türen zu einem Dutzend Häusern, nicht bloß in der Laubenheimerstraße, sondern auch in der Bonner, in der Laubacher, im Südwestcorso, wohnt das Kind hier irgendwo, aber wo, als Hauptmieterin, als Untermieterin, unter richtigem oder falschem Namen, ist sie überhaupt gemeldet, oder hat sie den Hof bloß als Durchschlupf benutzt, hat sie sich versteckt, und wo, der Hof ist ausgestorben, kein Aas liegt im Fenster, Kinder scheint es keine zu geben, aber auch wenn er jemandem begegnen würde, keiner weiß etwas, und wer etwas weiß, ist stumm. Der Polizist blieb stehen. Fast wäre er hingefallen. Er war nicht mehr der jüngste. Aber er war auch kein Schlappschwanz. Er hielt sich an irgendeiner Hauswand fest. Er hatte sich die Kuppen am Bewurf blutig gerissen. Die Blasen, die der Schwamm geworfen hatte, platzten. Das Rieseln erinnerte ihn daran, dass er mit dem Rücken zum Hof stand. Die Pflastermalerin, die machte, was sie wollte, solang, bis er ihr das Handwerk legte, konnte ihn von hinten angreifen. Er drehte sich um. Da war nichts zu sehen, kein Mieter, der Müll in Müll leerte, kein Mäuschen, das Sand um sich schmiss, kein Spießerweib, das einen Teppich um eine Stange rollte, damit es seinen eigenen Dreck mit dem Dreck auf dem Teppich ausklopfte, kein Pflasterweib. Aber es war etwas zu hören. Der Polizist sah sich nach der Hauswand um, woran er sich gelehnt hatte. Es rieselte nichts mehr. Hier, bei ihm, war alles still. Aber ganz in seiner Nähe rieselte es, so, als hätte sich ein andrer, genau wie er vorhin, in eine Hauswand gekrallt, ja, womöglich in dieselbe. Nein, nicht in dieselbe, oder er hätte den andern sehen müssen, die andre, das Pflasterfrl. Aber es war so nah, dass er vielleicht bloß um die Ecke witschen müsste, drei Schritte, zwei Sprünge nach rechts, und er stand vor der stehenden, knienden, hockenden, liegenden Pflasterziege. Liegend wäre am besten, weil er sie so am fixesten erledigen könnte. Jetzt rieselte es auch um die Ecke herum nicht mehr. Wahrscheinlich horchte das Pflastergirl ebenso zu ihm herüber wie er zu ihr. Er hörte keinen Atem. Sie war halb so alt wie er. Sie hörte seinen Atem. Er war doppelt so alt wie sie. Er musste sich in Acht nehmen. Sicher hatte sie Steine in den Hosentaschen. Er hatte keine. Er hatte bloß seinen Knüppel und seine Pistole. Er zog den Knüppel. Er merkte, dass alles voll von Blut war. Der Knüppel war nicht genug. Er steckte ihn zurück. Die Pistole war richtig.

Er zog sie. Dann sprang er. Er erreichte die Ecke, er äugte um sie herum, er sah eine Kellertreppe. Ein Mädchen sah er nicht. Aber er hörte etwas atmen. Das, was atmete, atmete in der Tiefe. Entweder war das Mädchen auf der untersten Treppenstufe oder im Keller. Wenn es im Keller war, warum hatte es den Keller nicht zur weiteren Flucht benutzt? Entweder kam es nicht mehr vom Fleck, weil es erschöpft, verwundet oder verängstigt war, oder die Kellertür war zu. Der Polizist sprang zum Gitter, sah hinunter und sprang zurück. Aber das war bloß ein Routinereflex. Er hätte auch am Gitter stehen bleiben können. Die Pflastermalerin war fix und fertig. War sie es? Sie atmete. Sie hatte ihren geilen, fiesen, mörderischen Atem eingeatmet, ausgeatmet, eingeatmet, und so weiter, als sie ihn angesehen und erkannt hatte. Sie hatten, wie ein verrücktes Liebespaar, Nachlauf gespielt, das heißt, er war ihr nachgelaufen, und sie war vor ihm weggelaufen. Er war der Gendarm, und sie war der Räuber, die Räuberbraut. Sie hatte sich nach ihm umgedreht, er hatte ihr mit dem Knüppel gedroht, sie hatte ihm die Zunge herausgestreckt, er hatte ihr mit der Pistole gedroht. Er hatte nicht geschossen, noch nicht, das machte man erst, wenn es nicht anders ging. Vermutlich war es jetzt so weit. Der Polizist kehrte zum Gitter zurück. Die Braut, die nicht seine Braut war, schien sich nicht bewegt zu haben. Also war die Kellertür zu, oder die Braut wollte ihm eine Falle stellen, oder sie konnte nicht mehr. Sie hatte sich doch bewegt. Sie hatte ihre Trainingshose ausgezogen. Sie hatte nichts darunter angehabt. Er sah bloß Haut und Haar. Entweder wollte sie ihn verführen, um ihn loszuwerden, oder sie wollte ihn verführen, um ihn anzuzeigen. Er fiel nicht drauf herein. Er grinste. Sie fasste es wohl falsch auf, denn sie grinste zurück. Um sie zu übertölpeln, steckte er seinen Revolver ins Futteral. Er hoffte, sie doppelt überlistet zu haben, er war wehrlos, und er zeigte ihr das, was er vorhatte, falls sie es begriff, falls sie ihre Psychologie brav gelernt hatte. Er zweifelte nicht daran, dass sie eine Studentin war, eins von jenen Dingern, die sich so gescheit vorkommen, dass sie alles auf den Kopf stellen, und das nennen sie Revolution. Der Polizist ging die Stufen hinunter.

Er hörte nicht auf, die Pflastermalerin anzusehen. Auf der ersten Stufe traute er ihr nicht über den Weg, auf der zweiten Stufe gefiel sie ihm eigentlich ganz gut, halt so, als Mensch, auf der dritten Stufe gefiel sie ihm, weil sie fast nichts anhatte, auf der vierten Stufe missfiel sie ihm, weil sie fast nichts anhatte, auf der fünften

Stufe gefiel sie ihm, weil sie gefährlich war, und auf der sechsten Stufe missfiel sie ihm, weil sie gefährlich war.
Auf der siebten Stufe stolperte er. Gerade hatte er ihr etwas zurufen wollen, so etwas wie, zieh dich an, Bräutchen, oder, wenn du nicht willst, zieh ich dich an, und dann sehen wir weiter, so oder so, als er auf sie fiel. Aber er stürzte nicht gradewegs, so, wie er wollte, sondern so, wie er musste. Denn das Bräutchen, das eine Hexe war, streckte seinen Besen aus, der auch ein Bein war, und traf den Polizisten dort, wo sein Besen war, falls er da war. Er war da. Er verdreifachte sich. Er tat weh. Alles tat weh, von den Kniekehlen bis zu den Achselhöhlen. Obendrein hatten die Finger wieder zu bluten angefangen. Fallend riss sich der Polizist die Wunden von vorhin auf. Das Blut rieselte und hüpfte überallhin, von den Schulterstücken bis zu den Schäftern. Am schlimmsten war, dass es ihm in die Augen kam. Es verklebte sie, es blendete ihn, es machte ihn fast blind. Blindlings zerrte er den Revolver heraus, blind vor Zorn schoss er um sich.
Er schoss fünfmal. Obwohl er außer sich war, fast irr, schoss er nicht sechsmal. Den sechsten und letzten Schuss hob er für sich selber auf. Das erste Mal schoss er daneben. Die Pflastermalerin lachte sich halb tot. Das zweite Mal schoss er ins Fenster von der Kellertür. Das Glas splitterte und klirrte. Die Jule bekam es mit der Angst zu tun, und kniete sich hin. Das dritte Mal schoss er der Julika ins Knie. Da schrie sie. Das vierte Mal schoss er ihr in den Bauch, damit sie nicht mehr schrie. Aber sie schrie noch mehr als vorher. Das fünfte Mal schoss er dem Julchen in den Hals. Da war sie stumm.
Jetzt konnte die Pflastermalerin keine Liedchen mehr schmieren, oder singen, jetzt würden alle Pflastermaler und Liedersängerinnen sich hüten, Ruhe und Ordnung zu stören, und er, der Polizist, er allein, hätte das Gekritzel und den Singsang unterbunden. Er würde nicht zum sechsten Mal schießen, im Gegenteil, er würde befördert werden. Allerdings musste er vorher Meldung machen, die hieb- und stichfest war. Die Brüder und Schwestern hatten gute Anwälte. Der Polizist bückte sich zum rotweißen Hälschen herunter. Gleich fuhr er wieder hoch. Das Kind atmete noch, aber nicht mehr lang. Er sah ringsherum. Kein Mensch lag in den Fenstern. Jeder musste die fünf Schüsse gehört haben. Aber keiner kümmerte sich darum, weil es um eins von den langhaarigen, dreckigen, besserwisserischen Studentenliebchen ging. Selberschuld.
Er war nicht schuld daran. Er setzte sich auf eine Kellertreppenstufe. Er wickelte seine Stulle aus dem Stullenpapier. Schweizerkäse drauf. Schweizerkäse: Lieblingskäse. Mit der linken Hand die Stulle. Mit der rechten Hand den Bericht. Erster Schuss: Warn-

schuss. Zweiter Schuss: Schuss, damit er Zeugen hätte, aber leider stellte sich niemand ein. Dritter Schuss: Schuss, um die Pflastermalerin unbeweglich zu machen. Vierter Schuss: Schuss der Selbstverteidigung gegen weitere Tritte ins Geschlecht, oder Schlimmeres. Fünfter Schuss: tödlich, weil die junge Frau immer noch angriff. Ergebnis: zuwider, weil junges Ding, aber notwendig, weil Warnung.

(Aus: Wolfgang Weyrauch, Geschichten zum Weiterschreiben. Luchterhand Verlag, Neuwied/Berlin 1969. © Margot Weyrauch, Hamburg)

Interpretation

1 Kurzbiographie und Hinweise zum Werk

Als Sohn eines Landmessers wurde Wolfgang Weyrauch am 15. Oktober 1907 in Königsberg geboren; seine Kindheit und Jugend verbrachte er in Frankfurt/Main, wo er nach dem Abschluss des Gymnasiums eine Schauspielschule besuchte; Engagements erhielt der junge Schauspieler u. a. in Münster und Bochum. Danach studierte Weyrauch Germanistik, Romanistik und Geschichte in Frankfurt/Main und in Berlin, wo er ab 1933 als Lektor und Redakteur bei verschiedenen Zeitungen und Verlagen Beschäftigung fand. Zwischen 1940 und 1945 nahm Wolfgang Weyrauch am 2. Weltkrieg teil und geriet für kurze Zeit in sowjetische Gefangenschaft. Von Ende 1945 bis 1948 war er Redakteur der in Berlin erscheinenden satirischen Zeitschrift „Ulenspiegel". Nach einem Aufenthalt in Worpswede bei Bremen (1950) kam Weyrauch 1952 nach Hamburg, wo er für mehrere Jahre als Lektor im Rowohlt-Verlag arbeitete. Von 1959 an war er als freier Schriftsteller in Gauting bei München tätig, von 1967 bis zu seinem Tod lebte er in Darmstadt. *Kriegsteilnehmer*

Wolfgang Weyrauch, der auch unter dem Pseudonym Joseph Scherer veröffentlichte, fand schon als 22-Jähriger viel Beachtung mit der Kurzgeschichte „Die Ehe", die von Hermann Kesten in dessen Sammelband „24 neue deutsche Erzähler" (1929) aufgenommen wurde. Im Jahre 1931 entstand für das neue Medium Rundfunk das Hörspiel „Anabasis", 1934 die Legende „Der Main". *Früher Erfolg*

Nach dem Krieg zählte Wolfgang Weyrauch zu jenen Autoren, die aufgrund der Erfahrungen mit dem Nationalsozialismus einen literarischen Neuanfang forderten (so prägte er 1949 das programmatische Wort vom „Kahlschlag" in der Literatur). Seit 1951 gehörte er zu den Mitgliedern der Gruppe 47 und setzte sich – wie auch andere Vertreter der Gruppe – literarisch mit seinen Kriegserlebnissen auseinander, immer bemüht, neue Ausdrucksformen auszuprobieren. So entstanden in dieser Zeit neben Erzählungen und Gedichten viele parabolische und surrealistische Texte, die sich dem Hörspiel annähern, u. a. „Die Minute des Negers" und „Bericht an die Regierung" (beide 1953). Unter dem Titel „Dialog mit dem Unsichtbaren" wurde 1962 eine Sammlung von sieben Hörspielen Wolfgang Weyrauchs veröffentlicht. *Werke:* *– Hörspiele*

Daneben nimmt auch die Lyrik breiten Raum im Werk des Autors ein; wichtige Gedichtbände sind „Von des Glückes Barmherzigkeit" (1947), „Lerche und Sperber" (1948), „An die Wand geschrieben" *– Lyrik*

(1950) und „Gesang, um nicht zu sterben" (1956). Im Jahre 1959 hat Weyrauch formuliert, worum es ihm in seinen Gedichten geht: „Ich bin [...] für diejenigen neuen Gedichte, welche die Dichtung – und also den Menschen – vom Fleck befördern, aus der Bewegungslosigkeit, aus den überholten Ordnungen."

– Epik

Die Epik, vor allem vertreten durch Erzählungen und Kurzgeschichten, bildet einen weiteren Schwerpunkt in Weyrauchs künstlerischem Schaffen. Bedeutsam sind die Erzählungsbände „Mein Schiff, das heißt Taifun" (1959), „Unterhaltungen von Fußgängern" (1966), „Auf der bewegten Erde" (1967) und „Geschichten zum Weiterschreiben" (1969); letztgenannter Sammlung ist die hier vorgelegte Kurzgeschichte „Uni" entnommen. Auch in seinen epischen Werken experimentierte der Autor, um Thema und Gegenstand möglichst nahe zu kommen, mit neuen Formen und Möglichkeiten.

Eine Auswahl seiner Werke erschien unter dem Titel „Mit dem Kopf durch die Wand" zuerst 1972, als erweiterte Neuauflage 1977.

Ehrungen

Für „Totentanz" erhielt Wolfgang Weyrauch 1961 den Hörspielpreis der Kriegsblinden. Im Jahre 1973 nahm er den Andreas-Gryphius-Preis entgegen, 1979 die Ehrengabe des Kulturkreises im Bundesverband der Deutschen Industrie. Seit 1968 wurde von Weyrauch der Leonce-und-Lena-Preis für Lyrik vergeben. Der Autor starb am 7. November 1980.

2 Zum Aufbau der Geschichte

Offener Einstieg

Wolfgang Weyrauchs Erzählung „Uni", Ende der sechziger Jahre verfasst, besteht aus insgesamt acht Absätzen und enthält einige der für die Gattung der Kurzgeschichte typischen Aufbaumerkmale, deren erstes sich schon im offenen Einstieg zeigt: „Der Polizist konnte nicht mehr atmen." Der Satz, der wie willkürlich aus einem Geschehen herausgerissen ist, verbirgt mehr als er offenbart: Wer ist „der Polizist"? Was geht seiner Atemlosigkeit voraus? Warum kann er „nicht mehr atmen": Ist er körperlich erschöpft, durch Feuer oder Wasser am Atmen gehindert, oder stockt ihm vor Schreck der Atem? So schlägt der Erzähler bereits mit dem knappen ersten Satz den Leser in seinen Bann und zwingt ihn, weiterzulesen.

Der erste Absatz beschreibt eine wilde Verfolgungsjagd zu Fuß: ein nicht mehr ganz junger Polizist hetzt einem als „Pflastermalerin" bezeichneten Mädchen durch mehrere Straßen Westberlins hinterher; der Absatz endet mit der oben erwähnten Atemlosigkeit des Polizisten, die ihn zum Stehenbleiben und zum Atemholen in einem Hof zwingt.

2 Zum Aufbau der Geschichte

Das Warten des an eine Wand gelehnten erschöpften Beamten, der sich nach allen Seiten umschaut und Betrachtungen zu dem Ort, seinen Bewohnern, zum Zustand der Verfolgten und zu seinem weiteren Vorgehen gegen sie anstellt, behandelt der zweite Absatz.

Im Folgenden wird zunächst erzählt, wie der Polizist, der sich von der Verfolgungsjagd wieder erholt hat, die junge Frau auf einer Kellertreppe im Hof stellt. Ein kurzer eingeschobener Rückblick gibt Auskunft über die Gefühle des Polizisten zu Beginn und während seines Einsatzes. Im Weiteren geht es um Aktionen und Reaktionen der Beteiligten, begleitet von den Gedanken des Polizisten: Die junge Frau hat sich die Trainingshose heruntergezogen, und der Polizist, der glaubt, dass er in eine Falle gelockt werden soll, geht dennoch langsam die Treppe hinunter. *Rückblende*

Seine einzelnen Schritte die Treppe hinunter und parallel dazu die einander ablösenden Gedanken und Gefühle gegenüber der Pflastermalerin beschreibt der vierte Absatz.

Den Höhepunkt markiert dann der nächste: Der Polizist stolpert und stürzt der jungen Frau entgegen, die sich mit einem Tritt in die Genitalien des Angreifers verteidigt. Als Reaktion darauf erschießt der vor Schmerz und Wut wie besinnungslose Polizist die Pflastermalerin. *Höhepunkt*

Ähnlich wie zuvor die Schritte die Kellertreppe hinab einzeln abgezählt und kommentiert wurden, werden nun die fünf Schüsse des Polizisten einzeln beschrieben und aus der Sicht des Schützen begründet; in einer kurzen Bemerkung deutet sich der für einen Moment erwogene Selbstmord des Mannes an.

Die gedankliche und emotionale Auseinandersetzung mit seiner Tat enthält der siebte Absatz, der auch zugleich den Wendepunkt markiert. Der Beamte, der sich nicht um die Versorgung der tödlich Getroffenen bemüht, rechtfertigt vor sich den Mord und verwirft den Gedanken, den sechsten Schuss im Revolver für sich selbst zu verwenden. *Wendepunkt*

Noch am Ort des Geschehens notiert er, wie im letzten Absatz erzählt wird, Stichworte für seinen Bericht, in dem er die Tötung als notwendige „Selbstverteidigung" ausgeben und sich rein waschen will. Ob er damit Erfolg haben wird, bleibt der Phantasie des Lesers überlassen; der Schluss ist also, wie häufig in Kurzgeschichten, offen. Der Titel des Sammelbandes („Geschichten zum Weiterschreiben"), in dem „Uni" enthalten ist, fordert dazu auf, ihn selbst zu finden. *Offener Schluss*

3 Erzählverhalten und Sprache

Personales Erzählverhalten

Die sprachlichen Besonderheiten der Kurzgeschichte „Uni" beruhen vor allem auf dem *personalen Erzählverhalten*. Fast durchgängig wird schon aus der Sicht des verfolgenden Polizisten erzählt; lediglich der erste Satz lässt einen neutralen Erzähler als Außenbeobachter erkennen: „Der Polizist konnte nicht mehr atmen." Schon im folgenden Satz wird in das Innere des rennenden Mannes geblendet; dieser Wechsel vom neutralen zum personalen Erzähler ist hart und unvermittelt und wird durch eine Ellipse unterstrichen: „Hinter der Pflastermalerin her, die wie ein Kerl aussah, [...]." Den Vergleich „wie ein Kerl" zieht der Polizist. Während seiner Verfolgung stellt er sich bei der Betrachtung der Örtlichkeiten auch die Fragen „wo sonst", „wohin sonst" und „wohnt das Kind hier irgendwo", und er kommt in seiner Erregtheit zu dem Schluss: „aber in welches [Haus], egal, bloß dem Mädchen nach, dem man mal aus dem Trainingsanzug helfen sollte".

Erlebte Rede und innerer Monolog

Der personale Erzähler ist vor allem an der *erlebten Rede* erkennbar, vereinzelt auch am *inneren Monolog*, der oft, wie im folgenden Beispiel, wieder in erlebte Rede übergeht: „[...], ist sie überhaupt gemeldet [...] Kinder scheint es keine zu geben, aber auch wenn er [!] jemandem begegnen würde, keiner weiß etwas, [..]." Gedanken und Zweifel des Polizisten vollzieht der Leser mit: „Die Pflastermalerin war fix und fertig. War sie es?"

Die Hektik der wilden Verfolgung wird in einem einzigen langen Satz eingefangen, der aus vielen z.T. elliptischen, assoziativ-ungeordnet aneinander gereihten Fragmenten, aus Beobachtungen, Straßennamen und Fragen besteht und als Ganzes eine Art *stream of consciousness* bildet. Den Abschluss des Absatzes leitet wieder der neutrale Erzähler ein, der mit seiner lakonischen Feststellung: „Der Polizist blieb stehen" an den Anfang anknüpft und somit stilistisch einen ruhenden Gegenpol zur Bewegung des hetzenden Polizisten darstellt.

Anapher

Das mehrfach erwähnte Atemholen des erschöpften Polizisten wird sprachlich durch eine *Anapher* verdeutlicht, mit der seine Handlungen beschrieben werden: „Er hielt sich [...] fest. Er hatte sich [...] gerissen." Auch die Beobachtungen des Atemlosen, der sich im Hof an einer Hauswand festhält, gestaltet der Erzähler anaphorisch und asyndetisch: „kein Mieter, der [...], kein Mäuschen, das [...], kein Spießerweib, das [...]" und – als epiphorische Klimax am Satzende: „kein Pflasterweib". Die Kurzatmigkeit des Polizisten wird hier mithilfe der Syntax nachgebildet und für den Leser somit nachfühlbar.

Personalpronomen

So, als versuche der personale Erzähler für einen Moment die neutrale Sicht einzunehmen, um Objektivität zurückzugewinnen, findet sich im selben Absatz eine Anapher, in der die Handelnden auf ihr *Personalpronomen* reduziert werden: „Er hörte keinen Atem. Sie war halb

3 Erzählverhalten und Sprache

so alt wie er. Sie hörte seinen Atem. Er war doppelt so alt wie sie." Jeder einzelne Satz dieser Parataxe ist, für sich betrachtet, einem neutralen Erzähler zuzuordnen, aber in der Zusammenstellung macht sich der personale Erzähler bemerkbar, der das Verhältnis der beiden Figuren aus der Sicht des Polizisten zeigen und dessen Unterlegenheitsgefühl und Angst ausdrücken will. Aufgrund des *Asyndetons* stoßen diese Sätze hart aufeinander. Die nachfolgenden Anaphern („Er [...]") verlagern den Schwerpunkt wieder in das Innere des Mannes, dessen Befürchtungen und dessen Wut als Voraussetzung für sein weiteres Handeln auf diese Weise intensiv herausgearbeitet werden. Ebenfalls eine anaphorische und asyndetische Satzkonstellation weist der kurze Rückblick auf, in dem die Vorgeschichte der Jagd äußerst knapp rekapituliert wird: „Sie hatte sich nach ihm umgedreht, er hatte ihr mit dem Knüppel gedroht, sie hatte ihm die Zunge herausgestreckt, er hatte ihr mit der Pistole gedroht." Hier wird durch die Satzgestaltung die Eskalation deutlich gemacht, die, hervorgerufen durch das respektlose Verhalten des Mädchens, die Aggression des Polizisten ins Übermäßige steigert.

Asyndeton

Neben der Anapher ist auch das Mittel der *Wortwiederholung* geeignet, die auf sein Opfer fixierten Wahrnehmungen des Beamten sowie seine große innere Spannung zu betonen: „Er erreichte die Ecke, er äugte um sie herum, er sah eine Kellertreppe. Ein Mädchen sah er nicht. Aber er hörte etwas atmen. Das, was atmete, atmete in der Tiefe." usw. (Herv. von mir; R. K.).

Wortwiederholungen

Eine nur bei genauem Hinsehen erkennbare weitere Wortwiederholung ist ebenfalls von Bedeutung: Der vom Rennen völlig erschöpfte Polizist krallt sich mit seinen Händen an einer Hauswand fest: „Er hatte sich die Kuppen am Bewurf [Verputz, R. K.] blutig gerissen. [...] Die Blasen, die der Schwamm geworfen hatte, platzten. Das Rieseln erinnerte ihn daran, dass er mit dem Rücken zum Hof stand." Die Verletzung der Hand verdankt er der Verfolgung des Mädchens, was seine Wut auf sie noch steigert, und das Rieseln verdeutlicht ihm seine Ohnmacht, denn „mit dem Rücken zum Hof" ist er angreifbar. Der unerträgliche Zusammenhang von Schmerz, Wut und Ohnmacht wird an späterer Stelle noch deutlicher, wenn das Wort ‚rieseln' aufgegriffen, aber ungewohnt gebraucht wird: „Das Blut rieselte und hüpfte überallhin, [...]." Normalerweise spricht man davon, dass Blut tropft; hier jedoch wird durch die Wiederholung des Wortes ‚rieseln' an die Verletzung, die der Polizist sich beim Festhalten an der Mauer zugezogen hat, erinnert und so verdeutlicht, dass es sich nicht nur um eine physische, sondern ebenso um eine psychische „Wunde" handelt, die das katastrophale Finale einleitet.

Das Bild des ‚rieselnden' Blutes wird im Folgenden weitergeführt; mit einer Anapher und einem *Wortspiel* hebt der Erzähler den Höhepunkt der Kurzgeschichte, das tödliche Ende der Verfolgungsjagd, heraus:

Wortspiel

„Es [das Blut] verklebte sie [die Augen], es blendete ihn, es machte ihn fast blind. Blindlings zerrte er den Revolver heraus, blind vor Zorn schoss er um sich." Die konkrete Bedeutung von „blenden" und „blind", die das Unvermögen meint, mit den Augen etwas wahrzunehmen, wird direkt im Anschlusssatz überführt in die übertragene Bedeutung desselben Wortstamms: „Blindlings" ist das Handeln des Polizisten, weil er – nicht nur durch das Blut in den Augen – unfähig ist, mit dem Verstand das eigene Handeln zu kontrollieren. Die darauf folgende redensartliche Metapher „blind vor Zorn" gibt den gefühlsmäßigen Grund für dieses Unvermögen an. So wird als dramatische Hinführung auf den Höhepunkt der Kurzgeschichte der Wortstamm von „blind" in verschiedenen Variationen der konkret-sinnlichen und der emotional-metaphorischen Ebene durchgespielt, um in diesem Zusammenhang das Motiv für den Totschlag bzw. Mord auch sprachlich durchschaubar zu machen.

Telegrammstil   Im *Telegrammstil* klingt die Kurzgeschichte aus, wobei die stichwortartigen Notizen des Beamten als stilistisches Vorbild genommen wurden. Das Erzählverhalten wechselt nun wie schon zu Beginn zwischen neutralem und personalem Erzähler und erzeugt eine Unruhe, die in gewissem Widerspruch zu der Selbstgerechtigkeit des Beamten steht: Die Äußerung „Er war nicht schuld daran" zeigt zunächst eindeutig die Innensicht des Polizisten. „Er setzte sich auf eine Kellertreppenstufe. Er wickelte seine Stulle aus dem Stullenpapier" ist hingegen aus der Außensicht geschrieben. Mit der Feststellung „Schweizerkäse drauf" tritt erneut ein Wechsel im Erzählverhalten ein: Nicht nur die

Ellipsen   *Ellipsen*, sondern auch das *umgangssprachliche* „drauf" (statt „darauf")
Umgangssprache   deutet auf die Gedanken des Mannes. Während das Bild eines Stullen essenden und zugleich schreibenden Polizisten etwas Gemütliches, Menschliches vortäuscht, erhebt der militärisch-knappe, fast brutale Stil, in dem der Mann seine Gedanken zur Tötung notiert, dagegen Einspruch. Die redensartliche Wendung, dass seine „Meldung" „hieb- und stichfest" ausfallen soll, unterstreicht diesen Eindruck.

Überwiegend wird aus der „persona" des Polizisten heraus erzählt, aber aus einer kurzen Passage scheint auch die Sicht des Mädchens

Sicht des   hervor: Als der stolpernde Polizist die Kellertreppe hinunter- und auf
Mädchens   die junge Frau fällt, sieht er in ihr eine „Hexe" – und so sieht sie sich in dieser Situation vielleicht auch selbst: Sie streckt ihm nämlich – eine beinahe witzige Metapher – ihr Bein als „Besen" entgegen und trifft „den Polizisten dort, wo sein Besen war, falls er da war. Er war da." Sie registriert also die Wirkung ihres Tritts. Diese lakonische Feststellung in Verbindung mit dem Besenvergleich, der den Kampf der Geschlechter ins Märchenhafte verlegt, klingt schadenfroh, so, als genieße die junge Frau ihre Genugtuung darüber, im Kampf des langen gegen den kurzen Besen den lüstern-brutalen und aufgrund seiner Unbeholfenheit hilflosen Mann besiegt zu haben.

4 Die Figuren

Von den lediglich zwei Figuren, auf die sich die Handlung der Kurzgeschichte beschränkt, tritt nur eine in ihren Eigenschaften wirklich deutlich hervor: der *Polizist*. Sein Wesen offenbart sich durch das in der Geschichte vorherrschende personale Erzählverhalten; vornehmlich durch seine Sicht der Welt lernt der Leser ihn als die Hauptfigur kennen.

– Der Polizist

Es handelt sich also um eine Art indirekter, im Einzelnen lückenhafter Selbstcharakteristik, die manche Frage offen lässt. Das Alter („nicht mehr der jüngste" ist eine eher ungenaue Umschreibung), sein Dienstgrad und sein Familienstand bleiben im Dunkeln. Dass es sich bei diesem Polizisten aber um einen intoleranten Menschen voller Aggressionen und Vorurteile handelt, zeigt sich bereits im ersten Absatz. So kommentiert er die Flucht des Mädchens „mitten in die Künstlerkolonie" mit den Worten „wohin sonst". Dabei ist nicht so sehr die Tatsache entscheidend, dass er das Mädchen beim Bemalen des Pflasters ertappt hat. Aber ein Mädchen, das sich bereits durch sein Äußeres nicht an die Maßstäbe weiblicher Erscheinungsformen anpasst, sondern „wie ein Kerl aussah", kann seinem Weltbild entsprechend nur in der Künstlerkolonie wohnen – Künstler führen eine freie und deshalb suspekte Existenz, ihnen ist alles zuzutrauen, nicht nur, dass sie das Pflaster bemalen: Möglicherweise haben sie sich nicht einmal polizeilich „gemeldet". Der Hof mit den Mülleimern, Sandkuhlen und Teppichstangen lässt indes nicht unbedingt auf Künstler als Bewohner schließen, was dem Mann wohl deutlich wird, seine Aggressionen aber nicht vermindert: Sein Hass richtet sich nicht nur gegen unangepasste Künstler, sondern ebenso gegen das diesem Hof in Gedanken zugeordnete „Spießerweib, das einen Teppich um eine Stange rollte, damit es seinen eigenen Dreck mit dem Dreck auf dem Teppich ausklopfte". Aus diesen Worten spricht die Verachtung gegenüber sozial Benachteiligten in Mietsblöcken – ihnen fühlt sich der Mann offenbar überlegen.

Intoleranz
Aggressionen
Vorurteile

Die Irritation des Mannes darüber, dass er es mit einem ernst zu nehmenden Gegner und zugleich mit einer Frau zu tun hat, verrät die Correctio „[...] oder er hätte den andern sehen müssen, die andre, das Pflasterfrl.[!]". Immer neue Bezeichnungen findet er für das Mädchen: aus der „Pflastermalerin" wird ein „Pflasterweib", ein „Pflasterfrl.", eine „Pflasterziege" und schließlich gar ein „Pflastergirl". Die zumeist abwertenden Komposita aus „Pflaster" und einem Substantiv zum Wortfeld „weibliches Wesen" zeigen, dass die Wut des Mannes auch damit zu tun hat, dass er sich von einer Frau gedemütigt fühlt. Eine junge Frau, die sich ihm, dem Polizisten, widersetzt, ihm gar „die Zunge herausgestreckt" und ihn derart beleidigt hat, ist ihm unerträglich.

Abwertende
Bezeichnungen

Es lässt ihn jede Fassung verlieren und schließlich „außer sich" geraten und „fast irr" werden. Die in Gedanken vorgenommenen Beschimpfungen machen nicht einmal vor dem Atem der Verfolgten halt: Ihren „geilen, fiesen, mörderischen Atem" meint er bemerkt zu haben, ehe die Jagd durch die Straßen Berlins begonnen hat.

Verletzter männlicher Stolz

Die Attribute seiner polizeilichen Autorität, Knüppel und Pistole, werden ihm in Gedanken zu Mitteln, seiner angeschlagenen Persönlichkeit, seinem Selbstwertgefühl und seinem männlichen Stolz wieder Geltung zu verschaffen. Eine dritte Waffe kommt schließlich noch hinzu: sein Geschlecht.

Denn der Polizist fühlt sich von dem Mädchen, das, wohl aufgrund kurzer Haare, „wie ein Kerl aussah" und ihm deshalb eigentlich fremd ist, nicht nur abgestoßen, sondern auch angezogen, und zwar sexuell. Obwohl er ihren Atem – und damit sie selbst – mit dem Begriff „geil" belegt und diesen Begriff aus seinem moralischen Empfinden heraus abwertend, als Ausdruck seines Ekels gebraucht, tritt noch ein weiterer Aspekt hinzu. So stellt er bereits während der Jagd Überlegungen an, dass man dem Mädchen „mal aus dem Trainingsanzug helfen sollte, um herauszukriegen, ob das Fräulein alles hat, was es haben muss, [...]".

Vergewaltigungs- phantasien

Die in der Gestalt von Vergewaltigungsphantasien in Erscheinung tretenden Machtwünsche konkretisieren sich, als er die Verfolgte gestellt und diese sich nun selbst die Trainingshose heruntergezogen hat. Seine widersprüchlichen Gefühle von Aggression, Wut und sexueller Erregung, Gefallen und Missfallen, Überlegenheit und Unterlegenheit, die sich in ihm beim Hinabsteigen der Kellertreppe in rascher Folge ablösen, belegen seine innere Gespaltenheit: Einerseits will er die Frau auf jeden Fall überwältigen – entweder mit den Attributen des Polizisten oder mit den Mitteln des Mannes. Andererseits spürt er die Gefahr, die von seinem Opfer ausgeht, weil er die junge Frau nicht einzuschätzen vermag, und diese Unsicherheit kann als Grund dafür gelten, dass er auf der siebten, Unglück bringenden Stufe stolpert.

Stolpern als grotesk- symbolhaftes Bild

An dieser Stelle bietet der Polizist nicht nur ein widersprüchliches, sondern ein geradezu groteskes Bild. Sein Fall wird zum Symbol für den schmalen Grat zwischen angemaßter Macht und tatsächlicher Ohnmacht: „Aber er stürzte nicht gradewegs, so, wie er wollte, sondern so, wie er musste." Noch eben glaubt er die Situation zu beherrschen und sie zu seinen Gunsten (wohl zu einem sexuellen Abenteuer) ausnutzen zu können, da verkehrt sie sich ins Gegenteil: Ohne ihr Gegenwehr leisten oder auch nur ausweichen zu können, muss er den Tritt einer jungen Frau in die Genitalien hinnehmen.

Der Hüter der Ordnung stellt die Ordnung in seinem Sinne wieder her, indem er die Frau im Anschluss an die erlittene Schmach tötet. In seinem Selbstverständnis als Mann, als Älterer und als Autorität im Innersten verletzt, verliert er völlig die Kontrolle über sich. Den

Sinn für die polizeilich vorgeschriebene Angemessenheit der Mittel hat er schon mit dem ersten Schuss, der danebengeht, endgültig verloren. Weil sich die Frau über seine schlechten Schießkünste „halb tot" lacht, ihn also abermals bloßstellt und nicht einmal seinen Revolver respektiert, eskaliert die Situation, und mit dem fünften, genau gezielten Schuss trifft der Polizist sein Opfer tödlich. *Eskalation der Gewalt*

Bei allem ‚Außer-sich-Sein' bewahrt der Mann aber noch einen Rest Selbstkontrolle, denn den „sechsten und letzten Schuss hob er für sich selber auf." Während er noch wie besinnungslos abdrückt, zieht er schon in Betracht, sich im Anschluss daran selbst zu richten.

Aber dieser Moment eines Schuld- und Verantwortungsbewusstseins währt nicht lange. Schon unmittelbar darauf stellt sich bei ihm das Gefühl ein, richtig gehandelt zu haben, ja, „er allein" rechnet sich das Verdienst zu, „das Gekritzel und den Singsang unterbunden" zu haben. Das nur kurz auftretende schlechte Gewissen wird unmittelbar nach der Tat bereits verdrängt und durch Selbstrechtfertigungen abgelöst. Sogar der Gedanke an Beförderung stellt sich ein, während er das von ihm nicht weiter versorgte Opfer vor seinen Augen ungerührt sterben lässt. Seine Unmenschlichkeit wird nicht nur daran deutlich, dass er nur an sich selbst und an seine Zukunft denkt, sondern auch daran, dass er bereits wieder geistesgegenwärtig genug ist, sich um die Frage zu kümmern, ob es Zeugen für seine Tat gibt: „Kein Mensch lag in den Fenstern." Er glaubt sich aufgehoben in der Gemeinschaft derer, die nicht aus den Fenstern schauen, weil sie, wie er meint, genauso denken wie er und einen ebensolchen berechtigten Hass gegenüber „den langhaarigen, dreckigen, besserwisserischen" Studenten empfinden. Die Gleichgültigkeit oder auch mangelnde Zivilcourage der Bewohner, die, wie er wohl zu Recht annimmt, die in dem Innenhof besonders laut hallenden Schüsse gehört haben müssen, nimmt er als Beweis für die Richtigkeit seiner Tat: „Selberschuld". *Selbstrechtfertigungen*

Dass der Mann neben der Leiche in aller Ruhe eine Stulle mit Schweizerkäse auswickelt, ist ein aufschlussreiches Bild für das in ihm wirksamen Nebeneinander von rücksichtsloser Brutalität, der Fähigkeit zur äußersten Gewalt, und einer beinahe bieder zu nennenden Normalität und Banalität, die ihn von anderen frühstückenden Menschen nicht unterscheidet. Das Bild ist darüber hinaus besonders makaber: So wie unter Jägern nach erfolgreicher Jagd gelegentlich ein gemeinsames Frühstück eingenommen wird, belohnt sich auch hier der Menschenjäger für seinen Erfolg, zu dem er seine Tat inzwischen umgedeutet hat. Dass sein Bericht zum Hergang genauso löcherig ausfällt wie der geliebte Schweizer Käse, unterstreicht seine Fähigkeit zur Verdrängung. Er wird seine Lügen und Verfälschungen bald für ebenso wahr halten wie die verzehrte Stulle und glauben, dass sie den Verlauf des Geschehens wahrheitsgetreu wiedergeben. *Makabres Bild* *Frühstück eines Menschenjägers*

Dass die *Frau* wesentlich jünger ist als der Polizist, darf noch als die *– Die Frau* präziseste Aussage zu ihrer Person angesehen werden. Alles andere an ihr bleibt, da sie fast ausschließlich durch die Augen des Polizisten gesehen wird, unscharf. Handelt es sich wirklich um eine Künstlerin, wie der Mann meint? Hat er Recht mit seiner Vermutung, „dass sie eine Studentin war"? Was malt das Mädchen auf das Pflaster? Besteht das „Gekritzel" aus politischen Parolen? Der Leser gelangt über die Vorurteile bzw. Klischeevorstellungen des Polizisten nicht hinaus. Dass die junge Frau den Polizisten provozieren will, als sie ihm die Zunge herausstreckt, scheint unzweideutig. Nicht eindeutig ist hingegen, warum sie, nachdem die Flucht gescheitert und sie in die Enge getrieben ist, ihre Hose herunterzieht, unter der sie „bloß Haut und Haar" trägt. Will die junge Frau den älteren und deshalb für prüde gehaltenen Mann in Verlegenheit bringen und ihm die Festnahme dadurch erschweren? Ist ihr Grinsen ein Hinweis darauf, dass sie glaubt, diese Rechnung gehe auf? Oder will sie den Mann wirklich, wie er kurz meint, „verführen", um ihn später ‚anzeigen' zu können?

Unklare Motive

Die Motive des Mädchens werden nicht klar; auch ihr Lachen nach dem ersten, fehlgehenden Schuss des Polizisten muss nicht unbedingt, wie er glaubt, eine Verhöhnung sein – vielleicht ist ihr Lachen eher hysterisch und eine Reaktion auf ihre körperliche und psychische Anspannung angesichts der plötzlich erfassten tödlichen Gefahr.

Opfer ihres Andersseins

Die junge Frau wird am Ende ein Opfer ihres Andersseins oder auch nur des Scheins davon. Der Polizist wird zwar zum Täter, zugleich aber auch zum Opfer seiner Intoleranz und damit seines Unvermögens, Anderssein zu ertragen.

– Die Bewohner

Obwohl die Handlung der Kurzgeschichte sich auf die beiden Figuren beschränkt, ist noch jemand indirekt anwesend, der allerdings dadurch auffällt, dass er nicht in Erscheinung tritt: die *Bewohner* der um den Hof angeordneten Mietshäuser. Als der Polizist an der Hauswand zum Stehen kommt, bemerkt er ärgerlich: „kein Aas liegt im Fenster". Er vermutet in diesem Verhalten so etwas wie eine Verschwörung gegen sich, denn er ist überzeugt: „auch wenn er jemandem begegnen würde, keiner weiß etwas, und wer etwas weiß, ist stumm". Als Polizist wird er von diesen Menschen nicht unterstützt, meint er. Nachdem er das Mädchen erschossen hat, stellt er fest: „Kein Mensch lag in den Fenstern." Der Satz lautet fast gleich, aber aus „Aas" ist nun „Mensch" geworden, und mit einem Mal ist ihm der Umstand, dass er unbeobachtet geblieben ist und ihm niemand zu Hilfe kommt, gerade recht, da es somit auch keine Zeugen für sein Tun gibt. Die Pas-

Passivität

sivität der „stumm[en]" Bewohner interpretiert er nun als deren Zustimmung zu seinem Vorgehen gegen das „Studentenliebchen". Selbstgerecht und unkritisch deutet er alles Geschehen zu seinen Gunsten und zu seiner Selbstrechtfertigung um.

Exkurs: Die Studentenbewegung in der Bundesrepublik Ende der sechziger Jahre

Nur aus dem Kontext ihrer Entstehung ist die 1969 veröffentlichte Kurzgeschichte „Uni" angemessen zu erfassen. Die folgenden Hinweise zur innen- und kulturpolitischen Umbruchsituation in der Bundesrepublik geben dazu nur Stichworte, können also keine erschöpfende Auseinandersetzung mit der Studentenbewegung, ihren Voraussetzungen und Auswirkungen ersetzen.

Entstehung 1969: Umbruchsituation

Mehrere Faktoren, deren Bedeutung für das Ganze hier nicht im Einzelnen untersucht werden kann, führen gegen Ende der sechziger Jahre zu einem Aufbruch der akademischen Jugend in der Bundesrepublik. Nach dem Beginn der Großen Koalition von CDU und SPD (1966) und der damit einhergehenden vorläufigen Bedeutungslosigkeit einer parlamentarischen Opposition im Bundestag meldet sich eine außerparlamentarische Opposition (APO) zu Wort, die hauptsächlich von Studenten getragen wird. Sie richtet sich allgemein gegen die als verkrustet empfundenen Strukturen des Adenauer-Staates, speziell vor allem gegen die Notstandsgesetzgebung mit ihren Einschränkungen der Grundrechte sowie gegen den Vietnamkrieg der USA, des engen Verbündeten der Bundesrepublik. Massendemonstrationen von Jugendlichen auf den Straßen, bisher eine völlig unbekannte Erscheinung, erschüttern das Selbstverständnis der breiten Masse der Bevölkerung, die Politik in erster Linie als Aufrechterhaltung staatlicher Ordnung begreift und für die Demokratie und Mitbestimmung sich auf den Gang zur Wahl alle vier Jahre beschränkt. Die „schweigende Mehrheit", das von den Studenten verachtete „Establishment", lehnt die Forderung der jungen Intellektuellen, die häufig aus so genannten guten bzw. gutbürgerlichen Familien stammen, nach politischer Mitwirkung und Veränderung ab. Auch die von den Studenten in Gang gebrachte kritische Auseinandersetzung mit der NS-Vergangenheit ihrer Väter stößt auf Widerstand, Verunsicherung und Aggression: Die Vertreter der älteren Generation, die den Wiederaufbau in der Bundesrepublik als ihre persönliche Leistung ansehen, reagieren meist empört, wenn ihre Kinder und Enkel sie mit der Frage nach ihrer individuellen Verstrickung und Verantwortung konfrontieren und wissen wollen, weshalb sie Hitler nicht verhindert haben und welche Schuld sie an den Verbrechen der Nationalsozialisten möglicherweise mittragen.

Große Koalition

APO

Notstandsgesetzgebung

Aufarbeitung der NS-Vergangenheit

Teile der Studentenschaft suchen nach neuen Lebensformen, und es bildet sich eine Gegenkultur heraus, die auf viele Bürger provozierend wirkt. Das Zusammenleben in einer „Kommune" (eigentlich Wohngemeinschaft) verschreckt die Vertreter einer traditionell kleinbür-

Studentische Gegenkultur

gerlichen Moral ebenso wie das geänderte Sexualverhalten. Werte wie Ehe und Familie werden durch freie Liebe und Partnertausch radikal infrage gestellt. Um sich nicht nur von den staatlichen, sondern auch von familiären Autoritäten zu befreien, die nachträglich für das Entstehen des Faschismus in Deutschland verantwortlich gemacht werden, erziehen junge Studentenpaare ihre Kinder antiautoritär und entwickeln ein neues pädagogisches Konzept unbegrenzter, repressionsfreier Selbstentfaltung.

Protestsongs

Parallel zu dieser Bewegung entstehen schon seit Mitte der sechziger Jahre politische Protestsongs, u. a. von Bob Dylan und Joan Baez, sowie die Rockmusik vor allem in England und den Vereinigten Staaten, wo sich ebenfalls ein Teil der jungen Generation gegen die Werte und die Politik der Väter stellt. Die männlichen Anhänger und Sympathisanten dieser Richtung sind nun an ihren langen Haaren zu erkennen, mit denen sie sich bewusst von der Vorstellung ihrer Eltern von „Ordnung" und „Sauberkeit" absetzen und gleichzeitig – in der Ablehnung des militärischen Kurzhaarschnitts – ihre pazifistische Einstellung demonstrieren wollen. Sehr zum Ärger ihrer Väter, die noch am 2. Weltkrieg teilgenommen haben, verweigern viele Schulabgänger jetzt den Wehrdienst.

Kommunistische und antikommunistische Bewegung

Als politische Alternative zur bürgerlich-parlamentarischen Demokratie, die im Rückgriff auf Marx als Herrschaftsform des Kapitalismus begriffen wird, verfolgen manche Studenten das Ziel einer kommunistischen Revolution. Diese Bewegung, die sich schon bald in unterschiedliche ideologische Richtungen, u. a. sowjetkommunistische und maoistische, aufspaltet, verschärft die Situation insbesondere in Berlin, das durch seine Insellage geprägt ist. Die Berliner Zeitungen, vor allem die des scharf antikommunistischen Springer-Konzerns, tragen erheblich dazu bei, die Spannungen zwischen den links orientierten Studenten und der Bevölkerung noch weiter anzuheizen, und schüren ein Klima der Gewaltbereitschaft auf beiden Seiten.

2. Juni 1967

Heftige Proteste unter der Studentenschaft löst der Staatsbesuch des persischen Schahs am 2. Juni 1967 in Berlin aus. Weil im Iran politisch Oppositionelle unterdrückt und gefoltert werden, kommt es zu einer Massendemonstration, in deren Verlauf die Berliner Polizei auf Anweisung des Polizeipräsidenten auf die weitgehend friedlichen Demonstranten brutal einprügelt. Schließlich wird der Student Benno Ohnesorg von einem Polizisten erschossen. Die Studentenbewegung beginnt sich zu radikalisieren.

5 Zur Aussage der Geschichte

Erst im zweiten Teil der Kurzgeschichte findet der Leser einen Hinweis darauf, warum Weyrauch ihr den Titel „Uni" gegeben hat: Der Polizist „zweifelte nicht daran, dass sie eine Studentin war, [...]". In den Gedanken seines Mörders wird das Mädchen mit dem als Schimpfwort gemeinten Begriff „Studentenliebchen" belegt, einem Wort, bei dem sich gleichzeitig die Vorstellungen von Universität und Bordell, von Intellektueller und Hure einstellen. Darüber hinaus gibt es für den Titel „Uni" keinen konkreten Anhaltspunkt, sondern lediglich assoziative Verknüpfungen der 1969 veröffentlichten Geschichte mit der Studentenbewegung Ende der sechziger Jahre in der Bundesrepublik und in Westberlin.

Das Thema des Textes ist der Konflikt der so genannten 68er-Generation mit der herrschenden Obrigkeit und mit ihren Eltern. Er nahm in den Universitäten seinen Anfang und wurde von dort in die Gesellschaft getragen. Als Beteiligte dieser Auseinandersetzung vertritt der Polizist die ältere, das Mädchen die jüngere Generation. Da die beiden Figuren kein einziges Wort miteinander wechseln, muss der Inhalt des Konflikts aus den Gedanken des Mannes erschlossen werden; in ihnen wird erkennbar, worum es geht. Wie nebenbei eingestreut, aber höchst aufschlussreich ist die Wut des Polizisten darüber, dass die Pflastermalerin „machte, was sie wollte". Sie richtet sich nicht nach dem, was sie machen soll oder darf, sondern „machte, was sie wollte"; sie nimmt sich individuelle Freiheiten heraus, hält sich nicht an behördliche Vorschriften, z.B. an das Verbot, Straßenpflaster zu bemalen. Er spürt ihre Weigerung, sich anzupassen, sich einzuordnen in die durch ihn repräsentierte öffentliche Ordnung. Dem Polizisten geht es nicht um den angerichteten Schaden, von dem ebenso wenig die Rede ist wie von der Art und dem Inhalt der Bilder oder Parolen auf dem Trottoir, sondern um den Skandal, dass jemand eigenmächtig und ohne Genehmigung der zuständigen Behörden zu handeln wagt.

Thema: Konflikt der 68er-Generation mit Staat und Eltern

Wut über Nonkonformismus

Für den Polizisten ist dieser im Grunde harmlose Verstoß ein unverschämter Angriff auf die öffentliche Ordnung. Dieser Aspekt wird erst im Verlauf der Erzählung deutlich, als der Mann mit noch unklarem Ziel auf die in die Enge gedrängte Frau zugeht. Wie um sich vorab schon eine Rechtfertigung für sein künftiges Handeln zu geben, wirft er den Studenten in Gedanken vor, „dass sie alles auf den Kopf stellen, und das nennen sie Revolution." Dabei hat der Begriff „Revolution" für den Polizisten keinen erkennbaren konkreten, z.B. marxistischen Inhalt, sondern wird zum Synonym für Aufruhr, zum Signalwort für all das, was ihn ärgert und stört, weil es geeignet ist, „Ruhe und Ordnung zu stören". Und dazu zählen „Gekritzel" und „Singsang" bzw. „Liedchen" (wohl Protestsongs) der „Pflastermaler und Liedersängerinnen", die nicht in sein Weltbild passen.

Sein Hass hat seinen Grund auch darin, dass die vermeintliche Studentin „eins von jenen Dingern [war], die sich so gescheit vorkommen [...]"; an anderer Stelle bezeichnet er Studenten als „besserwisserisch". Hier zeigt sich das tiefe Misstrauen in der damaligen Bevölkerung gegenüber vor allem jenen Teil der akademischen Jugend, der das bestehende System, den Staat der Bundesrepublik Deutschland, kritisiert und verändern will und deshalb ihm und seinen Repräsentanten den gebührenden Respekt verweigert. Da sich die meisten Bürger aber mit diesem Staat identifizieren, empfinden sie den Angriff auf ihn auch als Angriff auf sich selbst und reagieren entsprechend aggressiv.

Hass als Folge von Respektverweigerung

Dass die Zweifler und Protestler zudem junge Leute („Dinger") sind, die damit auch die Autorität, die Leistung und die Erfahrung der Alten infrage stellen, verschärft diesen Konflikt, der sich auch an Äußerlichkeiten festmacht: Der Begriff „langhaarig" wird nicht so sehr zur Beschreibung einer Mode gebraucht, sondern moralisch abwertend gleichgesetzt mit „dreckig", aufsässig und verkommen.

Autoritätsverlust

Die in der Geschichte beschriebene Jagd wird in einem merkwürdig anmutenden Bild mit einem Spiel verglichen: „Sie hatten, wie ein verrücktes Liebespaar, Nachlauf gespielt, [...]. Er war der Gendarm, und sie war der Räuber, die Räuberbraut". Vor allem mit Blick auf den tödlichen Schluss scheinen diese verharmlosenden Vergleiche schief und unpassend. Und doch bringen sie zum Ausdruck, dass die Auseinandersetzung zwischen Polizisten und Studenten, zwischen Staatsvertretern und jungen Intellektuellen, zwischen älterer und jüngerer Generation von den Beteiligten auch als eine Herausforderung empfunden wurde. So waren (und sind?) Demonstrationen für viele Studenten bei allem inhaltlichen Engagement und Ernst auch ein Abenteuer, ein Spiel, und dazu war (und ist?) die andere Seite, die Polizei, unverzichtbar. Das Establishment zu provozieren und radikale Kritik am Bestehenden zu üben hatte für viele von der „Uni" etwas Lustvolles. Es war verbunden mit dem Reiz, sich selbst und einen neuen politischen Standort zu finden, indem man sich von der hergebrachten Ordnung und ihren Werten absetzte. Gleichzeitig fanden „brave Bürger", die die Verteidigung des Bestehenden um jeden Preis zu ihrer Sache gemacht hatten, für ihre latenten Aggressionen in den Studenten ein Ziel. Beide Seiten waren also aufeinander fixiert, so „wie ein verrücktes Liebespaar".

Provokation des Establishments auch als Spiel

Die Kurzgeschichte zeigt indes, dass dieses scheinbare Spiel in nackte, unkontrollierte Gewalt umschlagen kann, die zum tödlichen Verhängnis führt, wenn kein Gespräch mehr möglich ist und nur der blanke Hass der Verunsicherten zum Zuge kommt.

G. B. Fuchs: Ein Kongressbericht (1969)

Die Wachmannschaft, das wünschten wir, hat soeben richtig beraten: sie nimmt Aufstellung da draußen, sie wacht nun da draußen, hier drinnen dankt jedermann anteilig, gesamt, warm.
Ein Kongress ist Vorbild nach getaner Heimat. Anwesende sind.
Auch Patrioten haben prunklos genügt einer einzigen Aufgabe.
National ist ihnen.
Ihnen das Wort! Ein Lenkrad auch, eins an ihre Hände!
Gemeinwesen – mehr noch! – sind sie des Wohlwollens. Ruhig ihr seltener Schlaf.
Doch was geschieht?
Doch was geschieht am Portal?
Unruhe ist nicht hier drinnen unsere Sache. Unruhe ist drinnen und draußen ohne Erfolg. Anrichten kann Unruhe nichts, wenn die Wachmannschaft draußen rund um den Kongress ausrückt im Igel.
So heißt es: Im Igel.
Von drinnen weiß jeder nach draußen: Ruck-Zuck machen sie's, falls Unruhe was anrichten sollte unerwartet da draußen!
Gut, das weiß jeder hier drinnen. Ein Kongress im Vorbild. Wir haben hier drinnen unsere Aufgaben zu machen.
Anwesende sind gekommen über Nacht. Unterwegs Gemunkel.
„Psst …!" so sprach man, „psst …!"
Nun spricht jeder. Das sollte jeder mitanhören jetzt. Einmal ist jeder bestimmt zur Nation. Verlässlichkeit wiegt drauf. Dies und manches kann woanders zetteln, hier nicht!
Voll ist ein Kongress anhand von Stimmen nun. Doch was geschieht? Doch was geschieht am Portal? Was ist da? Stehnbleiben! Achwas! Am Notausgang nicht. Nicht stehnbleiben am Notausgang!
Die Wachmannschaft, bahnbrechend sonst in Hab und Gut, sie spricht, nein, sie schreit, rückwärts nach drinnen schreitend, laut von Gefahr? Achwas!
Gefahr, wo steckt sie, hm? Wo steckt oder steht die Gefahr? Es sind Fragezeichen.
Die Wachmannschaft, das wünschten wir, hat soeben erläutert: Draußen steht die Gefahr, immer nur dort, hier drinnen – ist's still!
– hier hat ein Kongress zusammengefunden, still, doch immer da draußen so ein Gerassel von Stimmchören nur! Nichts unverständlicher!
Nichtsnutziger nichts als dieser Straßenlärm dort am Portal! Na, ein Grauen ist das. Überhandnehmend.
Und eine Enttäuschung. Wer wird so empfangen? Teilnehmer?
Da flüstert ein Teilnehmer ins Ohr eines Teilnehmers trocken: Sehn

Sie, jetzt! – jetzt schreitet die gesamte Mannschaft rückwärts nach drinnen, sie hat draußen keine Aufstellung mehr! Und ganze Jahre über, – nicht aufzuzählen! – wurde die Mannschaft einzeln gefüttert, Draht und Leder, in Liebe aufs Strengste, Beste – aber ja, sie schreitet zurück, ich darf doch sagen: sie stürzt ab vor dieser Landschaft da draußen bei entschiedener Beleuchtung! Kommen Sie, bester Kollege, wir wandern!
Es sind Fragezeichen hier drinnen.
Hat Unruhe von draußen was anrichten können? Hat die Wachmannschaft nicht standgehalten im ausgerückten Igel? Der Kongress mittendurch entleibt durch wen? Draußen ein Himmel, der vor Hitze flimmert!

(Aus: Günter Bruno Fuchs, Werke in drei Bänden. © 1990–1995 Carl Hanser Verlag, München – Wien)

Interpretation

1 Kurzbiographie und Hinweise zum Werk

Am 3. Juli 1928 wurde Günter Bruno Fuchs als unehelicher Sohn eines Kellners und einer Stenotypistin in Berlin-Kreuzberg geboren und wuchs in einfachen Verhältnissen auf. Mit 14 Jahren wurde der Mittelschüler in die Slowakei „kinderlandverschickt" und kam dort in Kontakt mit von den Nazis verfolgten Zigeunern. Von Oktober 1944 an wurde Fuchs als Luftwaffenhelfer ausgebildet und anschließend im Arbeitsdienst eingesetzt. Als Arbeitsdienstmann geriet er nach einem kurzen Fronteinsatz vor Bremen im Mai in belgische Kriegsgefangenschaft, aus der er im Dezember 1945 entlassen wurde. Im Osten Berlins begann Fuchs zunächst ein Studium an der Akademie für Bildende Künste und besuchte gleichzeitig abends die Ingenieurschule für Hochbau. Im Jahre 1948 musste er aus Geldmangel das Studium abbrechen und als Schulhelfer, d. h. anstelle von aus dem Schuldienst entfernten NS-Lehrern, arbeiten. Nachdem er aufgrund fehlenden Respekts für Stalin 1950 entlassen worden war, schlug sich Fuchs mit Gelegenheitsarbeiten durch und war erst in Herne, dann in Reutlingen u. a. als Wanderhändler, Maurer, Zirkusclown, Zechenarbeiter und Journalist tätig. 1958 kehrte er nach Berlin zurück, wo er im Jahr darauf mit seinen Freunden Robert Wolfgang Schnell und Günter Anlauf die Hinterhofgalerie „zinke" gründete. Nach deren Auflösung 1963 war Fuchs Mitbegründer der „Rixdorfer Drucke" und lebte fortan – zeitweise unterstützt von seiner Mutter und Freunden – von seinen Arbeiten als Autor und Graphiker für Verlage und Rundfunk. Aufgrund seines unkonventionellen Lebensstils und seiner Nähe zum Berliner Kneipen-Milieu, dem auch seine Gestalten, oftmals Penner, Trinker, Außenseiter und Sonderlinge aller Art, entnommen sind, galt Günter Bruno Fuchs vielen als literarischer Paradiesvogel und Kauz. Zu diesem Ruf trugen die kalauerhaften, verspielt-verfremdeten und anarchischen Texte bei, die sich einer Einordnung in literarische Traditionen sowie einer Zuordnung zu zeitgenössischen Richtungen entziehen. Bei aller Clownerie aber war Fuchs ein Kritiker der Nachkriegsgesellschaft und prangerte auf seine Weise immer wieder jegliche Form von Militarismus und Polizeistaatlichkeit scharf an. So wandte er sich z. B. schon früh gegen Atombombenversuche und gegen die Wiederbewaffnung in der Bundesrepublik Deutschland.
Fuchs' früheste Veröffentlichungen entstanden Anfang der fünfziger Jahre und beziehen sich ebenso auf Kindheitserfahrungen wie auf tagespolitische Ereignisse. Eine erste Sammlung von Gedichten er-

*Herkunft:
Berlin-Kreuzberg*

Mehrere berufliche Tätigkeiten

Autor und Graphiker

Kauz und literarischer Außenseiter

Werke

schien 1956 unter dem Titel „Zigeunertrommel"; die Erzählung „Polizeistunde", die 1959 im Hanser-Verlag herausgegeben wurde, zeigt die Situation eines Schülers, der vor Kriegsende im Kampf um Berlin eingesetzt wird. Der Band „Brevier eines Degenschluckers" (1960) enthält Gedichte und Kurzprosatexte, die sich kritisch mit dem kleinbürgerlichen Bewusstsein der Gegenwart auseinander setzen. Mit „Zeitgenössische Nonsensverse" untertitelt ist der Band „Die Meisengeige" von 1964, „Gedichte & Chansons" sind in „Pennergesang" von 1965 zu lesen. Von den Begegnungen entlassener Arbeitnehmer mit verschiedenen meist skurrilen Personen erzählen zwei Romane des Dichters: Dem Freund und Gefährten Vauo Stomps gewidmet ist der Roman „Krümelnehmer oder 34 Kapitel aus dem Leben des Tierstimmen-Imitators Ewald K." (1963). In „Bericht eines Bremer Stadtmusikanten" aus dem Jahre 1968 unternimmt ein Straßenbauarbeiter mit seinem Besen eine skurril anmutende Wanderung durch drei Orte, in denen Wahlkampf geführt wird. Deutlichere Anspielungen auf die politische Landschaft der Bundesrepublik enthalten die als „Prosagedichte" bezeichneten, meist kürzeren Texte aus dem „Handbuch für Einwohner" (1969), in dem sich der hier interpretierte Text „Ein Kongressbericht" findet. Im Jahre 1971 erschien der phantastische „Lesebuchroman" „Der Bahnwärter Sandomir. Seine Abenteuer an der offenen oder geschlossenen Bahnschranke".

Eine Zusammenstellung von Texten aus verschiedenen Werken bieten u. a. „Das Lesebuch des Günter Bruno Fuchs" (1970) und „Die Ankunft des Großen Unordentlichen in einer ordentlichen Zeit" (1978).

Ehrungen

Günter Bruno Fuchs wurde 1957 mit dem Kunstpreis der Jugend der Kunsthalle Baden-Baden ausgezeichnet und erhielt 1974 den Fontane-Preis zuerkannt. Er starb am 19. April 1977 in Berlin.

Vorbemerkung

Dass Fuchs den Text „Ein Kongressbericht" aus seinem Band „Handbuch für Einwohner" als „Prosagedicht" kennzeichnet, weist schon darauf hin, dass ihm eine besondere Dichte zukommt, die ansonsten eher lyrischen Gebilden eigen ist.

„Prosagedicht"

In der Tat gilt hier mehr noch als für alle anderen in diesem Band versammelten Prosatexte, dass es sich um ein Sprach-Kunstwerk handelt. Der sprachlichen Analyse und, wie noch zu zeigen sein wird, Synthese kommen bei der Interpretation die entscheidende Bedeutung zu. Mit dem im Text enthaltenen Schlüsselwort „Fragezeichen" wird darüber hinaus ein zentrales Motiv benannt, das sowohl für die inhaltliche wie für die gestalterische Umsetzung des Themas gelten kann. Ebenso wie der Kongress die Welt nicht mehr versteht („Es sind Fragezeichen hier drinnen".) und die Rufe der von draußen Eindringenden so empfindet, als sei „nichts unverständlicher", gibt sich auch der Text als Ganzes nicht eben leicht verständlich. Was genau spielt sich eigentlich ab? Der Leser findet nur wenige Anhaltspunkte und ist meist auf Vermutungen angewiesen. Inhaltliche Eindeutigkeit und Transparenz werden durch den eigenwilligen, schwer einzuordnenden Stil verbaut, der sich von gewöhnlicher Prosa deutlich unterscheidet. Dies fordert dem Leser besondere Aufmerksamkeit und viel Geduld ab, da der Text sich einer schnellen Rezeption widersetzt; phantasievolle Verrätselung und Sperrigkeit können als literarische Erkennungsmerkmale dieses Autors gelten.

Phantasievolle Verrätselung

Wer deshalb nun behauptet, dass jeder Versuch, für einen Text wie „Ein Kongressbericht" überhaupt einen Bedeutungsgehalt finden zu wollen, ins Leere laufe, muss sich den Vorwurf gefallen lassen, vor dessen Eigenart vorschnell zu kapitulieren. Auch auf die Gefahr hin, den Text in bestimmten Teilen zu verfehlen, sollte auf eine Erprobung seiner Sinnstrukturen nicht verzichtet werden, selbst wenn – auch in der vorliegenden Interpretation – mit spekulativen und sehr gewagten Deutungsversuchen zu rechnen ist. Da Günter Bruno Fuchs sich indes als spielerisch-hintersinniger Sprach-Jongleur betätigt, müsste der Prozess der Rezeption dem Wesen des Produktionsprozesses angepasst werden und – mehr noch als bei anderen Prosa-Texten – als ein Spiel aufgefasst werden, bei dem auch manches in der Schwebe bleiben kann.

Interpretation als Rätsel-Spiel

Der Autor dürfte sich Leser gewünscht haben, die sich auf ein solches Rätsel-Spiel einlassen und knobelnd ihre eigene Sprachphantasie einsetzen, um den im Text verborgenen Geheimnissen auf die Spur zu kommen oder auch für sich ganz neue Zusammenhänge zu entdecken.

2   Zum Aufbau der Geschichte

Wie bereits angedeutet, ist die in viele kurze Absätze gegliederte Handlungsstruktur von „Ein Kongressbericht" insgesamt einigermaßen schemenhaft. Folglich gehen hier in den Versuch, den Aufbau zu beschreiben, Vermutungen und Interpretationsansätze notwendigerweise bereits ein.

Schemenhafte Handlungsstruktur

Als unmittelbarer Zeuge des Geschehens berichtet ein Kongressteilnehmer, dass auf Wunsch der Versammelten eine „Wachmannschaft" vor dem Gebäude, in dem der Kongress abgehalten wird, „Aufstel-

Schutz für einen Kongress

lung" genommen hat, um die Veranstaltung nach außen hin abzusichern. Während die Teilnehmer Reden halten, die nur bruchstückhaft, in seltsamen neuen Verbindungen und deshalb kaum verständlich präsentiert werden, zeigt sich, dass „draußen" „am Portal" „Unruhe" ausgebrochen ist, was den Personen „drinnen" Sorge bereitet. Noch aber fühlen sich die Kongressteilnehmer einigermaßen sicher, denn sie vertrauen darauf, dass die Wachmannschaft mit den Unruhestiftern draußen fertig wird, wenn sie in geschlossener Formation gegen sie vorgeht.

Offensichtlich ist „über Nacht" die Zahl der „Anwesende[n]" angewachsen, was im Kongress zu einem Durcheinander von Reden führt: „Nun spricht jeder." Gleichzeitig wächst die Unruhe über die Vorgänge draußen, sodass die Frage nach den Vorgängen außerhalb des Gebäudes nun mit größerer Besorgnis ausgesprochen und mit dem von der Wachmannschaft selbst gebrauchten Stichwort „Gefahr" in Verbindung gebracht wird. „Fragezeichen" tun sich den Kongressteilnehmern im Saal auf, während „Straßenlärm dort am Portal" ahnen lässt, dass die Mannschaft die drinnen Versammelten nicht mehr lange wird abschirmen können.

Gefährdung

In einem etwas längeren Einschub beklagt ein Teilnehmer des Kongresses einem anderen gegenüber das Versagen der Wachmannschaft, vor allem mit Blick auf den für ihre bisherige Unterhaltung notwendigen Aufwand. Dieser erweist sich jetzt als vergeblich, da die Mannschaft unfähig ist, dem Druck der Straße standzuhalten. Zusammen mit seinem Kollegen will sich der Teilnehmer davonmachen.

Abschließend wiederholt der Sprecher, dass sich „Fragezeichen" ergeben haben, und fügt gleich mehrere Fragen nach der Bedeutung der soeben erlebten Vorgänge an, die er nicht zu begreifen vermag. Ob die Menschen draußen nun in den Saal eingedrungen sind und den Kongress gesprengt und zur Auflösung gezwungen haben, bleibt, da als Frage formuliert, am Ende offen. Dass jedoch etwas Besonderes vor sich gegangen sein muss oder noch geht, wird an dem pointenhaften Schlusssatz ablesbar, in dem es heißt, dass der „Himmel [...] vor Hitze flimmert".

Offenes Ende

3 Erzählverhalten und Sprache

Sprecher

Bereits im ersten, sehr unvermittelt beginnenden Absatz der Geschichte wird in der Person des Sprechers jemand erkennbar, der als Teilnehmer eines Kongresses „hier drinnen" mit anderen zusammen („wir") gerade damit befasst gewesen ist, den Einsatz einer „Wachmannschaft" zu bestimmen. Dies muss zunächst verwundern, da der

3 Erzählverhalten und Sprache

Titel einen „Kongressbericht" verspricht und man bei einem Bericht eine auf etwas Vergangenes bezogene Darstellung erwarten würde, zu dem der Berichtende bereits Abstand gewonnen hat. Hier aber handelt es sich um einen zeitgleich zum Geschehen gesprochenen *inneren Monolog*, in dem dieser lediglich beobachtende, gleichwohl von den Vorgängen selbst betroffene Sprecher das Geschehen kommentierend begleitet. Dabei wird als Zeitform fast durchgängig das *Präsens* gebraucht und es werden Fragen gestellt und viele Elemente wörtlicher Rede gebraucht: „Achwas! Gefahr, wo steckt sie, hm?" und „Na, ein Grauen ist das." Im vorletzten Absatz der Geschichte wird der innere Monolog durch einen Außenbericht unterbrochen: „Da flüstert ein Teilnehmer ins Ohr eines Teilnehmers [...]". Im letzten Abschnitt wird wieder der monologisierende Sprecher mit mehreren Fragen hörbar, die aber nicht mehr beantwortet werden.

Innerer Monolog

Präsens

Nicht nur aufgrund dieser Eigenart des Erzählverhaltens, sondern auch wegen der eigenwilligen sprachlichen Gestaltung wird deutlich, dass hinter dem Sprecher ein von diesem deutlich getrennter Erzähler steht, der diesen Monolog als „Kongressbericht" gestaltet und dabei mit seinen Worten den Bewusstseinshorizont des Sprechers übersteigen und den Bericht zugleich verfremden soll.

In sprachlicher Hinsicht lassen sich konventionelle Stilelemente, wie sie auch in anderen Prosatexten zum Einsatz kommen, von solchen unterscheiden, die für den Autor Günter Bruno Fuchs typisch sind und diesen Text so schwer lesbar machen. Zu den üblichen Stilmitteln zählt zunächst die *Wiederholung*, von der der Autor, indem er sie oft mit der *Anapher* kombiniert, ausgiebigen Gebrauch macht: Obwohl noch gar nicht klar ist, um wen es sich bei dem „wir" handelt, legt die auffällige Wiederholung von „da draußen" gleich im ersten Absatz schon die Vermutung nahe, dass der Sprecher und andere mit ihm sich bedroht fühlen. Ein weiterer Beleg dafür findet sich kurz darauf: „Doch was geschieht? Doch was geschieht am Portal? Unruhe ist nicht hier drinnen unsere Sache. Unruhe ist drinnen und draußen ohne Erfolg." Die doppelte Wiederholung des Satzanfangs an dieser Stelle verdeutlicht den inneren Zustand: Nicht nur die Fragen, sondern auch die folgende apodiktische und zweimal in ähnlicher Weise formulierte Phrase lassen die Verunsicherung des Sprechers hörbar werden. Unmittelbar im Anschluss daran verwendet er die Formulierung „im Igel", mit der die Aufstellung der Wachmannschaft beschrieben wird, und lässt gleich darauf „So heißt es: Im Igel" folgen. Mit dieser Bekräftigung, so scheint es, will sich der Sprecher Mut machen.

Stilelemente:

– *Wiederholung* mit
– *Anapher*

Auch längere Sätze werden fast vollständig wiederholt und nur im Schluss dann variiert: So taucht der zunächst noch selbstbewusst klingende Anfangssatz „Die Wachmannschaft, das wünschten wir, hat soeben richtig beraten: [...]" an späterer Stelle, bei zunehmender „Gefahr" (das Wort wird kurz hintereinander dreimal gebraucht), ein weiteres Mal auf: „Die Wachmannschaft, das wünschten wir, hat soeben erläutert: [...]". Den Kongressteilnehmern gleitet die Situation zunehmend aus der Hand: Sie können der Mannschaft schon keine Anordnungen zum Schutz mehr erteilen, sondern beschränken sich darauf, Erläuterungen entgegenzunehmen.

– Alliteration

Neben Wiederholungen und Anaphern enthält der Text auch mehrere klangliche Besonderheiten, u. a. *Alliterationen*, z. B. in dem bereits zitierten Einleitungssatz: „Die Wachmannschaft, das wünschten wir, [...]", in dem, trotz der bereits spürbaren Bedrohung von „draußen", eine gewisse Entschlossenheit herausklingen soll. Trotzig und zugleich schon etwas lächerlich mutet die folgende Alliteration an: „Auch Patrioten haben prunklos genügt einer einzigen Aufgabe." Hier wird der martialische Sprachgebrauch derer nachgeäfft, von denen es im Nachsatz heißt: „National ist ihnen." Geradezu *kalauerhaft* schon wirkt das Spiel mit den Vorsilben -un und -an, das drohend klingen soll und das wohl nicht mehr ganz feste Vertrauen des Sprechers in die Wachmannschaft ausdrückt, „falls Unruhe was anrichten sollte unerwartet da draußen!" Mit dem Mittel der *Lautmalerei* schließlich arbeitet der Autor in der Ellipse am Schluss („Draußen ein Himmel, der vor Hitze flimmert!"), wobei durch die Häufung des i-Lautes die besondere Brisanz des Vorgangs spürbar wird.

– Kalauer

– Lautmalerei

– Inversion

Besonders häufig finden sich in „Ein Kongressbericht" *Inversionen*, die ganz wesentlich zu dem skurril-befremdlichen Tonfall des Textes beitragen: „Voll ist ein Kongress anhand von Stimmen nun." Der Satz erhält durch dieses Stilmittel einen gewissen weihevollen, fast pathetischen Ton, der in einem merkwürdigen Widerspruch zu der Situation steht und das Weltfremde und Hilflose des Sprechers und seiner „Kollege[n]" zum Ausdruck bringt. Die archaisch wirkende Sprechweise könnte auf das Unzeitgemäße des Kongresses und der „Patrioten" verweisen. Ähnlich verhält es sich mit dem empörten Vorwurf „Nichts unverständlicher! Nichtsnutziger nichts als dieser Straßenlärm dort am Portal!" Verstärkt durch die anaphorische Wiederholung von „nichts" wird durch die gestelzt klingende Inversion eine Arroganz der Personen „drinnen" spürbar, die angesichts der „Gefahr", die von „draußen" hereinklingt, grotesk wirkt.

– Doppel- und Mehrdeutigkeit

Einen besonderen Stellenwert in der Eigenart dieses Textes besitzen die vielen *Doppel- und Mehrdeutigkeiten*, wie sich an dem oben zitierten „Nichts unverständlicher!" zeigen lässt: Hier ergänzen sich die akustische und die intellektuelle Bedeutung des Wortes „verstehen": Der Sprecher kann aufgrund der vielen Stimmen deren Inhalt nicht mehr hören und steht darüber hinaus den Vorgängen verständnislos gegenüber. Ein weiteres Beispiel findet sich im Zusammenhang mit dem Begriff „Stimmen": Der Satz „Voll ist ein Kongress anhand von Stimmen nun" deutet zum einen auf die Abstimmberechtigung der Teilnehmer des Kongresses hin, zum anderen aber natürlich auf das

3 Erzählverhalten und Sprache

Durcheinanderreden im Saal in Anbetracht des „Gerassel[s] von Stimmchören" derer, die „draußen" auf noch eine andere Weise die Stimme erheben. Unüberhörbar klingt in dem Wort „Gerassel" die aggressive Konnotation des Säbelrasselns mit.
Gleichsam als Steigerung der Doppel- und Mehrdeutigkeiten findet sich im Text sehr häufig das Mittel der *Verrätselung*, hervorgerufen durch ungebräuchliche Konstruktionen oder Kombinationen im syntaktischen und vor allem im semantischen Bereich. Ein Beispiel hierfür liegt gleich im ersten Absatz vor: So heißt es, der Dank, der der Wachmannschaft zuteil werde, sei „anteilig", „gesamt" und „warm". Während „warm[er]" Dank noch durchaus konventionellem Sprachgebrauch entspricht, stolpert der Leser bereits über „anteilig" und mehr noch darüber, dass sich direkt im Anschluss daran das Wort „gesamt" findet. Soll mit „anteilig" ein Hinweis auf Aktien-Anteile gegeben werden? Sind die, die des Schutzes bedürfen, Aktionäre oder deren Interessenvertreter? Dann würde auch das Wort „gesamt" keinen Widerspruch dazu bilden, denn als Kongress danken die „Teilnehmer" nicht nur einzeln, sondern auch in ihrer Gesamtheit denen, die ihre Eigentums-Anteile vor dem Zugriff durch die „da draußen" bewahren sollen.
Als weiteres Beispiel für diesen thematischen Kontext kann die merkwürdige Formulierung „Die Wachmannschaft, bahnbrechend sonst in Hab und Gut, [...]" herangezogen werden, in der das Adjektiv „bahnbrechend" in Verbindung mit dem floskelhaften *Hendiadyoin* „Hab und Gut" auf den ersten Blick keinen Sinn ergibt. An die gebräuchliche Wendung „Das Gute bricht sich Bahn" ließe sich denken, aber in der Zusammensetzung mit „Hab" wird das Wort „Gut" eindeutig in den semantischen Bereich des Privateigentums gestellt. Zudem: Während das Wort „bahnbrechend" schon von seiner Bildlichkeit her auf eine rasche, tiefgreifende, vielleicht kompromisslose Veränderung, jedenfalls etwas Neues hinweist, steht „Hab und Gut" eher für das zu Bewahrende, das Beständige, an dem festgehalten wird. Die Kombination von Fortschritt und Konservatismus, von Wandel und Beharrung könnte einerseits auf den Widerspruch von drinnen und draußen bezogen werden und damit einen gesellschaftlichen Gegensatz markieren, auf den an späterer Stelle zurückzukommen sein wird. Andererseits könnte im vorliegenden Kontext eine ironisch gemeinte semantische Umdeutung des Wortes „bahnbrechend" vorliegen: Die Wachmannschaft ist „bahnbrechend sonst in Hab und Gut", d. h., sie macht gewissermaßen die Bahn frei für das Privateigentum bzw. gilt als Stabilisator für die Besitzverhältnisse der Gesellschaft, was zu dem bereits erläuterten „anteilig[en]" Dank der Kongressteilnehmer passen würde.
Auch im folgenden Absatz lässt sich eine schwer zu entschlüsselnde Anspielung entdecken: „Ein Kongress ist Vorbild nach getaner Hei-

— *Verrätselung*

— *Hendiadyoin*

Verschlüsselte Anspielungen

mat." Dieser Satz ergibt zunächst einmal keinen Sinn: Die Wendung „nach getaner Arbeit" ist wohl geläufig und soll so etwas wie den moralischen Anspruch auf den wohlverdienten Feierabend andeuten. Hier aber wird „Heimat" ins Spiel gebracht, auf die sich der Kongress – ein Vorbild gebend ? – bezieht. Im Vorgriff auf den letzten Abschnitt dieser Interpretation sollen hier schon einmal Versuche in die Richtung einer konkretisierenden Deutung unternommen werden: Sind die Kongressteilnehmer Vertreter von Heimatvertriebenen, ist deren Heimat Thema der Beratungen? Und wer sind die „Patrioten", von denen gesagt wird, sie hätten „prunklos genügt einer einzigen Aufgabe"? Sind die Kriegsteilnehmer gemeint, deren Anstrengungen und Opfer gegen die Meinung der „da draußen" in den richtigen Zusammenhang gerückt werden sollen, in den der „Nation"?

Und was verbirgt sich hinter der „Aufgabe"? Hier könnte wiederum an zweierlei gedacht werden, zum einen an eine Funktion bzw. eine übernommene Verpflichtung, zum anderen aber auch an eine Kapitulation, was wieder auf die Personen hinweist, die mit den Begriffen „Heimat", „Patrioten" und „Nation" in einen bestimmten politischen Rahmen gestellt werden. Die „einzige Aufgabe" wäre dann vielleicht die Aufgabe von Weltmachtplänen infolge der Kapitulation von 1945 oder auch nur der Verzicht auf die verlorene Heimat. Wenn es kurz darauf heißt: „Wir haben hier drinnen unsere Aufgaben zu machen.", so wird damit nicht nur auf das zu Erledigende hingewiesen, sondern die spätere Kapitulation der Kongressteilnehmer vor denen „da draußen" ironischerweise schon vorhergesagt.

Dass der Absatz mit „National ist ihnen", also den „Patrioten", schließt und der nächste mit „Ihnen" wieder beginnt *(Anadiplose)*, zeigt, wem nicht nur das „Wort" erteilt, sondern sogar das „Lenkrad" gegeben werden soll, bezeichnenderweise aber nicht in, sondern „an ihre Hände". Sollen die Nationalen „an" der Regierungsgewalt beteiligt werden – ist dies ein Thema des Kongresses, der gestört wird?

Assoziationsteppich

Diese Beispiele zeigen, mit welchen Mitteln der Sprachartist Fuchs hier arbeitet: Er breitet einen weiten Teppich von Assoziationsmöglichkeiten aus, in dem sich der Leser die Verknüpfungen von Bedeutungen selbst schaffen, also Sinn stiften muss. Die oben ausgeführten Versuche dazu sind bewusst überwiegend als Fragen bzw. Vorschläge formuliert worden, da es keinen eindeutigen Zusammenhang zwischen den verrätselten Anspielungen und einer dahinter liegenden konkreten Realität gibt.

4 Die Figuren

Anstelle von Figuren treten in „Ein Kongressbericht" Gruppen als Träger der Handlung in Erscheinung; dies gilt für die Kongressteilnehmer ebenso wie für die Wachmannschaft und auch für die Eindringlinge. Auch der Sprecher ist nicht als konkrete, plastische Persönlichkeit erkennbar, sondern erfüllt eher die Funktion eines *pars pro toto*. Daraus kann schon einmal vorsichtig geschlossen werden, dass es weniger um individuelle Charaktere als um gesellschaftliche Konstellationen und Konflikte geht.

Gruppen als Handlungsträger

Es gehört zur Besonderheit dieser Geschichte, dass auch die drei Gruppen nur über eine sprachliche Enträtselung zu erfassen sind und ihre Eigenschaften aus den bereits angesprochenen Doppel- und Mehrdeutigkeiten entziffert werden müssen.

Zunächst einmal fällt auf, dass die *Kongressteilnehmer* sich in einem Raum aufhalten, den sie durch ein „Portal" (der Begriff wird mehrfach wiederholt) betreten haben. Das Gebäude wird repräsentativen Charakter haben, die in ihm Versammelten repräsentieren etwas bzw. jemanden oder viele, so ließe sich folgern. Zudem haben sie eine „Vorbild"-Funktion zu erfüllen, es ist ein „Kongress im Vorbild", von dem sich die Repräsentierten ein Bild machen. Außerdem soll einigen seiner Teilnehmer durch den Kongress ein „Lenkrad" zugeteilt werden. Es ließe sich hier an eine Versammlung von Parlamentariern denken, die Regierungsverantwortung übertragen. (Der Begriff „Kongress" bezeichnet bekanntlich das US-amerikanische Parlament mit seinen zwei Kammern.) Kryptisch erscheint die Formulierung „Gemeinwesen – mehr noch! – sind sie des Wohlwollens." Ist schon die syntaktische Struktur seltsam genug, so scheinen hier auch die Wortkomposita durcheinander geschüttelt worden zu sein: Die Kongressteilnehmer genießen das „Wohlwollen" des „Gemeinwesen[s]", aber ob sie sich dem Gemein-Wohl verpflichtet fühlen, ist damit noch nicht entschieden. So heißt es in der folgenden Ellipse: „Ruhig ihr seltener Schlaf." Hier bieten sich wiederum mehrere Bedeutungsmöglichkeiten an: Wer selten schläft, leidet entweder unter Schlaflosigkeit oder ist übermäßig beansprucht und offenbar sehr fleißig. Durch eine kleine Umstellung jedoch wird ein fast entgegengesetzter Sinn assoziiert: Wenn der Schlaf „selten" „ruhig" ist, so lässt dies auf ein schlechtes Gewissen oder auch auf Angst schließen. Hier ergibt sich eine Verknüpfung mit der bereits erwähnten Betonung von „im Igel": Dies lässt an Einigeln, d. h. Abkapsln von den anderen denken – die „hier drinnen" haben den Kontakt zu den anderen verloren, ja, sie müssen sogar vor ihnen geschützt werden.

– Die Kongressteilnehmer

Mehrere Bedeutungsmöglichkeiten

Einigermaßen dunkel ist die Feststellung „Anwesende sind gekommen über Nacht." Der Satz führt die an früherer Stelle gebrauchte Ellipse „Anwesende sind" grammatisch logisch fort, ohne dass sein Sinn nun besser zu verstehen wäre. Zunächst fällt der Widerspruch zwischen „Anwesende" und „gekommen" ins Auge – eigentlich müsste es wohl heißen: Fremde sind gekommen. Auch die Zeitbestimmung „über Nacht" überrascht, denn ein Kongress tagt (wie der Wortstamm nahe legt), am Tag, nicht in der Nacht. So ist „über Nacht" wohl als „heimlich" zu verstehen. Der Kongress hat sich offenbar in seiner Zusammensetzung geändert. Die Folge jedenfalls ist: „Nun spricht jeder." Dass damit aber kein erstrebenswerter Zustand gemeint ist, wird aus der Anspielung im Folgenden deutlich: „Dies und manches kann woanders zetteln, hier nicht!" Das Verb „zetteln" ist eine Neuschöpfung des Autors und lässt Assoziationen zu, vor allem zu „anzetteln". Dahinter verbirgt sich die Vorstellung von Aufruhr, Verschwörung, Störung der Ordnung, die mit Zetteln bzw. mit Flugschriften oder Flugblättern beginnt. Ebenso gut könnte man auch, mit Blick auf folgenden Abschnitt, an Stimmzettel denken, denn es heißt: „Voll ist ein Kongress anhand von Stimmen nun."

Während so einige Unruhestifter, die sich heimlich eingeschlichen haben, bereits im Kongress selbst vertreten sind, werden die Teilnehmer von der Wachmannschaft belehrt: „Draußen steht die Gefahr, immer nur dort, hier drinnen – ist's still! – [...]." Die Rufe draußen lassen, so zeigt die Parenthese in ironischer Weise, die Stimmen drinnen verstummen.

– *Die Wachmannschaft*

Die zu ihrem Schutz bestellte *Wachmannschaft* genießt zunächst das Vertrauen der anwesenden Kongressteilnehmer: „[...] sie nimmt Aufstellung da draußen", und im Falle einer Bedrohung soll sie „im Igel" ausrücken und die Störer auseinander treiben. (Dass ihre Kampfformation „im Igel" genannt wird, erinnert an die antike Kampfformation der „Schildkröte", die für den Angriff befohlen wurde.) Der zackige, schneidige Ton verrät, was von den Wachleuten erwartet wird: „Ruck-Zuck machen sie's [...]." Auf brutales und animalisches Auftreten ist die Mannschaft vorbereitet worden: Wie eine Meute „wurde die Mannschaft einzeln gefüttert, Draht und Leder, in Liebe aufs Strengste, Beste [...]." Mit „Leder" kann man ebenso eine Polizeimontur wie auch einen zur Dressur verwendeten Lederhandschuh assoziieren, „Draht" findet bei der Aufstellung von (Stachel)drahtzäunen Verwendung, die ebenso für Kasernen wie auch für Hundezwinger benötigt werden. Nicht als Menschen, sondern wie Tiere wird die Mannschaft gehalten. Als sie, schon „rückwärts nach drinnen schreitend, laut von Gefahr" schreit, will es der Sprecher – zumindest nach außen hin – noch nicht wahrhaben und beschwichtigt: „Achwas!" Doch muss – aus der Sicht der Kongressteilnehmer – das Schlimmste befürchtet werden: Die Mannschaft „stürzt ab vor dieser Landschaft da draußen [...]", sie kann also ihre Aufgabe vor der Übermacht der Eindringlinge nicht erfüllen und versagt.

Dem Begriff „Mannschaft" ähnlich klingt „Landschaft", obwohl mit ihm der Gegner gemeint ist: Den Vertretern des staatlichen Gewaltmonopols stehen die *Eindringlinge* als unkontrollierte, anarchische Gewalt der Straße feindlich gegenüber. Der Begriff „Landschaft" hat dabei nicht nur die phonetische Funktion, eine ironische Assonanz zu „Mannschaft" herzustellen, sondern bezeichnete in der Zeit der Territorialstaaten die Landstände, d. h. die Vertreter des Klerus, des Adels und der Städte, die dem Fürsten gegenüber gewisse Mitspracherechte erkämpften und eine Art Vorläufer des heutigen Parlaments darstellten. Insofern stellte die „Landschaft" auch früher schon ein Gegengewicht gegen die Staatsgewalt dar.

– Die Eindringlinge

Wer genau die Eindringlinge sind, wird bis zuletzt nicht gesagt, nur dass sie von der Straße kommen, da sie „Straßenlärm" verbreiten, wird verraten – es handelt sich wohl um Demonstranten, die mit dem Kongress und seinen Entscheidungen nicht einverstanden sind. Dass sie „Unruhe" erzeugen, den Kongressteilnehmern „Grauen" einflößen und immer wieder als „Gefahr" apostrophiert werden, lässt den Gegensatz zwischen „drinnen" und „draußen" deutlich werden. Auch den Kongressteilnehmern bleibt die Identität der Eindringlinge bis zuletzt offenbar verborgen: „Wo steckt oder steht die Gefahr? Es sind Fragezeichen." Die von außen Kommenden werfen Fragen auf, erzeugen Ratlosigkeit, weil sie, wie das Wort „Fragezeichen" andeutet, nicht nur fragwürdig sind, sondern etwas in Frage stellen, diejenige Ordnung nämlich, die die anderen vertreten. Am Ende ist der Kongress (als politische Körperschaft?) womöglich „mittendurch entleibt durch wen?"

„Fragezeichen"

5 Zur Aussage der Geschichte

Die Geschichte „Ein Kongressbericht" ist dem 1969 erschienenen Band „Handbuch für Einwohner" entnommen. Um einen Zugang zur Aussageabsicht der vorliegenden Geschichte zu bekommen, ist es sinnvoll, diesen vom Titel her vorgegebenen thematischen Zusammenhang mit zu betrachten. Von einem „Handbuch" erwartet der Käufer in der Regel grundlegende Informationen, nützliche Tipps und Ratschläge sowie Anregungen, meist bezogen auf ein bestimmtes Gebiet, z. B. Musik, Architektur, Gartenbau, Hundehaltung oder Ähnliches. Insofern kann aus dem Buchtitel durchaus auf einen didaktischen Zweck geschlossen werden: Der Leser soll durch dieses Nachschlagewerk etwas lernen bzw. bei Bedarf über etwas belehrt werden. Ein „Handbuch für Einwohner" ist zunächst allerdings eine merkwürdige poetische Fiktion, denn der Begriff „Einwohner" ist ein-

Begriff „Handbuch"

Zweck: Mündigkeit von Staatsbürgern ...

fach zu umfassend, als dass man für jeden Bedarf desselben das Passende zwischen zwei Buchdeckeln zusammenfassen könnte. Wenn man jedoch für „Einwohner" den Begriff „Bürger" setzt, bekommt der Titel schon eher Sinn. Ein solches „Handbuch" (das es in der Realität tatsächlich gibt) hätte die Funktion, den Staatsbürger über den Umgang mit politischen Institutionen, Behörden, Medien usw. zu informieren, um ihn kenntnisreicher, selbst- und problembewusster, eben: mündiger zu machen.

... aber ironisch verfremdet

Der Titel „Handbuch für Einwohner" indes ist augenzwinkernd ironisch und verfremdend gemeint. Dass Günter Bruno Fuchs weder als Sachbuchautor noch in der Manier eines aufklärerischen Poeten auftritt, der, wie die so genannte engagierte Literatur, eine politische Botschaft für seine Mitbürger formuliert, wird an den poetischen Eigenwilligkeiten deutlich, die den Reiz dieser Geschichte ausmachen. So laufen die in einem solchen „Handbuch" enthaltenen Texte nicht Gefahr, Empfehlungen zu geben oder in eine vordergründig-platte politische Aussage zu münden, sondern lassen dem Leser für eigene Assoziationen und Schlussfolgerungen Spiel-Raum genug.

Gegensatz von drinnen und draußen

Zur zusammenfassenden Deutung bietet sich der Versuch an, den geschilderten Vorgang auf seine Grundstrukturen zurückzuführen, und die liegen in der bereits angesprochenen Antithese von „drinnen" und „draußen" und dem, was diese Kategorien jeweils repräsentieren. Dabei fällt auf, dass diese beiden Wörter jeweils in einem bestimmten Umfeld stehen: „Aufstellung [...] da draußen", „Unruhe [...] draußen", „Draußen [...] Gefahr", „Draußen [...] Gerassel" usw. Das Wort „Draußen" versinnbildlicht (zuerst auch noch für die Wachmannschaft) das Siegreiche, Aktive, Aggressive. „Drinnen" hingegen steht für das eher Passive, Zurückweichende, die Niederlage: „drinnen dankt", „drinnen [...] unsere Aufgaben", zweimal „rückwärts nach drinnen", „Fragezeichen hier drinnen". Gegen Ende von „Ein Kongressbericht" dominiert auch von der Häufigkeit her das Wort „draußen": Die Wachmannschaft hat sich nach „drinnen" zurückziehen müssen. Während die Eindringlinge für „Unruhe" sorgen, stehen die dadurch aufgescheuchten Kongressteilnehmer für Ruhe ein, wobei man unwillkürlich an den berühmten Satz des preußischen Königs „Ruhe ist die erste Bürgerpflicht", aber auch an das Begriffspaar „Ruhe und Ordnung" erinnert wird. Der Begriff der „Unruhe" wird im Gegensatz dazu einseitig negativ besetzt und als „Gefahr" gesehen; angesichts der „Unruhe" wird der Kongress sogar „still", zum Verstummen gebracht, und muss schließlich „wandern", was wohl als Euphemismus für Flucht zu lesen ist. Hat sich eine Revolution vollzogen? Ist der Absturz der Wachmannschaft („sie stürzt ab vor dieser Landschaft [...]") zugleich als Umsturz der alten Verhältnisse und als Sturz der zuvor Mächtigen zu deuten? Haben die „draußen" die Zukunft gewonnen?

Revolution bzw. Umsturz?

5 Zur Aussage der Geschichte

Während die Vorgänge auf der Straße für die im Innenraum befindlichen Personen bisher nur hörbar waren, werden sie zum Schluss auch sichtbar: Die Eindringlinge „da draußen" stehen in „entschiedener Beleuchtung" – also im Licht; besitzen sie deshalb auch, ordnet man dieser Metapher ihre traditionelle Bedeutung zu, die Erleuchtung der Aufgeklärten? Und wird mit dem „Himmel, der vor Hitze flimmert", eine Anspielung auf grundlegende Veränderungen gegeben, die von Licht und „Hitze", d. h. Einsichten und der Erregung von Leidenschaft, getragen wird? Haben die Demonstranten draußen – in doppeltem Sinne – einen Brand entfacht?

Bei dem Versuch einer Lösung dieser Fragen könnte der Entstehungszeitraum der Geschichte Anhaltspunkte bieten: In den Jahren 1968 und 1969 war die politische „Landschaft" in der Bundesrepublik äußerst bewegt und mit vielen „Fragezeichen" versehen. Für eine erhebliche Verunsicherung sorgten dabei Teile der aufbegehrenden Jugend, vor allem vertreten durch die Studentenbewegung. Diese richtete sich insbesondere gegen den Vietnamkrieg und die Notstandsgesetzgebung sowie die Wiedererstarkung eines extremen Nationalismus, der sich u. a. in den Wahlerfolgen der NPD äußerte. Wie in „Ein Kongressbericht" wurden deshalb Stimmen außerhalb des Parlaments laut, die politische Mitbestimmung und Basisdemokratie forderten. Als APO (außerparlamentarische Opposition) formierte sich die links orientierte Bewegung, die die parlamentarische Demokratie, d. h. die staatliche Ordnung, sowie die Gesellschafts- und damit auch die Eigentumsverhältnisse des Kapitalismus, die Begriffe von „Hab und Gut", radikal in Frage stellte. Das so genannte „Establishment" sah in diesen Feinden der bestehenden Ordnung zumeist nur „[n]ichtsnutzige" Protestler, empfand deren Aktionen als umstürzlerisch („[ü]berhandnehmend") und reagierte empört. (vgl. hierzu die Anmerkungen in dem Interpretationsteil zu Wolfgang Weyrauchs „Uni").

Ein heißer Sommer („Hitze") erfasste die gesellschaftlichen Gruppen in ihrem Einsatz für oder gegen eine gesellschaftliche Utopie („Himmel"), aber es war undeutlich („flimmert"), was daraus werden sollte. Die Phase der Restauration, in der die Regierenden das allgemeine fraglose „Wohlwollen" der Regierten genossen und sich dem „Schlaf", der Untätigkeit und dem Festhalten am Bestehenden überlassen konnte, war jedenfalls mit einem Schlag vorbei. „Stimmen" wurden laut, es war auch für die politischen Instanzen notwendig, sich mit dem Phänomen der bislang unbekannten „Unruhe" auseinander zu setzen. Dass die Eindringlinge ausgerechnet am Notausgang zum „Stehnbleiben" aufgefordert werden, könnte eine – allerdings sehr versteckte – Anspielung auf die damals gerade von einer großen Mehrheit des Bundestags verabschiedeten Notstandsgesetze sein – der Sprecher korrigiert sich dann ja ironischerweise auch und nimmt

Historische Zuordnung: 1968/69 u. a.

– Notstandsgesetzgebung

– NPD

– APO

– Kapitalismuskritik

„Unruhe"

seine Aufforderung zurück, da die Notausgänge natürlich freigehalten werden müssen: „Nicht stehnbleiben am Notausgang!"

Die vielen Fragen am Schluss lassen den Ausgang offen, so, wie es aus der Perspektive des Jahres 1969 den Zeitgenossen auch erscheinen musste. Eine als Botschaft formulierbare Aussage besitzt „Ein Kongressbericht" deshalb nicht. Dafür aber bietet der Text, auch unabhängig von den konkreten Zeitumständen seiner Entstehung und nicht trotz, sondern wegen seiner teilweise kryptischen Hermetik einen atmosphärischen Eindruck von der Verunsicherung, die durch einen Umsturz bei den Mächtigen ausgelöst wird. Die Phrasen und die Gefühle wie Angst, Empörung, Arroganz, Selbstgewissheit, Trotz, Feigheit usw. werden hier nicht realistisch abgeschildert, sondern poetisch verfremdet gestaltet. Dies hat den Vorzug, dass die damit verbundenen Stimmungen in ihrer ganzen Widersprüchlichkeit vermittelt werden können.

Atmosphärischer Eindruck

Günter Kunert: Sintflut (1975)

Die Sintflut beginnt unmerklich. Vorerst steigen die Flüsse um wenige Zentimeter. Es regnet nicht einmal häufiger als sonst, aber anhaltender. Und es dauert länger als nach früheren Güssen, bis das Wasser wegsickert. Eines Tages verrinnt es gar nicht mehr, und die kleinen Pfützen bleiben stehen. Die Industrie wird mehr Regenschirme herstellen, mehr Gummistiefel, doch das sind die einzigen Maßnahmen, die man trifft. Ein paar Wetterkundler weisen auf Merkwürdigkeiten im Wetterablauf hin, nur versteht ihre wissenschaftliche Sprache kein Mensch, und ihre Entdeckung wird sofort wieder vergessen.
Wenn die Flüsse über die Ufer steigen, wird man es dem jeweiligen Landesfeind ankreiden, doch weil die Nachrichtenübermittlung nicht zu verhindern ist, erfährt alle Welt von der synchronen Überschwemmung vieler Gebiete der Erde.
Die Pfützen werden Tümpel, Teiche, Seen, die sich zu kleinen Meeren zusammenschließen. Es wird hauptsächlich von einer vorübergehenden Krise der Witterung gesprochen werden, von einer Verlagerung der Erdachse oder Ähnlichem. Jeder Staat wird insgeheim Fachleute aus Venedig anheuern, deren Erfahrung das wässriger werdende Leben erleichtern soll. Die Bevölkerung, die sich bereits in die oberen Stockwerke der Häuser zurückgezogen hat, wird von Booten aus versorgt und gewöhnt sich langsam an den Zustand, denn es gehört zu den vornehmsten Aufgaben einer Bevölkerung, sich an Zustände zu gewöhnen. Eine bekannte Persönlichkeit prägt endlich den Satz vom „Leben mit dem Wasser", der bald in aller Munde ist.
Leider wird die Gewöhnung immer wieder gestört, und zwar durch das Wasser selbst, das, von den vielen beruhigenden Zeitungsartikeln unbeeindruckt, ständig weiter steigt. Weniger Kähne als gedunsene Leichen treiben durch die Straßen, die beiderseits von den Dächern der noch nicht abgesackten Gebäude markiert werden. Hunger greift um sich, Seuchen, bitterste Not und bitterste Angst. Hubschrauber fliegen über die aus den Wellen ragenden Reste und werfen Flugblätter ab, des Inhalts, dass alles getan werde, das Unglück abzuwenden.
Gläubig lesen die Ertrinkenden die druckfeuchten Blätter. Den Sterbenden hält man die Zettel vor die Augen, die der Tod schon trübt. Von den Dächern der Wolkenkratzer spült die Flut die letzten Lebenden, die niemals erfahren, dass eine Sintflut über sie gekommen: Das zu verheimlichen, wird allen Beteiligten wichtiger sein, als in dem zunehmenden Regen, in den schwellenden Bächen, den andauernden Wolken die beginnende Katastrophe

zu erkennen. Gewiss: Für eine weitere Sintflut würde man nun viel besser vorbereitet sein, wenn man nicht schon bei der ersten untergegangen wäre.

(Aus: Günter Kunert, Der Mittelpunkt der Erde. Carl Hanser Verlag, München, 1975)

Interpretation

1 Kurzbiographie und Hinweise zum Werk

Günter Kunert wurde am 6. März 1929 in Berlin geboren und musste schon früh erfahren, was es seit 1935 bedeutete, ein „Mischling ersten Grades" zu sein: Geschützt durch den „arischen" Vater, einen Kleinhersteller von Papierwaren, der sich von seiner jüdischen Frau nicht trennen wollte, überstand Günter Kunert nur knapp die Zeit des Nationalsozialismus, während die Angehörigen der Mutter in Konzentrationslagern umkamen. Da er als Halbjude keine weiterführende Schule besuchen durfte, wurde Günter Kunert 1943 vorübergehend Lehrling in einem Herrenkonfektionsgeschäft.
Sein Interesse aber galt dem Kino, der Literatur und der Kunst, und so begann Kunert nach dem Krieg ein Studium an der neugegründeten „Hochschule für angewandte Kunst" in Berlin-Weißensee. Bei dem Versuch, seine ersten literarischen Produkte in der satirischen Zeitschrift „Ulenspiegel" zu veröffentlichen, traf er u. a. mit Wolfgang Weyrauch, Stefan Hermlin und Bertolt Brecht zusammen; gefördert wurde der junge Nachwuchsautor von J. R. Becher, dem späteren Minister für Kultur in der DDR.
1952 heiratete Kunert seine Frau Marianne, der er bis heute die meisten seiner Werke gewidmet hat. Zwar wurde der Autor 1949 Mitglied der SED, geriet aber schon früh in ideologischen Konflikt mit den DDR-Kulturbehörden; Anfang 1963, gerade mit dem Heinrich-Mann-Preis ausgezeichnet, veröffentlichte er drei kritische Gedichte und löste damit eine Hetzkampagne gegen sich aus. In seine Erinnerungen („Erwachsenenspiele") von 1997 nahm Kunert, der seit 1957 ständig unter Beobachtung der Stasi stand, einen aufschlussreichen IM-Bericht über seine Person auf: „HA XX/1. Berlin, den 7.5.1969. Kunert gehört zu den führenden Schriftstellern der DDR, die seit mehr als 10 Jahren Front gegen die Kulturpolitik der SED und der Regierung der DDR machen und verhindern wollen, dass sich die sozialistisch-realistische Kunst in der Literatur der DDR durchsetzt." Seit 1963 wurden deshalb alle Werke, auch die in der DDR nicht oder erst viel später gedruckten, im Carl Hanser Verlag in München veröffentlicht.
Gelegentliche Reisen führten Kunert in osteuropäische Länder und auch – immer wieder unter Schwierigkeiten mit den DDR-Behörden – in den Westen, u. a. nach London, 1966 nach Westberlin zur Tagung der Gruppe 47, 1968 nach Österreich sowie 1972 nach Italien und in die USA.

Herkunft: Berlin

Halbjude

Konflikt mit DDR-Behörden

Unter Stasi-Aufsicht

Auslandsreisen

Seit 1979 in der Bundesrepublik

Im Jahre 1976 gehörte Kunert zu den Unterzeichnern eines Protestschreibens, mit dem sich eine größere Anzahl von DDR-Schriftstellern gegen die Ausweisung Wolf Biermanns aus der DDR aussprachen; 1977 wurde er aus der SED ausgeschlossen. Um den fortdauernden Arbeitsbeschränkungen ein Ende zu setzen, beantragte Kunert 1979 mit Erfolg einen mehrjährigen Auslandsaufenthalt. Seither lebt er in der Nähe von Itzehoe in Schleswig-Holstein.

Werke

Kunerts Werk umfasst neben einem Roman („Im Namen der Hüte", 1967) vor allem Gedichte und Kurzprosa, aber auch Satiren, Essays, Drehbücher, Glossen und Reiseberichte. Im Bereich der Kurzprosa nehmen Parabeln einen besonderen Stellenwert ein, die in ihrer epischen Dichte oft an Kleist und Kafka erinnern. Vor allem die frühen Gedichte stehen dagegen in ihrem didaktischen Gestus unter dem Einfluss Brechts. Weitere Werke sind „Erinnerung an einen Planeten. Gedichte aus fünfzehn Jahren" (1963), „Die Beerdigung findet in aller Stille statt", Erzählungen (1968), „Kramen in Fächern", 1968 in der DDR veröffentlicht, um weitere Texte vermehrt unter dem Titel „Tagträume in Berlin und andernorts" 1972 in der Bundesrepublik erschienen, „Warnung vor Spiegeln", Gedichte (1970), „Der Mittelpunkt der Erde", Prosa (1975), daraus der nachfolgend interpretierte Text „Sintflut", „Verspätete Monologe", Prosa (1981), „Zurück ins Paradies", Geschichten (1984), „Fremd und daheim", Gedichte, (1990), „Mein Golem", Gedichte (1996), „Erwachsenenspiele", Erinnerungen (1997), „Nachtvorstellung", Gedichte (1999).

Ehrungen

Neben dem Heinrich-Mann-Preis erhielt Kunert u. a. in der DDR 1973 den Johannes-R.-Becher-Preis für Lyrik sowie 1980 die Ehrengabe des Kulturpreises im Bundesverband der Deutschen Industrie.

2 Zum Aufbau der Parabel

Inhaltliche Steigerung in fünf Absätzen

Den relativ kurzen Text von „Sintflut" hat Kunert äußerlich in fünf Absätze unterteilt, die, mit Ausnahme des zweiten, der deutlich knapper ausfällt, ungefähr den gleichen Umfang aufweisen. Der im Inhalt angelegten Steigerung entspricht die äußere Struktur somit nicht.

Der erste Abschnitt beschreibt den „unmerklich[en]" Beginn der Sintflut und die Reaktionen auf diesen Vorgang. Mit dem Wort „vergessen", das diesen Abschnitt beschließt, wird ein erster Hinweis auf das Hauptthema der Parabel, die Verdrängung der Katastrophe aus dem Bewusstsein der Öffentlichkeit, gegeben.

Der zweite Abschnitt behandelt den ebenso fragwürdigen wie untauglichen Versuch, für das Steigen des Wassers den „jeweiligen Landesfeind" verantwortlich zu machen.

Das Verhalten des Staates und der Bevölkerung, die sich an die steigende Flut „gewöhnen" soll, steht im Mittelpunkt des dritten Absatzes. Dieser endet pointenhaft mit dem die Situation verharmlosenden „Satz" einer „bekannten Persönlichkeit", der schnell Verbreitung findet.
Über den Begriff der „Gewöhnung" knüpft der vierte Absatz an den vorangehenden an. Er thematisiert abermals den Gegensatz zwischen der auf allen Ebenen zu beobachtenden Eskalation der Katastrophe und den unangemessenen Reaktionen darauf, bestehend aus „beruhigenden Zeitungsartikeln" und Flugblättern. Ein apokalyptisches Abschlussbild reflektiert den Zusammenhang zwischen dem Untergang der Menschheit und der bis zuletzt durchgehaltenen ‚Verheimlichung' der Wahrheit durch „alle Beteiligten" und treibt ihn ironisch auf die Spitze.   *Apokalyptisches Abschlussbild*

3 Erzählverhalten und Sprache

Indem der Erzähler das Geschehen in die Zukunft verlegt, hat er zugleich eine Entscheidung über sein Erzählverhalten getroffen: Es ist *auktorial*. Denn das, was er erzählt, gibt er als eine Zukunftsvision aus, sich selbst präsentiert er damit als Seher, der die Rolle des Warners übernommen hat. Dass das *Futur* jedoch als grammatische Zeitform nur gelegentlich auftaucht, im Wesentlichen hingegen das Präsens vorherrscht, ist als geschicktes Verfahren des Erzählers zu verstehen, der den Leser ganz allmählich vom Jetzt in das Später führt und sich damit erzählerisch dem beschriebenen Prozess anpasst. Im einleitenden Absatz lässt sich dieses gut zeigen: Nachdem der „unmerklich[e]" Anfang der Sintflut beschrieben worden ist, wird im ersten Satz, der die Reaktion der Betroffenen beschreibt, ins Futur übergewechselt: „Die Industrie wird mehr Regenschirme herstellen." „Unmerklich" ist auch der Weg, auf den der Erzähler seinen Leser in die Vision des Untergangs führt.   *Auktoriales Erzählverhalten* *Futur*

Der zweite Absatz beginnt mit einem Satz, der sowohl als Temporal- als auch als Konditionalsatz aufgefasst werden kann: „Wenn die Flüsse über die Ufer steigen, [...]". Mit der hier doppeldeutigen Konjunktion „wenn" lässt der Erzähler offen, ob es sich um eine von ihm nur erdachte oder um eine als real erwartete Situation handelt, die er im Folgenden wieder ins Futur setzt: „[...] wird man es dem jeweiligen Landesfeind ankreiden, [...]."

Neben das grammatische Futur tritt im dritten Absatz das *Passiv des Präsens*, und beide Formen gehen gleichsam fließend ineinander über, sodass der Leser auch im Weiteren nicht sicher sein kann, ob es sich   *Präsens Passiv* um einen gegenwärtigen oder um einen zukünftigen Vorgang handelt, von dem er Kunde erhält: Auf „Es wird hauptsächlich von einer vorübergehenden Krise der Witterung gesprochen werden, [...]" folgt übergangslos „Die Bevölkerung [...] wird von Booten aus versorgt und gewöhnt sich [...]." Ein reines Futur findet sich dann noch einmal im letzten Absatz, der resümierenden Charakter hat: „Das zu verheimlichen, wird allen Beteiligten wichtiger sein, als [...]." Hier legt sich der Erzähler abschließend darauf fest, das von ihm gezeigte Szenario mit Gewissheit voraussagen zu können.

Konditionalis und Irrealis

Ganz und gar auktorial fällt der Schlusssatz aus, der mit einem sarkastisch klingenden „Gewiss" eingeleitet wird und die Unbelehrbarkeit und daher Unrettbarkeit der Betroffenen durch ein absurdes *Konditional* in Verbindung mit einem *Irrealis* verdeutlicht: „Für eine weitere Sintflut würde man nun viel besser vorbereitet sein, wenn man nicht schon bei der ersten untergegangen wäre."

Ironische Wertungen

Außer dem absichtsvollen Wechsel von Präsens und Futur sowie dem Einsatz von Konjunktivformen macht sich der auktoriale Erzähler auch durch eine Reihe *wertender* Formulierungen bemerkbar, die zum Ende hin häufiger auftreten. Sehr *ironisch* beschreibt er das Leben der Bevölkerung mit dem Wasser als „wässriger werdend". Damit wird hier die Assoziation „die Probleme verwässern", also kleinreden, nicht ernst nehmen, geweckt. Zugleich lässt die doppeldeutige Metapher des „wässriger werdende[n] Leben[s]" den Gedanken an Oberflächlichkeit entstehen: Das Leben spielt sich notwendig auf der Wasseroberfläche ab; dem Wasser auf den Grund gehen wollen die Menschen nicht, und damit entsprechen sie den Erwartungen des Staates. So kommentiert der Erzähler das obrigkeitshörige Verhalten der Bürger bissig: „denn es gehört zu den vornehmsten Aufgaben einer Bevölkerung, sich an Zustände zu gewöhnen". (Möglicherweise spielt der bekennende Preußenfeind Günter Kunert damit auf das berühmte Wort des Berliner Stadtkommandanten nach der verheerenden Niederlage der preußischen Armee gegen Napoleon bei Jena und Auerstädt 1806 an: „Der König hat eine Bataille verloren. Jetzt ist Ruhe die erste Bürgerpflicht".)

Vordergründig bedauernd, in Wirklichkeit aber voll Ironie greift der Erzähler das Stichwort „gewöhnen" im folgenden Absatz auf: „Leider wird die Gewöhnung immer wieder gestört, und zwar durch das Wasser selbst [...]". Ans Makabre grenzt der doppeldeutige Satz „Gläubig lesen die Ertrinkenden die druckfeuchten Blätter": Zu Lüge und Beschwichtigung missbrauchte Druckerschwärze und Wasser werden durch den Begriff der ‚Feuchtigkeit' in einen Bedeutungszusammenhang gestellt, der einen tödlichen Ausgang bedeutet.

Makabre Doppeldeutigkeit

„man"

Das in diesem Satz gleich zweimal enthaltene Pronomen *man* korrespondiert im Wesentlichen mit dem oben erwähnten Gebrauch des Passivs. Die Verantwortlichkeiten werden auf diese Weise unbestimmt

3 Erzählverhalten und Sprache 49

und nicht mehr konkret greifbar; in „man" verbergen sich alle, ohne dass ein Einzelner namhaft zu machen wäre; mit „man" werden alle zuvor genannten „Beteiligten" wieder in die anonyme Masse der passiv Duldenden gestellt.

Entsprechend dem Thema „Sintflut" wählt Kunert für die Gestaltung vor allem solche stilistische Mittel, die geeignet sind, die allmähliche Entwicklung zur Katastrophe sinnfällig zu machen. So fällt im ersten Absatz auf, dass die *Satzlänge* kontinuierlich zunimmt. Der erste Satz besteht lakonisch aus nur vier Wörtern, der folgende bereits aus sieben Wörtern. Dem nächsten wird schon als Erweiterung ein adversatives „aber" angefügt, dem folgenden ein ganzer Nebensatz usw. Dem steigenden Wasser entspricht also eine steigende Satzlänge, ohne dass die darin enthaltene Dramatik bzw. Gefahr im Verhalten der Menschen, die „sofort wieder vergessen", eine Entsprechung findet. Dazu passt an anderer Stelle die *Klimax*: „Die Pfützen werden Tümpel, Teiche, Seen, die sich zu kleinen Meeren zusammenschließen." Auf eine *asyndetische Akkumulation* in Verbindung mit einer *Anapher* trifft man im letzten Absatz, in dem die Entwicklung der „Katastrophe" noch einmal in Erinnerung gerufen wird: „in dem zunehmenden Regen, in den schwellenden Bächen, den andauernden Wolken [...]"; die als Attribute gebrauchten Präsenspartizipien verstärken den Eindruck der Bedrohung.

Außerdem arbeitet Kunert gelegentlich mit dem Mittel der *Alliteration*, u. a. auf W wie „Wasser" (oder „Warnung" ?): In einem einzigen Satz finden sich so „Wetterkundler weisen", „Wetterablauf", „wissenschaftliche", „wird sofort wieder vergessen".

Eine besondere sprachliche Auffälligkeit enthält abermals der Schlussabsatz: „[...] die letzten Lebenden, die niemals erfahren, dass eine Sintflut über sie gekommen". Der überraschende Wegfall von „ist" am Satzende, der den Satz zur *Ellipse* verkürzt, wirkt altmodisch. Es handelt sich um eine Nachahmung der Diktion der Bibel in ihrer früher üblichen, heute allerdings veralteten sprachlichen Form.

Mit diesem kurzen, lediglich angedeuteten und fast versehentlich erscheinenden Ausflug in einen archaischen Stil gibt der Erzähler dem Leser Gelegenheit, sich kurz vor dem Ende der Parabel noch einmal einen Zusammenhang zu vergegenwärtigen, der sich schon vom Titel her aufdrängt.

Satzlänge: Form – Inhalt – Bezug

Klimax

Asyndetische Akkumulation mit Anapher

Alliteration

Ellipse

Exkurs: Die Sintflut im Alten Testament

Wortbedeutung „Sintflut"

Der Begriff „Sintflut" leitet sich nicht von Sünde ab, wie das gelegentlich in gleichem Zusammenhang gebrauchte Wort „Sündflut" nahe legen könnte; vielmehr verweist die Vorsilbe „sint", abgeleitet von dem althochdeutschen „sin(a)" bzw. dem mittelhochdeutschen „sin(e)" („immerwährend gewaltig, durchaus"), auf eine „große, allgemeine, dauernde Flut". Die Erzählung von einer großen Überschwemmung findet sich lange vor der Entstehung der Schriften des Alten Testaments schon in babylonischer Zeit, und zwar im so genannten Gilgamesch-Epos. Ausgrabungen haben bestätigt, dass es vor etwa 4000 Jahren in der Region von Ur in Mesopotamien eine große Überschwemmung gegeben hat, die in den Mythos eingegangen ist. Auch in Kulturen ganz anderer Regionen kommen in Schöpfungsmythen Berichte von einer alles vernichtenden Flutkatastrophe vor (China, Australien, Griechenland u. a.).

Biblische Fassung

Die biblische Fassung der Sintflutgeschichte ist, wie die Textkritik herausgefunden hat, eine Mischung zweier ursprünglich selbstständiger Erzählungen, von denen die erste der jahwistischen Tradition entstammt (10. Jh. v. Chr.), die zweite der Priesterschrift aus dem Exil (6. Jh. v. Chr.) zuzurechnen ist. So gibt es Unterschiede in der Bezeichnung für Gott sowie kleinere Widersprüche, z. B. in Bezug auf die Zahl der Tiere, die Noah in der Arche mitnehmen soll, und in der Dauer der Flut. Rätselhaft ist die einleitende Erwähnung einer sündigen Verbindung von Gottessöhnen und Menschenkindern, aus denen „Helden der Vorzeit" hervorgegangen sein sollen (1 Mo 6, 1).

Strafgericht

Entscheidend für den Zusammenhang zwischen der Sintflut im Alten Testament und Kunerts Parabel ist der Gedanke, dass Gott in der biblischen Fassung ein Strafgericht über die Menschheit verhängt, weil deren Sinn nur auf das Böse gerichtet ist: „Die Erde aber war vor Gott verderbt, (...)." (1 Mo 6, 11) Aus diesem Grund soll alles Leben auf der Erde vernichtet werden. Nur Noah, der aufgrund seines untadeligen Lebenswandels Gnade vor dem erzürnten Gott gefunden hat, ist dazu auserwählt zu überleben und erhält deshalb den Auftrag, eine Arche zu bauen. In ihr soll nun je ein Paar jeder Gattung vor dem Ertrinken bewahrt werden.

Zusammen mit seiner Frau, seinen Söhnen und deren Frauen sowie den Tieren übersteht Noah die große Flut. Nachdem sicher ist, dass das Wasser sich wieder zurückgezogen hat, verlässt er mit den überlebenden Geschöpfen die Arche, um die Welt neu mit Leben zu füllen. Gott aber beschließt: „Nicht noch einmal will ich alle Lebewesen vertilgen, wie ich es getan habe." (1 Mo 8, 21) Er schließt darauf einen Bund mit Noah und seinen Söhnen und gibt den Menschen eine neue Ordnung.

4 Die „Beteiligten" in „Sintflut" – Neu- oder Gegenentwurf zu einem Mythos?

Ähnlich wie Kafka und Brecht hat auch Günter Kunert immer wieder auf biblische Motive und Vorbilder zurückgegriffen. Schon mit dem Titel des vorliegenden Textes signalisiert der Autor einen Zusammenhang zur alttestamentarischen Version, die vom Leser vergleichend herangezogen werden muss.

„Die Sintflut beginnt unmerklich." Bereits der erste Satz der Parabel zeigt einen wesentlichen Unterschied zum biblischen Vorbild, in dem es heißt: „Noah war sechshundert Jahre alt, als die Flut, das Wasser, über die Erde *hereinbrach*." (1 Mo 7,6; Hervorh. von mir) und „Nun ergoss sich die Flut vierzig Tage lang über die Erde" (1 Mo 7,17; dto.). Abgesehen von dem bereits erwähnten Umstand, dass im Alten Testament der erzählte Vorgang durch das Präteritum als vollständig abgeschlossen dargestellt, bei Kunert jedoch durch das Präsens in die Gegenwart gestellt wird, fällt auf, mit welcher Wucht das Wasser im AT auf die Erde trifft, deren Geschöpfe es vernichten soll. Eine Rettung ist aufgrund des göttlichen Strafbeschlusses von vornherein nicht denkbar. Den biblischen Lebewesen wird – mit Ausnahme von Noah – keine Gelegenheit gegeben, sich auf die Katastrophe vorzubereiten, geschweige denn, sie abzuwenden.

Vergleich mit Bibel-Text

Ganz anders bei Kunert: Gott taucht in seiner Version nicht auf, von einer Strafe ist keine Rede, und weshalb das Wasser steigt, bleibt bis zum Ende völlig unklar. Während im Alten Testament die Flut als gewolltes Verhängnis definiert wird, bleibt der Grund für die Sintflut in der modernen Parabel verborgen. Dass es zu keiner rationalen Erklärung kommt, liegt an den Betroffenen selbst, die den Ursachen nicht auf den Grund gehen wollen.

Aufschlussreich ist in diesem Zusammenhang das Verhalten der im Einzelnen „Beteiligten": So beschränkt sich die *Industrie* darauf, die Produktion von Regenschirmen und Gummistiefeln zu steigern, d. h., sie reagiert ihrer privatwirtschaftlich-kapitalistischen Logik entsprechend mit Blick auf kurzfristige Effektivität und schnellen Profit und macht aus der neuen Situation ein Geschäft. Ebenfalls im eigenen Denken befangen reagiert die *Wissenschaft*, deren akademische Fachsprache zu „Merkwürdigkeiten im Wetterablauf" „kein Mensch" versteht. Was aber nicht verstanden wird, kann um so leichter „vergessen" werden. Eine lebensferne Wissenschaft, die sich, exklusiv abgeschottet durch ihre Fachterminologie, in ihren Elfenbeinturm zurückgezogen hat, vermag ihrer Verantwortung für die Gesellschaft nicht gerecht zu werden.

Die Beteiligten:
– Industrie

– Wissenschaft

Auch der Staat reagiert in typischer Weise: Anstatt geeignete Maßnahmen zu treffen, das Unheil abzuwenden, werden „insgeheim Fach-

– Staat

leute aus Venedig" damit beauftragt, die sich verändernden Lebensbedingungen lediglich zu „erleichtern". Diese bequeme Anpassung unterstreicht der Erzähler ironisch durch seinen Wortgebrauch: Mit dem Begriff „anheuern", das der Seemannssprache entstammt, findet parallel zur allgemeinen „Gewöhnung" an den Beginn der Sintflut auch eine Anpassung an maritimen Sprachgebrauch statt, der die neuen Verhältnisse als normal ausgeben soll.

Euphemismen

Diese Tendenz, mit im Grunde euphemistischen Mitteln das Unnormale zum Normalen umzudeuten, setzt sich fort im „Satz vom ‚Leben mit dem Wasser'". Wenn mit einem Bonmot wie mit einer magischen Beschwörungsformel ein Zustand umschrieben werden kann, wird er schon beinahe als beherrschbar und damit als erträglich empfunden; die sprachliche Verfügung über die Sache wird mit ihrer sachlichen Beherrschung selbst gleichgesetzt. (Dieser Glaube an die Kraft des Wortes hat eine lange Tradition und zeigt auch im Neuen Testament Spuren in dem berühmten Satz: „Im Anfang war das Wort, (...)." (Joh. 1,1))

– *Zeitung*

In nachbiblischer Zeit findet der Mythos von der Kraft des Wortes seinen zeitgemäßen Niederschlag in *Zeitungsartikeln*. Bei Kunert werden sie mit dem Adjektiv „beruhigend" bezeichnet, womit kritisch auf die beschwichtigende Funktion der Medien hingewiesen wird. Auf Wort und Papier wird bis zuletzt nicht verzichtet; wenn der Tod schon unabwendbar geworden ist, werden noch abgeworfene Flugblätter behaupten, „dass alles getan werde, das Unglück abzuwenden." (Man ist, wenngleich der Zusammenhang nicht ganz passt, unwillkürlich an die dem jungen Kunert nur allzu vertrauten Endsiegparolen erinnert, die von den Nazis noch ausgegeben wurden, als die sowjetischen Panzer schon in Berlin standen.)

– *Die „Ertrinkenden"*

Auffällig ist, dass im Anschluss an die Erwähnung der „bekannte[n] Persönlichkeit" Menschen als Handelnde nicht mehr vorkommen: Aktiv sind neben dem personifizierten Wasser, das „von den vielen beruhigenden Zeitungsartikeln unbeeindruckt" bleibt, der um sich greifende Hunger und die Hubschrauber, die Flugblätter abwerfen. Menschen kommen nur noch als passive Opfer vor, als „*Ertrinkende*" und als „Sterbende". In dieser Hinsicht gibt es eine Parallele zur biblischen Sintflut: Der Untergang ist unaufhaltsam. Während im Alten Testament dafür aber der strafende Gott verantwortlich ist, sind es in Kunerts Parabel die Menschen, die durch ihre Passivität den Untergang selbst heraufbeschwören. Industrie, Wissenschaft, Staat und Bevölkerung werden von der Katastrophe nicht überrascht und hinweggespült, sondern sie ignorieren das kommende Verhängnis so konsequent, dass es sie darum um so sicherer treffen kann.

Insofern dient Kunert der Rekurs auf das biblische Motiv dazu, vor dem Hintergrund des lediglich in seinen Auswirkungen gleichen Unglücks den wesentlichen Unterschied in der Frage der Verantwortung herauszuarbeiten. Während die moralischen Verfehlungen der Menschen vor der biblischen Sintflut relativ unbestimmt bleiben, werden sie in der modernen Fassung am Verhalten der „Beteiligten" explizit vorgestellt: Der Fehler liegt in der bewussten Verdrängung, dem „[V]erheimlichen" der Gefahr. Da alle gleichermaßen daran beteiligt sind, werden alle auch zu Recht für die Folgen ihres Tuns bzw. Nicht-Tuns bestraft. Der moralische Begriff der Strafe aus dem Alten Testament hat dabei allerdings eine inhaltliche Umdeutung, mindestens aber eine Verschiebung erfahren: Bestraft wird nicht die Sünde, sondern Passivität und Inkonsequenz.

Bestrafung von Passivität und Inkonsequenz

Dass dieser modern-kausale Zusammenhang noch verheerender ist als der mythisch-tradierte, zeigt der bitter-ironische Nachsatz, der eine „weitere Sintflut" betrifft. Dieser Satz ist schon deshalb absichtsvoll auch grammatisch absurd formuliert, weil es in der Gegenwart und in der Zukunft keinen Menschen mehr gibt, der aus den Erfahrungen lernen könnte.

5 Zur Aussage der Parabel

Wenn der narrative Kern der alttestamentarischen Überlieferung in so rudimentärer Weise adaptiert wird wie in Kunerts Parabel, stellt sich die Frage, weshalb als Titel dennoch „Sintflut" gewählt wird, ein Begriff, mit dem schon Grundschüler etwas klar Bestimmtes verbinden und der hier deshalb eher irreführend ist. Die Antwort kann nur lauten, dass gerade der Unterschied zwischen beiden Geschichten das Wesentliche ausmacht, worauf der Leser seinen Blick richten soll.

Von entscheidender Bedeutung ist dabei der abweichende Schluss, und zwar in mehrfacher Hinsicht. Zum einen gibt es in der Bibel einen versöhnlichen Ausklang: Die entsetzliche Flut wird nach Gottes Aussage die letzte sein: „Nie mehr soll das Wasser zur Flut werden, um alles Fleisch zu vernichten." (1. Mo 9, 15) Um eine weitere Sintflut überflüssig zu machen, schließt Gott einen Bund mit den Menschen und gibt ihnen bestimmte Regeln, deren Einhaltung zwar, wie er erkannt hat, das Böse in der Welt nicht aufheben, wohl aber dessen Folgen zu begrenzen vermag. Die Verderben bringende ist auch zugleich die moralisch reinigende Kraft des Wassers; der Tod der Menschheit bedeutet hier die Voraussetzung für einen hoffnungsvollen Neuanfang.

Bibel: Hoffnungsvoller Neuanfang

Ganz und gar pessimistisch ist hingegen der Schluss in Kunerts Parabel. Entgegen dem in der biblischen Fassung enthaltenen Versprechen, dass diese Sintflut die letzte sein sollte, geschieht eine weitere. Von dieser allerdings wird nachträglich nicht mehr zu berichten sein,

Kunert: Untergang der Menschheit

denn es wird keinen zweiten Noah geben: Die Geschichte der Menschen wird an ihr unwiderrufliches Ende gekommen sein, ohne dass diese davon vorher Zeugnis abgelegt haben. Selbst die „letzten Lebenden" werden „niemals erfahren, dass eine Sintflut über sie gekommen; [...]". Einen Neuanfang gibt es nicht, da weder ein versöhnter Gott noch eine zur Besinnung gekommene Menschheit als Subjekt künftiger Geschichte denkbar ist. Im Gegenteil: Diese Menschheit, mittlerweile auf ein „man" reduziert, wird noch als untergegangene in ihrer Selbstgerechtigkeit („Gewiss:") und Ignoranz vorgestellt: „Für eine weitere Sintflut würde man nun viel besser vorbereitet sein, [...]." Als Letztes wird die Phrase sterben.

Ein wichtiger Unterschied zwischen den beiden Fassungen der „Sintflut" liegt also in der Reaktion der Menschen. Sie sind nicht in der Lage, aus ihren Fehlern zu lernen, und sie nehmen weder ihre konkret-gegenwärtigen Erfahrungen noch die ihnen überlieferten Lehren zum Anlass, sich vernünftig zu verhalten. Die irrationale Geheimhaltung des sich vor ihren Augen abspielenden Szenarios wird ihnen „wichtiger sein, als [...] die beginnende Katastrophe zu erkennen", stellt der Erzähler, der als einziger Überlebender oder als Visionär merkwürdig außerhalb des Geschehens zu stehen scheint, fest. Noch im Tode lesen die Menschen „gläubig" von den Versuchen zur Abwehr der Sintflut; aber nicht erst im Tode sind ihre Augen ge„trübt", sondern sie waren es von Anfang an. Sich der Erkenntnis konsequent bis zum tödlichen Ende zu verweigern, um die eigene Passivität zu rechtfertigen, ist das Verhaltensmuster, das hier angeprangert wird. Zu den unterschiedlichen Varianten der Verdrängung zählen Wegschauen, Verniedlichen, Verharmlosen und sich an das Ungewohnte wie selbstverständlich zu „gewöhnen", und in diesem zutiefst unpolitischen Verhalten liegt der Keim der Katastrophe.

Woran Kunert im Jahre 1975 bei der Veröffentlichung seiner Parabel vor allem dachte, wird an dem Satz der „bekannten Persönlichkeit" erkennbar: „Leben mit dem Wasser" ist eine parodistische Anspielung auf den in dieser Zeit oft gebrauchten Satz vom „Leben mit der Bombe". In den siebziger Jahren war die atomare Rüstung der feindlichen Blöcke so weit gediehen, dass Politiker und Medienvertreter zur allgemeinen Beruhigung von einem „Gleichgewicht des Schreckens" sprachen. Die damit verbundene Illusion, dass aus diesem Gleichgewicht kein Krieg entstehen könne, da jeder Angriff mit atomaren Waffen auf gleiche Weise beantwortet werden konnte, das Risiko für die Beteiligten also zu groß sei, erzeugte eine gewisse Beruhigung in der Bevölkerung der beteiligten Staaten oder, mit den Worten des Textes, eine „Gewöhnung" an diesen Zustand.

Dieser Text lässt sich aber nicht nur als Parabel auf die atomare Hochrüstung und deren verharmloste Bedrohung im Zeitalter des nuklearen Patts lesen. Als Kunert seine Erzählung „Sintflut" schrieb, war der

Kritik der Verdrängungsmechanismen

Parabel auf atomare Hochrüstung und ...

5 Zur Aussage der Parabel

Begriff der Umweltkatastrophe noch nicht in aller Munde. Wie der Autor aber in einem Interview zu seinem 70. Geburtstag erwähnte, beschäftigte ihn dieses Phänomen schon in seinem ersten Gedichtband von 1950: „Ich habe schon sehr früh angefangen, mich für Umweltprobleme zu interessieren. [...] Diese Sicht der Verderbnis der Welt hat sich im Laufe der Jahre immer stärker entwickelt." (*Die Welt* vom 6.3.1999) Nicht nur dieser Umstand rechtfertigt eine Ausweitung der Parabel-Aussage auf andere Bereiche. Als Warnung vor der bequemen Verdrängung künftiger oder schon begonnener Katastrophen hat die Parabel an Aktualität nicht verloren: Erwähnt seien an dieser Stelle nur das wachsende Ozonloch, die problematische Entsorgung atomaren Mülls, die lebensbedrohende Klimakatastrophe und der steigende CO_2-Ausstoß, die Vernichtung des Regenwaldes und die immer umfangreicher und differenzierter betriebene Genmanipulation. Zwar gibt es eine alarmierte Öffentlichkeit, und die Gefahren werden in den Medien benannt. Aber zugleich scheint die Tendenz unverändert, dass es „zu den vornehmsten Aufgaben einer Bevölkerung (gehört), sich an Zustände zu gewöhnen", ganz gleich, wie gefährlich oder katastrophal diese auch sein mögen.

... Umweltkatastrophen

In dieser Hinsicht ist „Sintflut" zugleich sowohl als Warnung als auch als resignative Einsicht in die Vergeblichkeit jeder Warnung zu verstehen. Von einer Sintflut zu schreiben, die nach Auffassung des Erzählers nicht aufzuhalten und aus der nichts mehr zu lernen sein wird – darin liegt das Paradox der vorliegenden Parabel. Dieses Paradox aufzulösen ist die kleine Chance des Lesers, an die der Autor selbst wohl nicht mehr zu glauben vermag.

Paradox: Warnung und Resignation

Angelika Mechtel: Netter Nachmittag (1976)

Ich gehe hin, und er steht schon an der Tür; nachmittags um fünf zum Tee.
Gnädige Frau, sagt er und küsst mir mit feuchten Lippen die Hand.
Ich habe Ihren Artikel gelesen, sagt er. Er findet ihn exzellent. Ich mache eine Handbewegung und stimme ihm zu.
Dann hilft er mir aus dem Mantel, hängt ihn auf und geht voraus zu Torte und Tee, dickbäuchig, aber in guter Position. Alt, aber noch frisch wie ein Junger, meint er und setzt sich neben mich auf die Couch.
Er könne was für mich tun, sagt er und legt mir die Hand auf die Schulter. So hingelehnt ans Sofa, den Oberkörper schräg zum Unterkörper, lächelt er mir zu.
Er schätzt mich, sagt er.
Mit seiner Vergangenheit ist er zufrieden, auch mit seiner Zukunft. Zwei Weltkriege hat er überstanden und eine Ehe, sagt er. Er serviert immer den gleichen Kuchen, wenn er einlädt. Er hat drei Wohnungen: eine in der Stadt, eine auf dem Land und eine am Lago Maggiore.
Er hat das Leben gemeistert.
Artig trinke ich meinen Tee und nehme die Zigarette, die er mir anbietet; gehe auf das Gespräch ein, das er führen will. So ist eben einer, der groß geworden ist. Unverbraucht, denkt er, anders als unser Jahrhundert.
Er vergisst nicht, höflich zu sein.
Das gehört dazu.
Beim Abschied der Griff zum Mantel und zu den Haaren: Die gehören doch raus aus dem Mantelkragen, sagt er. Und zur Hand, um die feuchten Lippen zu postieren. Das tut er alles mit der Selbstverständlichkeit derer, die was besitzen. Du solltest nicht diese Handbewegung machen, wenn er sagt, er fände ihn exzellent. Anstelle der Hand zum Handkuss gibst du ihm einen Schlag, nicht übertrieben scharf, nur ganz leicht, und dann dein Gelächter.
Den Artikel findest du schlecht.
Torte sagst du, isst du grundsätzlich nicht, und statt Tee verlangst du Kaffee.
Er stellt dir heißes Wasser und Nescafé zur Verfügung. Du nimmst nicht nur einen Löffel Kaffeepulver in die Tasse, du nimmst zwei, schraubst das Glas wieder fest zu und stellst es mitten auf den Tisch, so, dass er sich aufrichten muss, wenn er es mit seinen Händen erreichen will.

Noch hockt er schräg auf der Couch, den Oberkörper schräg abgewinkelt. Du lässt ihn fallen, wenn er deine Schulter fassen will. Du machst ihm Platz.
Weiche Landung, sagst du: Glückauf, und greifst nach der vollen Packung Zigaretten mit der Sicherheit jener, die nichts besitzen.
Er besitzt Einfluss, das weißt du.
Ich könnte was für sie tun, sagt er, und du lachst. Du hörst nicht mehr auf zu lachen. Vor Vergnügen schlägst du mit der flachen Hand auf den Tisch; die Füße könntest du drauflegen.
Oder ihn durchs Dachfenster auf die Straße transportieren; sieben Etagen abwärts ohne Lift; unten die Feldherrnhalle. Von der entgegengesetzten Seite marschierte Hitler mal an. Glückab. Den kannte er, und nachher war er auch gleich wieder da.
Zwei Weltkriege? fragst du ihn.
Kein Schrapnell hat ihn erwischt.
Glück muss der Mensch haben.
Ich bin Augenzeuge unsres Jahrhunderts, sagt er.
Unser? sagst du, nimmst deinen Mantel, gehst und denkst: Den habe ich fertig gemacht, dem habe ich seine Heuchelei vor den Latz geknallt, der ist erledigt.
Aber er steht frisch an der Tür und hat ein verbindliches Lächeln im Gesicht.
Jetzt beklatscht er noch deinen Abgang.
Bravo, sagt er: Ein ganz neuer Stil.
Du bist verblüfft, weil du kein Kraut mehr weißt, das gegen ihn wächst, nimmst den Aufzug ins Parterre, gehst Richtung Feldherrnhalle und fragst dich, warum du Angst hast. Du hast dir in den Mantel helfen lassen, hast ihm das Glas Nescafé zugeschoben, das heiße Wasser gereicht, hast um eine Zigarette gebeten und dir Feuer geben lassen. Du hast dich angepasst, warst empfänglich.
Du fragst dich, warum du Angst hast?
Abends rufe ich ihn an und danke für den netten Nachmittag.
(Aus: Angelika Mechtel, Die Träume der Füchsin. Erzählungen. DVA, Stuttgart 1976. © Silke Eilers, München)

Interpretation

1 Kurzbiographie und Hinweise zum Werk

Die Schriftstellerin Angelika Mechtel wurde am 26. August 1943 in Dresden geboren und wuchs im Rheinland und in Bayern auf; 1962 legte sie in Würzburg das Abitur ab und heiratete den Verleger Wolfhart Eilers, mit dem sie bis 1985 zusammenlebte. Ihre beiden Töchter wurden 1962 und 1965 geboren. Schon früh arbeitete Angelika Mechtel an verschiedenen Literaturzeitschriften mit, u. a. an „Aspekte – Impulse" und am „Simplicissimus"; allerdings musste sie den Lebensunterhalt ihrer Familie bis Ende der sechziger Jahre durch andere berufliche Tätigkeiten, u. a. als Hilfsarbeiterin und Zimmermädchen, verdienen, ehe sie von ihren Veröffentlichungen leben konnte.

Werke

Mit ihrem literarisch anspruchsvollen Erzählungsband „Die feinen Totengräber", der sich vor allem mit Frauenschicksalen befasst, machte Angelika Mechtel 1968 auf sich aufmerksam. Im Jahre 1971 folgte der Roman „Kaputte Spiele", in dem sich die Autorin mit dem von Resignation und Wut, Perspektivlosigkeit und Aufbegehren bestimmten Lebensgefühl junger Menschen in den sechziger Jahren beschäftigt. Ein im selben Jahr veröffentlichter weiterer Erzählungsband mit dem Titel „Hochhausgeschichten" zeigt Abgründe und Enge kleinbürgerlicher Existenzen hinter der Fassade geordneter Wohlanständigkeit.

Mitglied der Gruppe 61

Angelika Mechtel war durch Max von der Grün bereits 1965 in die „Gruppe 61" geholt worden, die sich zum Ziel setzte, die Arbeitswelt zum Gegenstand einer auch von nicht-intellektuellen Lesern rezipierbaren Literatur zu machen. In der Folgezeit versuchte die Autorin ihr literarisches Konzept, das bis dahin ein umfangreiches Repertoire an erzählerischen Techniken aufwies, zu vereinfachen. Die Reaktionen der Kritiker auf ihre Romane „Friß Vogel" von 1972, „Das gläserne Paradies" von 1973 und „Die Blindgängerin" aus dem Jahr darauf waren größtenteils ablehnend, zum Teil vernichtend. Angelika Mechtels Versuch, anspruchsvolle, engagierte Inhalte und Botschaften in einer überwiegend realistischen, dem Unterhaltungsroman angenäherten und von manchen gar als trivial bezeichneten Form zu präsentieren, überzeugte die meisten Rezensenten nicht.

Mit dem Erzählungsband „Die Träume der Füchsin", dem die nachfolgend behandelte Erzählung „Netter Nachmittag" entnommen ist, knüpfte Angelika Mechtel 1976 an die Erzählweise ihrer ersten Werke an. Der Roman „Die andere Hälfte der Welt oder Frühstücksgespräche mit Paula" von 1980 erzählt die Geschichte einer Bibliothekarin, die zur Aussteigerin wird. In dem 1983 veröffentlichten Roman „Gott und die Liedermacherin" verarbeitete die Autorin gleich mehrere Themen, die in dieser Zeit diskutiert wurden (atomare Nachrüstung, Feminismus, Kritik an der Innen- und Außenpolitik der Vereinigten Staaten usw.). Ihre eigenen Erfahrungen mit der Krebskrankheit thematisierte Angelika Mechtel 1990 in „Jeden Tag will ich leben. Ein Krebstagebuch". – Neben den genannten Werken verfasste die Autorin u. a. Romane für Kinder und Jugendliche, außerdem Märchen sowie eine Reihe von Gedichtbänden und mehrere Hörspiele und Dokumentationen, darunter „Alte Schriftsteller in der Bundesrepublik" (1972) und „Ein Plädoyer für uns – Frauen und Mütter von Strafgefangenen berichten" (1975). Auch für das Fernsehen entstanden mehrere Arbeiten.

Angelika Mechtel engagierte sich neben ihrer Arbeit auch politisch, darunter im PEN-Zentrum der Bundesrepublik Deutschland (hier u. a. für politisch verfolgte Schriftsteller) sowie im Verband deutscher Schriftsteller in der IG Medien. *Politisches Engagement*

Mit dem Förderpreis der Stadt Nürnberg wurde die Autorin 1970 ausgezeichnet, den Förderpreis für Literatur im BDI erhielt sie 1971. Ihr Einsatz für verfolgte Schriftsteller wurde 1989 mit der Hermann-Kesten-Medaille gewürdigt, den Verdienstorden des Landes Nordrhein-Westfalen nahm sie 1994 entgegen. *Ehrungen*

Angelika Mechtel erlag am 8. Februar 2000 ihrem Krebsleiden.

2 Zum Aufbau der Geschichte

Da die Geschichte „Netter Nachmittag" nicht linear strukturiert ist und mehr als nur eine Erzählebene enthält, ist die Beschreibung des Aufbaus nicht ganz einfach und bereits Teil einer Interpretation, die im vorliegenden Fall von insgesamt vier Abschnitten ausgeht: Der erste Teil berichtet vom Besuch einer Ich-Erzählerin bei einem älteren Herrn an einem Nachmittag in München. Offenbar ist die Frau wegen eines gelungenen Artikels von ihm, wohl ihrem Verleger, eingeladen worden. Dieser empfängt sie fast schon übertrieben zuvorkommend, drückt ihr gegenüber seine Wertschätzung aus und deutet an, sie protegieren zu wollen. Dabei bewirtet er seinen Gast mit Tee, Torte und Zigarette und spricht penetrant selbstverliebt vor allem von sich, seiner Vergangenheit, seinen Leistungen und seinem Besitz. Der Abschied vollzieht sich wiederum formvollendet. Dieser Teil der Geschichte endet damit, dass die Ich-Erzählerin ihren Gastgeber zusammenfassend beurteilt, wobei ihre kritische Distanz sehr deutlich wird:

Mehrere Erzählebenen
Vier Abschnitte:

– Bericht eines Besuches

– Phantasierte Revision ...

„Das tut er alles mit der Selbstverständlichkeit derer, die was besitzen."

Fast übergangslos und ohne trennenden Absatz im Druckbild leitet eine Art Selbstgespräch den zweiten Teil ein: „Du solltest nicht diese Handbewegung machen [...]". Der soeben geschilderte Besuch wird in der Phantasie der Ich-Erzählerin in allen Details noch einmal durchgespielt, nun aber in einer gleichsam korrigierten Fassung, in der alle Wertschätzungen des Gastgebers zurückgewiesen, dessen Höflichkeiten durch Unhöflichkeiten beantwortet und die Prahlereien des Mannes von seinem Gast relativiert oder sogar ins Lächerliche gezogen werden. Mit einem selbstzufriedenen „[...] der ist erledigt" endet dieser Teil.

– ... und deren Rücknahme

Das nun folgende „Aber" bereitet im dritten Teil der Geschichte den Einspruch vor, den die Erzählerin selbst gegen diese phantasierte Revision im zweiten Teil erheben muss: Der Gastgeber lässt sich durch die Unverschämtheiten seines Gastes nämlich nicht wie erhofft schockieren, sondern lobt diese als „neue[n] Stil". Stückweise werden nun auch weitere Details der zweiten Fassung richtig gestellt bzw. der ersten angenähert; die Frau muss sich am Ende auch in dieser ohnehin nur in der Einbildung konstruierten Version des Besuchsablaufs die Überlegenheit des Mannes eingestehen.

– Schluss

Der letzte Teil kehrt zu der Ichform des ersten Teils zurück und besteht lediglich aus dem Schlusssatz „Abends rufe ich ihn an und danke für den netten Nachmittag". Dieser kann sich sowohl auf die realistische Fassung des Besuches im ersten als auch auf die revidierte Fassung im zweiten und die abermals revidierte im dritten Abschnitt der Geschichte beziehen.

3 Erzählverhalten und Sprache

Unvorbereiteter Einstieg

„Ich gehe hin, und er steht schon an der Tür; nachmittags um fünf zum Tee." So lakonisch-trocken und *unvorbereitet* setzt die Handlung von „Netter Nachmittag" ein, dass man erst im Verlauf des Geschehens eine ungefähre Vorstellung davon erhält, welchen Anlass die Einladung und der Besuch „zum Tee" haben und wer sich hinter den *Personalpronomen* „ich" (später „du") und „er" verbirgt. Auf diese Weise konzentriert der Erzähler die Aufmerksamkeit von Beginn an ganz auf den Verlauf der Begegnung und verhindert, dass der Leser durch eine einleitende Vorgeschichte, eine umständliche Erläuterung der Beziehung zwischen den beiden oder Ähnliches abgelenkt wird. In diesem Sinne wirkt auch die durch ein Semikolon deutlich abgetrennte Zeitangabe „nachmittags um fünf zum Tee" wie eine nachträgliche

3 Erzählverhalten und Sprache

Ergänzung, elliptisch kurz und bündig, rein informativ, nüchtern berichtend. Der Ort der Handlung, München, offenbart sich erst später im Text durch den Hinweis auf die Feldherrnhalle, in deren unmittelbarer Nähe der Besuchte wohnt.

Dass die gesamte Handlung im *Präsens* verfasst ist, erweckt den Eindruck, als handle es sich bei dieser Art von Besuch nicht um ein einmaliges, sondern eher um ein typisches, in dieser oder ähnlicher Form häufiger vorkommendes Geschehen. Dazu passt, dass für die wörtliche Rede, die in diesem Teil ganz der Figur des Mannes vorbehalten ist, *keine Anführungsstriche* gebraucht werden. Die gesprochenen Worte wirken so austauschbar wie das Ereignis des Besuches selbst und bedürfen nicht der Hervorhebung durch die sonst üblichen Satzzeichen. Dass der Satz des Sagens („sagt er") stets nachgestellt wird, verleiht den Worten, die berichtartig wiedergegeben werden, etwas Monotones und Phrasenhaftes. Es lässt den Inhalt zudem in einem etwas fraglichen Licht erscheinen, so, als habe die Ich-Erzählerin Zweifel an dem Gesagten. Ganz deutlich wird diese Relativierung, wenn die eitle Behauptung des Mannes „Alt, aber noch frisch wie ein Junger" mit dem Nachsatz „meint er" und an späterer Stelle seine Selbsteinschätzung „Unverbraucht" mit „denkt er" kommentiert wird. Von dem Gastgeber hat die Erzählerin wohl auch das *Zeugma* in der Formulierung „Zwei Weltkriege hat er überstanden und eine Ehe" übernommen; es soll aus seiner Sicht in witziger Form seine Un-verwüstlichkeit demonstrieren, in der Wiedergabe hingegen wird es zum Zeugnis seiner schwer erträglichen Selbstgefälligkeit. Die von dem Mann beanspruchte Dominanz wird nicht nur durch sein Redemonopol deutlich, sondern auch in offenbar ironischer Absicht durch eine *Anapher* herausgestellt: „Er serviert immer den gleichen Kuchen [...] Er hat drei Wohnungen [...] Er hat das Leben gemeistert."

Die Beobachtungen zur sprachlichen Gestaltung ergeben, dass in Angelika Mechtels Geschichte ein in der *Ich-Form* geschriebenes *auktoriales Erzählverhalten* vorliegt. Während der Einstiegssatz noch ganz neutral gehalten und auf reine Information beschränkt ist, lässt schon der folgende Satz die Distanz der Erzählerin ihrem Gastgeber gegenüber erkennen, wenn wie nebenbei dessen „feuchte Lippen" erwähnt werden. Dieser eigentlich unwichtige Hinweis dient hier kaum dazu, eine Tatsache zu beschreiben, sondern deutet leichten Ekel an, den die Besucherin beim Empfang empfindet. Beim Abschied ist sogar die Rede davon, dass der Mann die Hand ergreift, „um die feuchten Lippen zu postieren", was den Ausdruck sexueller Begierde anzeigt und den Widerspruch zwischen der formvollendeten Verbindlichkeit des Mannes und der inneren Abwehr der Frau dagegen unterstreicht. Auf die zunächst scheinbar objektive Feststellung „Er vergisst nicht, höflich zu sein", der ein eigener Absatz eingeräumt wird, folgt eine kleine Pause, verdeutlicht durch den Übergang zu einem neuen, noch kürzeren

Präsens

Wörtliche Rede ohne Anführungsstriche

Zeugma

Anaphern: Er

Ich-Form, auktoriales Erzählverhalten

Absatz. Dieser nun kommentiert diese Höflichkeit ironisch, indem er sie pointenhaft zur reinen Formsache, zur Konvention, erklärt und damit abwertet: „Das gehört dazu."

Das auktoriale Erzählverhalten bietet die Gelegenheit, durch Nebenbemerkungen die Haltung der Ich-Erzählerin anzudeuten. Die dazu benutzten sprachlichen Mittel wirken in diesem ersten Abschnitt subversiv, da die Erzählerin zwar unverkennbar zu ihrem Bewunderer innerlich auf Abstand geht, ihre wirkliche Meinung ihm gegenüber aber für sich behält.

Perspektivwechsel

Im zweiten Abschnitt hingegen, in der lediglich phantasierten Version des Besuches, kommentiert und begründet die Ich-Erzählerin ihr eigenes Verhalten offen, indem sie die *Perspektive wechselt* und sich nun selbst – wiederum im Präsens – anspricht und Empfehlungen gibt: „Du solltest nicht diese Handbewegung machen [...]." Dieses „Du" signalisiert das Sich-Selbst-Gegenüber-Stehen der Ich-Erzählerin – sie hat sich gespalten in einen fordernden und beobachtenden sowie in einen geforderten, leidenden Teil. Der *Konjunktiv* „solltest" an dieser Stelle deutet noch an, dass das Erzählte nicht real ist; fortan wird es durch den Gebrauch des Indikativs als wirklich vorgetäuscht: „Den Artikel findest du schlecht." Dieser Satz greift die frühere Formulierung „Er findet ihn [den Artikel] exzellent" fast wortgetreu auf. Bis in

Wiederholung

die Wortwahl hinein wird nun der erste Durchgang *wiederholt* und diesem dadurch scharf gegenübergestellt. Der „Selbstverständlichkeit derer, die was besitzen", wird, bezogen auf die Frau, die „Sicherheit jener, die nichts besitzen" entgegengesetzt; der Anapher auf „er" entspricht hier eine Selbstbewusstsein andeutende Anapher auf „du": „Du lässt ihn fallen, wenn er deine Schulter fassen will. Du machst ihm Platz." Waren die Wortbeiträge der Frau im ersten Teil noch so bedeutungslos, dass sich ihre Erwähnung nicht lohnte oder sie aus Gründen der Peinlichkeit verschwiegen wurden (Ich „gehe auf das Gespräch ein, das er führen will."), so werden sie jetzt genau wiedergegeben: „Weiche Landung, sagst du [...]. Zwei Weltkriege? fragst du ihn." Der Höhepunkt ihrer phantasierten Aufsässigkeit dokumentiert

Umgangssprache

sich im Gebrauch der *Umgangssprache*: „Den habe ich fertig gemacht, dem habe ich seine Heuchelei vor den Latz geknallt, der ist erledigt." Die solchermaßen zur Schau gestellte innere Stärke der Erzählerin ist indes nicht von langer Dauer: Am Ende muss sie ihre Niederlage auch in dieser Version einsehen, was in eindringlicher Weise gleich durch

Anaphern: Du

mehrere *Anaphern* deutlich gemacht wird: „Du bist verblüfft [...] Du hast dir in den Mantel helfen lassen, hast ihm das Glas Nescafé zugeschoben [...], hast um eine Zigarette gebeten [...]. Du hast dich angepasst [...]. Du fragst dich, warum du Angst hast?" Das Ich der Erzählerin dissoziiert sich nun rückblickend vollends unter dem Eindruck des Machtmenschen, der sogar auf ihre Rebellion souverän reagiert hat.

Erst im letzten Absatz der Geschichte, der nur aus einem nüchtern berichtenden Satz besteht und wie ein trauriger Abgesang wirkt, fügt sich die gespaltene Persönlichkeit zu einem schwachen „Ich" wieder zusammen: Die Ich-Erzählerin gibt die Form der Selbstanrede auf und wechselt, an den ersten Teil anknüpfend, in die erste Person Singular.

4 Die Figuren

Die *Ich-Erzählerin*, offenbar eine junge Journalistin oder Schriftstellerin, die einen Verleger oder Herausgeber durch einen „Artikel" (vielleicht auch durch ihre attraktive Erscheinung, vielleicht auch durch beides) auf sich aufmerksam gemacht hat und eingeladen worden ist, wird durch die Art, wie sie von ihrem Besuch berichtet, indirekt charakterisiert. Dabei stellt sich zunächst die Schwierigkeit, dass Angelika Mechtels „Netter Nachmittag" durch die Parallelgeschichte im zweiten Teil einen inhaltlichen Bruch aufweist und so der Eindruck entstehen könnte, die Frau mache einen Wandel durch, der bei ihrer Charakterisierung zu beachten wäre. Diese Annahme erweist sich im Folgenden jedoch als unbegründet.

– *Ich-Erzählerin: Journalistin oder Schriftstellerin*

Bereits der erste Satz „Ich gehe hin [...]" enthält im Kern die ganze Geschichte und die entscheidenden Momente zur Charakterisierung der Frau, und zwar durch Unausgesprochenes, d. h. deutlich spürbare Leerstellen. Der Satz müsste ergänzt werden um das, was die Erzählerin wohl lieber verschweigen möchte, z. B. um die Erläuterung: ‚weil er mich eingeladen hat und weil er zu mächtig und bedeutend ist, als dass ich seine Einladung abschlagen könnte', oder um das Eingeständnis: ‚obwohl ich der Einladung lieber nicht folgen würde, weil der Mann mir von Herzen unsympathisch ist'. In dem Satz „Ich gehe hin [...]" verbergen sich Trotz und Resignation zugleich: Dem Leser teilt sich unüberhörbar ein ‚Was soll ich denn sonst tun? Was bleibt mir übrig?' mit. Dass die Frau keineswegs gern ‚hingeht', bestätigt sich in der Auswahl ihrer Beobachtungen und Wahrnehmungen im Hinblick auf den Gastgeber. So bezeichnet sie ihn beispielsweise als „dickbäuchig, aber in guter Position". Da diese beiden Eigenschaften nicht das Geringste miteinander zu tun haben, wird an der Art der Verknüpfung deutlich, was gemeint ist: Der Mann ist „dickbäuchig" – also äußerlich wenig anziehend, sodass es eigentlich keinen Grund gibt, freiwillig mit ihm zusammen auf einer Couch zu sitzen – „aber [!] in guter Position", das heißt, es gibt etwas an ihm, was sie das wenig anziehende Äußere übersehen bzw. in den Hintergrund drängen lässt.

Leerstellen im Text

Innere Abwehr – äußere Unterwerfung

Bereits hier wird ersichtlich, dass sich die Frau in einem inneren Widerspruch befindet. Obwohl von ihm eher abgestoßen, akzeptiert sie seine körperlichen Annäherungen (die Handküsse zur Begrüßung und zum Abschied, „die Hand auf [der] Schulter", den „Griff [...] zu den Haaren"), und trotz ihrer Vorbehalte gegen seine Prahlereien geht sie „auf das Gespräch ein, das er führen will." Sie lässt sich in der Tat – und nicht nur durch das Gespräch – „führen", unterwirft sich der Art, wie er diesen Nachmittag gestaltet, und verhält sich in jeder Beziehung „artig", eben wie ein Kind. Die von ihm wie selbstverständlich beanspruchte Vertraulichkeit und Nähe akzeptiert sie innerlich widerstrebend, äußerlich jedoch widerspruchslos.

Tagtraum vom Widerstand

In ihrer Phantasie versucht die Ich-Erzählerin diesen für sie unerträglichen Widerspruch aufzulösen, indem sie – offenbar parallel zu dem äußeren Geschehen – eine alternative Version des Besuches durchlebt. Nun hat nicht mehr der Mann, sondern sie „mit der Sicherheit jener, die nichts besitzen", die Oberhand, und entsprechend entwirft sie auch ein ganz anderes, kühnes Bild von sich: Sie ist außergewöhnlich selbstbewusst und quittiert seine männliche Dominanz mit Aufsässigkeit. Dazu verhält sie sich frech und anmaßend, indem sie ihn bei seinem Handkuss leicht schlägt. Die teilweise infantil anmutenden Tagträume der Ich-Erzählerin steigern sich in immer skurrilere Phantasien bis hin zu Mordgedanken. Ihr Benehmen wird immer schlechter. Unverschämt ist die Art, wie sie die Torte abweist, unbescheiden und fordernd, wie sie Kaffee ‚verlangt'. Boshaft und grob unhöflich platziert sie das Glas Nescafé so, „dass er sich aufrichten muss, wenn er es mit seinen Händen erreichen will".

Subversives Lachen

Auf sein gönnerhaftes Angebot, sie beruflich zu fördern, reagiert sie sogar mit Lachsalven. Lachen, vor allem in der hier vorliegenden unkontrollierten Weise, besitzt eine elementare Kraft als Vehikel der Befreiung: Es baut den Lachenden innerlich auf und beseitigt das Machtgefälle: Der eigentlich Situationsmächtige, hier der Verleger, wird von seiner hohen Position heruntergeholt, ausgelacht, der Lächerlichkeit preisgegeben. Das subversive Potenzial des Lachens, das nicht zuletzt in seiner Spontanität und Unberechenbarkeit begründet liegt, hat hier zudem noch eine besondere Funktion: Da des Mannes Gefühl von Überlegenheit sich insbesondere auf seine beruflichen Einflussmöglichkeiten stützt, soll ihr höhnisches Lachen ihn gerade an dieser Stelle des Dialogs im Innersten treffen und seine Eitelkeit bloßstellen. Weil all das sich aber nur in ihrer Phantasie abspielt, bleibt der Sturz der Autorität aus, mehr noch: Statt eines vernichtenden Gelächters kommt es gar zu einem „verbindliche[n] Lächeln" des Gastgebers, das man sich als überheblich oder gnädig vorstellen kann und in dem sich seine unangefochtene Souveränität präsentiert.

Ganz anders als im ersten Teil fällt auch das Gespräch aus: Die Frau widerspricht, kommentiert seine Bemerkungen durch ironisch-spitze

4 Die Figuren

Nachfragen und stellt ihn und seine Selbstsicherheit auf diese Weise grundsätzlich infrage. Ihr Vorgehen hat etwas Rebellisches, Provozierendes; sie träumt davon, ihr Gegenüber zu demaskieren: „[...] dem habe ich seine Heuchelei vor den Latz geknallt, [...]".
Aber mehr als ein Wunschtraum ist es nicht: In Wirklichkeit hat die Ich-Erzählerin „Angst", die sich am Schluss auch in ihren Provokationsphantasien nicht unterdrücken lässt: „Du hast dir in den Mantel helfen lassen [...]." So, als sei der Ablauf dieses Besuches als beschämendes Zeichen ihrer Unterwerfung nicht ausreichend, dankt die Ich-Erzählerin dem Gastgeber telefonisch sogar am selben Abend noch „für den netten Nachmittag". Diese sonst wohl übliche, hier indes nur peinlich wirkende Höflichkeit ist zugleich das Bekenntnis ihrer eigenen „Heuchelei" und Hilflosigkeit.

Angst und Hilflosigkeit

Der *Mann* ist weniger als konkrete Person denn als Typus von Bedeutung. Als Gegenspieler und Kontrast zur Ich-Erzählerin bietet er dieser eine fast schon klischeehafte Folie. Es könnte sich bei ihm um einen älteren Verleger oder Herausgeber z. B. einer Zeitung oder eines Magazins handeln, der sich aus dem Tagesgeschäft zurückgezogen hat und seine Mitarbeiter und Bewerber nicht mehr im Büro, sondern bei sich zu Haus empfängt. Die Feststellung „Er besitzt Einfluss [...]" legt nahe, dass er darüber bestimmt, wer für diese Zeitung schreiben oder in diesem Verlag veröffentlichen darf. Seine Zugehörigkeit zur besseren Gesellschaft oder zur gebildeten Klasse, kurz: sein hoher gesellschaftlicher Rang, soll sich nicht nur in gängigen Zeichen der Höflichkeit, sondern in gewählten, kultivierten Umgangsformen dokumentieren. Dazu gehört auch der Handkuss zur Begrüßung, dem zwar etwas Ritterliches, zugleich aber auch konservativ Steifes und Besitzergreifendes anhaftet, was der jungen Frau nicht nur auf Grund der „feuchten Lippen" unangenehm ist. „Beim Abschied der Griff zum Mantel und [!] zu den Haaren: Die gehören doch raus aus dem Mantelkragen, sagt er." An diesem Beispiel wird deutlich, dass er sich selbst eine Rolle zugedacht hat, in der sich väterlich-pädagogische Zuständigkeit und latent-erotische Beziehungsaspekte mischen, eine Rolle, der sich die junge Frau nicht zu entziehen vermag. Ganz offenbar genießt der Mann seine Macht und wirbt um die Bewunderung der Ich-Erzählerin. Seinen Reichtum sollen die drei Wohnsitze veranschaulichen, seine Lebenserfahrung illustriert der Hinweis auf zwei überstandene Weltkriege, und seinen Humor soll die ironische Zusammenstellung von „Weltkriege[n]" und „Ehe" unter Beweis stellen. Ohne Scham bezeichnet er sich als „frisch wie ein Junger", als „groß" und „unverbraucht", um seinem Gast gegenüber zu verdeutlichen, dass er als anziehend und begehrenswert angesehen werden möchte. Seine Eitelkeit nimmt teilweise groteske Züge an, z. B., wenn er herausstellt, dass er „immer den gleichen Kuchen" serviert, so, als sei dieses Zeugnis seiner Einfallslosigkeit in Wirklichkeit ein Beweis sei-

– Der Mann: Verleger oder Herausgeber

Angemaßte Vaterrolle

Macht Reichtum Erfahrung

ner Originalität. Zugleich will er natürlich mit „immer" wie nebenbei andeuten, dass er häufig „einlädt". Die Formulierung „wenn er einlädt" ist durch das Fehlen eines Objekts auffällig; man würde eher die Wendung „wenn er Gäste hat" oder „wenn er Besuch einlädt" erwarten. Die Objektlosigkeit jedoch lässt an Ausdrücke wie „Er gibt einen Empfang" oder „Er gibt eine Audienz/hält Sprechstunde" denken. Der hierarchische Unterschied zwischen Gastgeber und Geladener wird hierdurch noch unterstrichen, ebenso das Ritualhafte der Situation. Der Frau soll vor Augen geführt werden, dass sie einen besonderen Vorzug genießt, von ihm „um fünf zum Tee" eingeladen worden zu sein. Und mit der Behauptung, dass er Hitler ‚gekannt' habe, will er sich prahlerisch als „Augenzeuge unseres Jahrhunderts" ausweisen; der Nachsatz „[...] und nachher war er auch gleich wieder da" entlarvt allerdings seine nicht weiter ausgeführte Verstrickung in das NS-Regime.

Prahlerei

Der Mann ist, wie die Ich-Erzählerin, nicht nur Handlungsträger einer realen Handlung, sondern auch Gegenstand der Phantasie. In dieser Funktion, scheint es, verändert sich seine Gestalt, wenn er aufgrund der Provokationen der jungen Frau zum Unterlegenen wird. Aber auch im Traum setzt sich die Realität schließlich durch: Am Ende bleibt er sogar auf dieser nur geträumten Ebene resistent gegen jeden Versuch einer Demontage. Nicht einmal die Frechheiten der Frau können ihn verunsichern, sogar ihren Protest beherrscht der Mann souverän, indem er ihn durch seine Benennung („neuer Stil") zu etwas eigenem, ihm zur Verfügung stehenden, macht und damit in den Bereich des Originellen, aber Wirkungslosen einordnet.

Ungefährdete Souveränität

5 Zur Aussage der Geschichte

Thema: „Anpassung aus Angst"

Deutlich, ja fast schon überdeutlich trägt die Autorin Angelika Mechtel mit einem Stichwort zur Interpretation der Geschichte bei, indem sie ihrer Ich-Erzählerin den Selbstvorwurf „Du hast dich angepasst [...]" in den Mund legt. Mit ‚Anpassung' spricht die junge Besucherin ihr eigenes vernichtendes Urteil. Das zentrale Thema der Geschichte ist der Zwang zur Anpassung an die ökonomischen und sozialen Verhältnisse und die eingestandene Unfähigkeit, sich diesen zu entziehen bzw. sich ihnen zu widersetzen. Auch das Motiv für ihr Handeln nennt die Ich-Erzählerin selbst: „Du fragst dich, warum du Angst hast?" Sie hat „Angst" vor den Konsequenzen der Nicht-Anpassung sowie vor den Repräsentanten des Systems, die Anpassung und Wohlverhalten „mit der Selbstverständlichkeit derer, die was besitzen", von ihr verlangen.

5 Zur Aussage der Geschichte

Über die erträumte innere und äußere „Sicherheit jener, die nichts besitzen", verfügt die Ich-Erzählerin zu ihrem Leidwesen nicht. Nur wer keine „Angst" davor haben muss, etwas zu verlieren, ist im ‚Besitz' dieser „Sicherheit". Freiheit und Unabhängigkeit hat die junge Journalistin oder Schriftstellerin als Privilegien der gänzlich Besitzlosen ausgemacht, zu denen sie allerdings nicht gehören will. Sie will und muss, um Geld zu verdienen, weiter Artikel schreiben und diese veröffentlichen, und dazu ist sie auf das Wohlwollen jener, die in einer „gute[n] Position" sind, angewiesen. So sehr es ihr zuwider ist, dass dieser Mann sie „schätzt", so wenig kann sie doch darauf verzichten. Um des künftigen Erfolges willen ist die junge Frau auf den „Einfluss", den ihr Gastgeber besitzt, angewiesen.

Abhängigkeit

Es ist also nicht nur ihr Ehrgeiz, sondern auch eine ganz handfeste materielle Existenz-„Angst", die verhindert, dass die Ich-Erzählerin ihre Träume in die Tat umsetzt und dem Mann „seine Heuchelei vor den Latz" knallt. Damit ist zugleich beschlossen, dass auch sie selbst zur Heuchlerin wird, denn ihre wahren Gedanken und Gefühle verwahrt sie – für den anderen unsichtbar – als Geheimnis in ihrem Innern. Ihr Protest erweist sich sogar noch in ihrer Phantasie als eine fade Komödie mit einem peinlichen „Abgang", ausgerechnet „beklatscht" von dem, der doch entlarvt, „fertig gemacht" werden sollte. Widerstand, Aufstand, Rebellion sind nicht ernst zu nehmen, taugen selbst im Traum allenfalls für das Reich der Poesie. Ihre Versuche, die innere Freiheit durch erdachte Provokationen zurückzugewinnen, münden in ein imaginäres Schauspiel, dessen „neuer Stil" von dem Adressaten mit einem „verbindliche[n] Lächeln" aufgenommen werden kann, weiß er doch, dass das Ergebnis dieser Anstrengungen keine reale Umwälzung bewirkt, sondern sich im Äußerlichen erschöpft und allenfalls als „Stil" von Bedeutung ist.

„Heuchelei"

Zweifellos gehört der Gastgeber, nicht nur, weil er es selbst von sich behauptet, zu den Mächtigen des Establishments und damit zum Kreis derer, die gesellschaftliche Regeln festlegen und Lebenschancen verteilen. Dass er überdies durch eine braune Vergangenheit belastet ist, gibt der jungen Frau einen weiteren Grund, sich innerlich von ihm zu distanzieren. Dennoch ist sie „artig", und das zeigt, wie weit sie selbst sich schon hat korrumpieren lassen von dem System, das sie ablehnt, mit dem sie sich aber arrangieren muss, wenn sie tätig sein will. Ein Leben außerhalb des Systems von Zwängen und ‚Anpassungen' ist ihr nicht möglich, nicht einmal in der Vorstellungskraft.

Arrangement mit den Mächtigen

Auffällig ist in diesem Zusammenhang der Selbstvorwurf bzw. das Eingeständnis, dem Mann gegenüber „empfänglich" gewesen zu sein. Die junge Frau hat also etwas von ihm angenommen, ‚empfangen' und sich auf diese Weise freiwillig in seine Abhängigkeit begeben. Was genau sie empfangen hat, bleibt schamhaft unausgesprochen, denn weite Teile des Gesprächs werden ausgespart bzw. in der Geschichte durch die Phantasien der Frau ersetzt; es könnte ein Auftrag zu einer einträglichen Arbeit sein, ein Anstellungsvertrag oder vielleicht auch nur ein Lob, das sie widerspruchslos hingenommen hat. Immerhin findet der Verleger ihren Artikel, wie er gleich zu Beginn sagt, „exzellent", und sein letzter Satz lautet: „Bravo, [...] Ein ganz neuer Stil." Obwohl die Frau diesen Satz als verheerende Reaktion auf ihre Rebellionsphantasien bezieht, meint er wohl ihren Schreibstil, auf den er hier zum Abschied noch einmal eingeht. Wenn man den Begriff „empfänglich" noch auf ‚Empfängnis' ausweitet und ihm damit eine körperlich-biologische Bedeutung gibt, hat die Ich-Erzählerin gewissermaßen ihre Unschuld verloren. Auf jeden Fall hat sie sich auf die Regeln der Etablierten und damit auf ein Spiel mit den Mächtigen eingelassen, in dem sie zwar materielle „Sicherheit" oder persönliche Anerkennung gewinnen kann, ihre geistig-moralische Unabhängigkeit, ihre Freiheit des kritischen Geistes, kurz: ihre Integrität jedoch einbüßt.

Verlust der Unschuld und Integrität

Im Verlauf ihres Traumes wechselt die Ich-Erzählerin von der realen Phantasie sogar ins Surreale, indem sie sich vorstellt: „[...] die Füße könntest du [auf den Tisch] drauflegen. Oder ihn durchs Dachfenster auf die Straße transportieren; [...]". Dabei fällt ihr ein, dass sich unten die Feldherrnhalle befindet, und sogleich assoziiert sie Vergangenes: „Von der entgegengesetzten Seite marschierte Hitler mal an. Glückab." Wie dieser Marsch auf die Feldherrnhalle im November 1923 ausging, ist bekannt: Die Putschisten wurden von der bayrischen Polizei aufgehalten, der Putsch endete im Kugelhagel; Hitler floh und wurde später verhaftet und verurteilt. Diese Vorgänge wurden in der Folge von den Nationalsozialisten zwar heroisiert und idealisiert, der Putsch war aber in Wahrheit für den späteren „Führer" das größte Debakel und ein schwerer Rückschlag in seiner Laufbahn. Dass die Ich-Erzählerin ihrem Gastgeber diese Niederlage noch einmal bescheren will, was durch die ironische Bemerkung „Glückab" unterstrichen wird, zeigt, wie weit sie sich von der Realität bereits entfernt hat. Am Ende ist nicht der Gastgeber aus dem Fenster auf die Straße vor der Feldherrnhalle geflogen, sondern sie selbst nimmt nach ihrem höflichen Abschied den Weg in „Richtung Feldherrnhalle". Dieses Detail kann symbolisch gedeutet werden: Nicht er, sondern sie ist die Verliererin – ihr Aufstand ist kläglich gescheitert, und zwar aufgrund ihrer „Angst" vor den möglichen Konsequenzen, wie sie vor sich zugeben muss.

Angedeutete Parallele zum Hitler-Putsch

Der Band, dem „Netter Nachmittag" entnommen ist, trägt den Titel „Die Träume der Füchsin", der auch als Motto der vorliegenden Geschichte gelten kann. Sieht man in der Ich-Erzählerin eine „Füchsin", so besteht ihre List darin, dem Alten gegenüber „artig" zu sein, seine Marotten, seine zweifelhafte Vergangenheit, seine Annäherungsversuche und seine von Selbstverliebtheit geprägten Äußerungen zu er-

5 Zur Aussage der Geschichte

tragen, um in den Genuss eines beruflichen Vorteils zu kommen. Sie versucht diese Zugeständnisse mit Träumen zu kompensieren, in denen sie sich eine ganz andere Rolle zuweist und in denen aus dem scheinbar „nette[n]" Nachmittag ein für beide Figuren schonungslos ehrlicher wird. Der Traum aber hat auch als Utopie keinen Bestand, und es bleibt der träumenden Füchsin letztlich nur das Eingeständnis seiner Absurdität. Die demütigende Einsicht in die Notwendigkeit, sich der Unveränderlichkeit der Besitz- und Machtverhältnisse anzupassen, lässt diesen Traum schal und verlogen werden.

Verlogener Traum

In sprachlicher Hinsicht wird dies durch das Wort „nett" deutlich: Das Adjektiv, das deshalb auch im Titel enthalten ist, besitzt eine durchaus doppelte Konnotation: In der Wahrnehmung des Mannes ist es als Lob zu verstehen und mit anregend, freundlich, unterhaltsam, angenehm zu übersetzen. Die Ich-Erzählerin selbst spricht hingegen die andere Bedeutung an, die oft in der Wendung „ganz nett" vorkommt: Hier ist es als Abwertung gemeint, und man könnte es mit läppisch, belanglos oder durchschnittlich beschreiben. Insofern ist der letzte Satz – ähnlich wie der erste – zugleich eine Quintessenz aus dem Widerspruch, in dem die Frau sich verfangen hat.

Doppelte Bedeutung von „nett"

Angelika Mechtels „Netter Nachmittag" entstand 1976, ein Jahr, nachdem die Frauenrechtlerin Alice Schwarzer ihr Buch „Der kleine Unterschied und seine großen Folgen" veröffentlicht und damit der Frauenbewegung in vielen gesellschaftlichen Bereichen zum Durchbruch verholfen hatte. So wurde 1976 auch die Frauenzeitschrift „Courage" gegründet, und im Folgejahr kam die von Alice Schwarzer herausgegebene Zeitschrift „Emma" („von Frauen für Frauen") hinzu. Neben den praktischen Forderungen zur Gleichberechtigung, die von der Frauenbewegung erhoben wurden, ging es vor allem auch darum, das bis dahin herrschende patriarchalische Frauenbild radikal infrage zu stellen und durch ein neues, feministisches zu ersetzen. Propagiert wurde u. a. das Ideal der in jeder Hinsicht selbstständigen, beruflich und finanziell vom Mann unabhängigen Frau. Die Schwierigkeiten, die damit verbunden sind, sich von der Dominanz der Männer gerade im beruflichen Bereich zu befreien und sich nicht den dort geltenden traditionellen männlichen Vorstellungen und Bedürfnissen zu unterwerfen, thematisiert die vorliegende Geschichte.

Ob diese Problematik, die viele, vor allem intellektuelle Frauen Mitte der siebziger Jahre bewegte, für Schülerinnen und Schüler von heute noch relevant ist, muss bezweifelt werden. Auch wenn die Benachteiligung von Mädchen und Frauen immer noch diskutiert wird, die Situation der Frau in den vergangenen Jahrzehnten in mancher Hinsicht eine Verbesserung erfahren hat, es vielerorts Gleichstellungsbeauftragte gibt usw., gilt die Frauenbewegung vielen jüngeren Menschen als veraltet. Ein neues Frauenbild, das stärker durch die Betonung des Äußerlichen geprägt ist, hat das Bild der teilweise in

Misskredit geratenen „Emanze" weit gehend verdrängt und zu einem Wertewandel geführt. Wenn der äußere, vor allem der finanzielle Erfolg alles gilt, dürfte das Verhalten, um der Karriere willen Anpassungsbereitschaft zu zeigen, wieder zugenommen haben. Insofern ist damit zu rechnen, dass Schülerinnen und Schüler diese in gewisser Hinsicht historisch gewordene Geschichte nicht mehr so verstehen, wie sie von der Autorin ursprünglich gemeint war, Erläuterungen der Lehrperson können hier von Nutzen sein.

Reiner Kunze: Element (1976)

Auf sein Bücherbrett im Lehrlingswohnheim stellte Michael die Bibel. Nicht, weil er gläubig ist, sondern weil er sie endlich einmal lesen wollte. Der Erzieher machte ihn jedoch darauf aufmerksam, daß auf dem Bücherbrett eines sozialistischen Wohnheims die Bibel nichts zu suchen habe. Michael weigerte sich, die Bibel vom Regal zu nehmen. Welches Lehrlingswohnheim nicht sozialistisch sei, fragte er, und da in einem sozialistischen Staat jedes Lehrlingswohnheim sozialistisch ist und es nicht zu den Obliegenheiten der Kirche gehört, Chemiefacharbeiter mit Abitur auszubilden, folgerte er, daß, wenn der Erzieher Recht behalte, in einem sozialistischen Staat niemand Chemiefacharbeiter mit Abitur werden könne, der darauf besteht, im Wohnheim auf sein Bücherbrett die Bibel stellen zu dürfen. Diese Logik, vorgetragen hinter dem Schild der Lessing-Medaille, die Michael am Ende der zehnten Klasse verliehen bekommen hatte (Durchschnittsnote Einskommanull), führte ihn steil unter die Augen des Direktors: Die Bibel verschwand, und Michael dachte weiterhin logisch. Die Lehrerin für Staatsbürgerkunde aber begann, ihn als eines jener Elemente zu klassifizieren, die in Mendelejews Periodischem System nicht vorgesehen sind und durch das Adjektiv „unsicher" näher bestimmt werden.

2
Eines Abends wurde Michael zur Betriebswache gerufen. Ein Herr in Zivil legte ihm einen Text vor, in dem sich ein Ich verpflichtete, während der Weltfestspiele der Jugend und Studenten die Hauptstadt nicht zu betreten, und forderte ihn auf zu unterschreiben. – Warum? fragte Michael. Der Herr blickte ihn an, als habe er die Frage nicht gehört. – Er werde während der Weltfestspiele im Urlaub sein, sagte Michael, und unter seinem Bett stünden nagelneue Bergsteigerschuhe, die er sich bestimmt nicht zu dem Zweck angeschafft habe, den Fernsehturm am Alex zu besteigen. Er werde während der Weltfestspiele nicht einmal im Lande sein. – Dann könne er also unterschreiben, sagte der Herr, langte über den Tisch und legte den Kugelschreiber, der neben dem Blatt lag, mitten aufs Papier. – Aber warum? fragte Michael. Der Text klinge wie das Eingeständnis einer Schuld. Er sei sich keiner Schuld bewußt. Höchstens, daß er einmal beinahe in einem VW-Käfer mit westberliner Kennzeichen getrampt wäre. Damals hätten sich die Sicherheitsorgane an der Schule über ihn erkundigt. Das sei für ihn aber kein Grund zu unterschreiben, daß er während der Weltfest-

spiele nicht nach Berlin fahren werde. – Was für ihn ein Grund sei oder nicht, das stehe hier nicht zur Debatte, sagte der Herr. Zur Debatte stehe seine Unterschrift. – Aber das müsse man ihm doch begründen, sagte Michael. – Wer hier was müsse, sagte der Herr, ergäbe sich einzig aus der Tatsache, daß in diesem Staat die Arbeiter und Bauern die Macht ausübten. Es empfehle sich also, keine Sperenzien zu machen. – Michael begann zu befürchten, man könnte ihn nicht in die Hohe Tatra trampen lassen, verbiß sich die Bemerkung, daß er die letzten Worte als Drohung empfinde, und unterschrieb.

Zwei Tage vor Beginn seines Urlaubs wurde ihm der Personalausweis entzogen und eine provisorische Legitimation ausgehändigt, die nicht zum Verlassen der DDR berechtigte, und auf der unsichtbar geschrieben stand: Unsicheres Element.

3

Mit der topografischen Vorstellung von der Hohen Tatra im Kopf und Bergsteigerschuhen an den Füßen, brach Michael auf zur Ostsee. Da es für ihn nicht günstig gewesen wäre, von Z. aus zu trampen, nahm er bis K. den Zug. Auf dem Bahnsteig von K., den er mit geschulterter Gitarre betrat, forderte eine Streife ihn auf, sich auszuweisen. „Aha", sagte der Transportpolizist, als er des Ausweispapiers ansichtig wurde, und hieß ihn mitkommen. Er wurde zwei Schutzpolizisten übergeben, die ihn zum Volkspolizeikreisamt brachten. „Alles auspacken!" Er packte aus. „Einpacken!" Er packte ein. „Unterschreiben!" Zum zweitenmal unterschrieb er den Text, in dem sich ein Ich verpflichtete, während der Weltfestspiele die Hauptstadt nicht zu betreten. Gegen vierundzwanzig Uhr entließ man ihn. Am nächsten Morgen – Michael hatte sich eben am Straßenrand aufgestellt, um ein Auto zu stoppen – hielt unaufgefordert ein Streifenwagen bei ihm an. „Ihren Ausweis, bitte!" Kurze Zeit später befand sich Michael wieder auf dem Volkspolizeikreisamt. „Alles auspacken!" Er packte aus. „Einpacken!" Diesmal wurde er in eine Gemeinschaftszelle überführt. Kleiner Treff von Gitarren, die Festival-Verbot hatten: Sie waren mit einem Biermann-Song oder mit der Aufschrift ertappt worden: WARTE NICHT AUF BESSRE ZEITEN. Sein Name wurde aufgerufen. „Wohin?" – „Eine schweizer Kapelle braucht einen Gitarristen", sagte der Wachtmeister ironisch. Er brachte ihn nach Z. zurück. Das Konzert fand auf dem Volkspolizeikreisamt statt. „Sie wollten also nach Berlin." – „Ich wollte zur Ostsee." – Der Polizist entblößte ihm die Ohren. „Wenn Sie noch einmal lügen, vermittle ich Ihnen einen handfesten Eindruck davon, was die Arbeiter-und-Bauern-Macht ist!" Michael wurde fotografiert (mit Stirnband, ohne Stirnband) und entlassen. Um nicht weiterhin verdächtigt zu werden, er wolle nach Berlin, entschloß er sich, zuerst nach Osten und dann oderabwärts zur Küste zu trampen. In F. erbot sich ein Kraftfahrer, ihn am folgenden Tag unmißverständlich weit über den Breiten-grad von Berlin hinaus mitzunehmen. „Halb acht vor dem Bahnhof." Halb acht war der Bahnhofsplatz blau von Hemden und Fahnen: Man sammelte sich, um zu den Weltfestspielen nach Berlin zu fahren. Ein Ordner mit Armbinde fragte Michael, ob er zu einer Fünfzigergruppe gehöre. – „Sehe ich so aus?" – Der Ordner kam mit zwei Bahnpolizisten zurück. „Ihren Ausweis!" Michael weigerte sich mitzugehen. Er erklärte. Er bat. Sie packten ihn an den Armen. Bahnhofszelle. Verhör. Die Polizisten rieten ihm, eine Schnellzugkarte zu lösen und zurückzufahren. Er protestierte. Er habe das Recht, seinen Urlaub überall dort zu verbringen, wo er sich mit seinem Ausweis aufhalten dürfe. – Er müsse nicht bis Z. zurückfahren, sagten die Polizisten, sondern nur bis D. Falls er jedoch Schwierigkeiten machen sollte, zwinge er sie, das Volkspolizeikreisamt zu verständigen, und dann käme er nicht zu glimpflich davon. Ein Doppelposten mit Hund begleitete ihn an den Fahrkartenschalter und zum Zug. „Wenn Sie eher aussteigen als in D., gehen Sie in U-Haft!" Auf allen Zwischenstationen standen Posten mit Hund. In D. erwarteten ihn zwei Polizisten und forderten ihn auf, unverzüglich eine Fahrkarte nach Z. zu lösen und sich zum Anschlußzug zu begeben. Er gab auf. Auf dem Bahnsteig in Z. wartete er, bis die Polizisten auf ihn zukamen. Nachdem sie Paßbild und Gesicht miteinander verglichen hatten, gaben sie ihm den Ausweis zurück. „Sie können gehen." – „Wohin?" fragte Michael.

(Aus: Reiner Kunze, Die wunderbaren Jahre. © S. Fischer Verlag GmbH, Frankfurt am Main 1976)

Interpretation

Vorbemerkung

Historische Einordnung:

Reiner Kunzes Erzählung „Element" wurde 1976 veröffentlicht, als die DDR noch bestand. Manches werden die meisten Schülerinnen und Schüler heute nicht mehr ohne Weiteres verstehen, sodass es geboten scheint, ein paar Informationen zum geschichtlichen Hintergrund voranzustellen.

Vom 28. August bis zum 5. September 1973 fanden in Ost-Berlin oder, wie es in der DDR offiziell hieß, in Berlin, Hauptstadt der DDR, die

– X. Weltfestspiele 1973 in der DDR

X. Weltfestspiele der Jugend und Studenten statt, die unter dem Motto „Für antiimperialistische Solidarität, Frieden und Freundschaft" durchgeführt wurden. Aus 140 Ländern, darunter auch aus der Bundesrepublik, kamen mehr als 25 000 Jugendliche nach Berlin. Wie in „Element" erzählt wird, wurde Jugendlichen der DDR, die als nicht linientreu galten, in dieser Zeit der Aufenthalt in Ost-Berlin verboten. Viele Schulen der DDR organisierten zusammen mit der Freien Deutschen Jugend, der staatlichen Jugendorganisation der DDR, für einen Teil der Schülerinnen und Schüler die Teilnahme an den Weltfestspielen;

– FDJ

FDJ-Mitglieder trugen bei offiziellen Anlässen ein blaues Hemd bzw. eine blaue Bluse – hierauf bezieht sich die Bemerkung, dass in F. „der Bahnhofsvorplatz blau von Hemden und Fahnen" ist.

– Lessing-Medaille

Die Lessing-Medaille war in der DDR die höchste Auszeichnung für Schüler. Verliehen wurde sie – sehr selten – für fachliche Spitzenleistungen und schulisches sowie gesellschaftspolitisches Engagement.

– Wolf Biermann

Der Autor Wolf Biermann, der 1953 in die DDR gegangen war, um den Sozialismus mit aufzubauen, konnte bereits seit Mitte der sechziger Jahre seine Werke nur noch im Westen veröffentlichen. In seinem Lied „Warte nicht auf beßre Zeiten" aus dem Band „Die Drahtharfe" (1965) findet sich folgende Strophe: „Viele werden dafür sorgen / daß der Sozialismus siegt / Heute! Heute, nicht erst morgen! / Freiheit kommt nie verfrüht / und das beste Mittel gegen / Sozialismus (sag ich laut) / ist, daß ihr den Sozialismus / AUFBAUT !!! Aufbaut! (aufbaut)". Wolf Biermann wurde im selben Jahr, in dem „Die wunderbaren Jahre" erschienen, nach einem Konzert in Köln von den Behörden der DDR an der Wiedereinreise gehindert und ausgebürgert.

1 Kurzbiographie und Hinweise zum Werk

Als Sohn eines Bergarbeiters und einer Heimarbeiterin wurde Reiner Kunze am 16. August 1933 in Oelsnitz im Erzgebirge geboren. Nach dem Abitur studierte er ab 1951 Philosophie und Journalistik in Leipzig und war darauf von 1955 bis 1959 als wissenschaftlicher Assistent an der Karl-Marx-Universität tätig. Diese Stelle und den Plan einer Promotion gab er, nachdem er politisch in Ungnade gefallen war, auf und arbeitete vorübergehend als Hilfsschlosser. Während längerer Aufenthalte in der Tschechoslowakei setzte er sich mit tschechischer Literatur auseinander, lernte dort seine Frau Elisabeth, eine Zahnärztin, kennen und arbeitete als Übersetzer; seit 1962 lebte Reiner Kunze als freier Schriftsteller in Greiz (Thüringen), konnte seine Arbeiten in der DDR aber nur unter Schwierigkeiten oder auch gar nicht veröffentlichen.

Herkunft: Erzgebirge

Insbesondere nachdem er als Sympathisant des Prager Frühlings im August 1968 seinen Protest gegen den Einmarsch von Truppen des Warschauer Paktes in die Tschechoslowakei geäußert hatte und aus der SED ausgetreten war, stand Reiner Kunze ständig unter der Beobachtung der staatlichen Organe. Davon konnte sich der Autor überzeugen, als ihm nach dem Fall der Mauer Einblick in seine Stasi-Akte gewährt wurde, die von 1968 bis 1977 wegen des Tatbestandes der „staatsgefährdenden Hetze" unter dem Decknamen „Lyrik" geführt worden war und mehrere Tausend Blätter in zwölf Bänden umfasst. (Nach persönlicher Auskunft des Autors wurden später noch einmal so viele Ordner in Berlin aufgefunden.)

Unter Stasi-Aufsicht

Im September 1976, zwei Monate vor der Ausbürgerung Wolf Biermanns aus der DDR, erschien Kunzes Prosa-Band „Die wunderbaren Jahre" im Frankfurter S. Fischer-Verlag, und damit begann der Konflikt mit den Behörden der DDR zu eskalieren; u. a. wurde Kunze aus dem Schriftsteller-Verband der DDR ausgeschlossen. Der Druck auf den Dichter und seine Familie verstärkte sich, sodass er sich schließlich entschloss, nach der kurzfristig erteilten Zustimmung der Behörden am 13. April 1977 die DDR zu verlassen. Seither lebt Reiner Kunze in Obernzell-Erlau an der Donau.

1977 Ausreise aus der DDR

Die ersten Gedichtbände Kunzes erschienen noch in der DDR, so 1955 „Die Zukunft sitzt am Tische" (zusammen mit Egon Günther), „Vögel über dem Tau" von 1959 und „Aber die Nachtigall jubelt" von 1962; von diesen ideologisch zum Teil sehr angepassten Texten hat der Autor sich später distanziert. In der Bundesrepublik erschienen die Gedichtbände „widmungen" (1963) und „sensible wege" (1969) sowie „zimmerlautstärke" (1972). Eine Auswahl seiner Lyrik („Brief mit blauem Siegel") durfte 1973 in der DDR in zwei Auflagen veröffentlicht werden. Einem größeren Publikum wurde Reiner Kunze

Werke:

– In der DDR

durch das Erscheinen von „Die wunderbaren Jahre" bekannt; in diesem Band, einer Sammlung von zumeist kurzen Prosaskizzen, findet sich auch die nachfolgend besprochene Erzählung „Element". Der Autor entwirft hier Impressionen insbesondere aus dem Leben Jugendlicher im real existierenden Sozialismus, das durch die Repräsentanten von Schule, Polizei und anderen gesellschaftlichen Einrichtungen eingeengt wird. Weniger erfolgreich als das Buch war dessen Verfilmung, die einige Jahre später entstand.

– In der Bundesrepublik

Nach seiner Übersiedlung in die Bundesrepublik entstanden einige neue Lyrik-Bände, so u. a. „auf eigene hoffnung" (1981) mit Gedichten aus der Zeit zwischen 1973 und 1981, „eines jeden einziges leben" (1986) sowie „ein tag auf dieser erde" (1988). Für Kinder verfasst wurden „Der Löwe Leopold. Fast Märchen, fast Geschichten" (1970; neu 1987), „Das Kätzchen. Bilderbuchverse" (1979), „Eine stadtbekannte Geschichte. Für Kinder, die schon wissen, was eine Umleitung ist" (1982) und der Gedichtband „Wohin der Schlaf sich schlafen legt. Gedichte für Kinder" (1991). Als Dokumentation legte Reiner Kunze 1990 ein Taschenbuch mit Auszügen aus den über ihn angelegten Akten der Staatssicherheit vor („Deckname ‚Lyrik'"). Unter dem Titel seiner Adresse in Erlau erschien 1993 der Band „Am Sonnenhang. Tagebuch eines Jahres [1992]". Daneben veröffentlichte der Autor eine Reihe von Essays zum Thema Poesie und war 1988/89 Gastdozent für Poetik und Gegenwartsliteratur an den Universitäten München und Würzburg.

Ehrungen

Reiner Kunze wurde mehrfach ausgezeichnet, so u. a. 1968 mit dem Preis für Nachdichtungen des Tschechoslowakischen Schriftstellerverbandes. Im Jahre 1971 erhielt er den Deutschen Jugendbuchpreis, 1977 kamen der österreichische Georg-Trakl-Preis, der Georg-Büchner-Preis sowie der Andreas-Gryphius-Preis hinzu. Den Eichendorff-Preis nahm Reiner Kunze 1984 entgegen, und im selben Jahr wurde er mit dem Bundesverdienstkreuz 1. Klasse geehrt. Der Hanns-Martin-Schleyer-Preis wurde ihm 1991 verliehen, der Hölderlinpreis 1999.

2 Zum Aufbau der Geschichte

Drei Abschnitte

Reiner Kunzes Geschichte „Element" besteht aus drei Abschnitten von wachsender Länge, wobei der dritte vom Umfang her ungefähr so lang ist wie die beiden ersten Teile zusammen. Die Abschnitte zwei und drei sind jeweils vom vorhergehenden abgetrennt und mit den Ziffern 2 bzw. 3 versehen worden. Optisch gegliedert ist nur der zweite Abschnitt, dessen Schlusssatz als eigener Absatz vom Übrigen abgetrennt wurde. Die drei Abschnitte, zwischen denen man sich jeweils

2 Zum Aufbau der Geschichte

einen Zeitsprung zu denken hat, erzählen von unterschiedlichen Stadien eines sich steigernden Konflikts, den ein jugendlicher Auszubildender mit den Staatsorganen der DDR auszutragen hat. Auf die Spannung bezogen, weist jeder Abschnitt einen an- und einen abschwellenden Teil auf.

Konflikt: Individuum und Staat der DDR

Der erste Abschnitt setzt relativ unvermittelt ein: „Auf sein Bücherbrett im Lehrlingswohnheim stellte Michael die Bibel." Obwohl er nicht religiös ist, löst er hierdurch einen Streit mit dem Erzieher aus, der die Bibel in dieser sozialistischen Einrichtung grundsätzlich nicht duldet. Der Ausgang des Konflikts besteht darin, dass Michael, obwohl er nach einer Vorladung beim Direktor die Bibel vom Regal nimmt, von der Lehrerin für Staatsbürgerkunde als „[u]nsicheres Element" abgestempelt wird; damit sind die Voraussetzungen für den weiteren Handlungsverlauf gegeben.

– 1. Abschnitt: Bibel

Im zweiten Abschnitt wird in der Wiedergabe eines längeren Streitgesprächs davon erzählt, dass Michael eine Erklärung unterschreiben soll, sich während der Weltfestspiele der Jugend und Studenten nicht in Berlin aufzuhalten. Obwohl er aufgrund eines geplanten Bergsteiger-Urlaubs im Ausland ohnehin nicht vorhat, in der fraglichen Zeit die Hauptstadt aufzusuchen, verweigert er zunächst seine Unterschrift, weil er sie als eine Art Schuldeingeständnis ansieht. Massiv unter Druck gesetzt und um den Auslandsaufenthalt nicht zu gefährden, unterschreibt er schließlich.

– 2. Abschnitt: Unterschrift

In dem abschließenden Absatz werden die Konsequenzen der Auseinandersetzung offenbar: Sein Nachgeben hat ihm wieder nichts genutzt. Anstelle seines eingezogenen Personalausweises wird Michael ein Ersatz-Dokument ausgestellt, mit dem er die DDR nicht verlassen darf.

Der dritte Abschnitt ist in drei Teile gegliedert, die jeweils von einem Tag der Reise erzählen. Zunächst erfährt man, dass Michael, weil er seine Reisepläne für die Hohe Tatra aufgeben musste, nun an die Ostsee trampen will. Nach einer Ausweiskontrolle wird er aufgrund seines auffälligen Personaldokuments schon am ersten Reisetag in K. auf dem Bahnsteig von der Polizei aufgegriffen; auf dem Volkspolizeikreisamt muss er den Inhalt seiner Reisetasche vorzeigen und ein zweites Mal unterschreiben, während der Weltfestspiele nicht nach Berlin zu reisen. – Am zweiten Reisetag wiederholt sich der Vorgang in ähnlicher Form: Nach einem kurzen Zellenaufenthalt mit anderen Jugendlichen, die mit einem verbotenen Biermann-Song aufgegriffen worden sind, wird er nach Z. auf das Volkspolizeikreisamt gebracht, unter Androhung von Schlägen verhört und mehrfach fotografiert. Nach seiner Entlassung verabredet sich Michael für den Folgetag mit einem Kraftfahrer, der ihn in genügendem Abstand an Berlin vorbei zur Ostsee mitzunehmen bereit ist. – Beim Warten auf den Fahrer gerät Michael am Morgen des dritten Tages seiner Reise wieder in ei-

– 3. Abschnitt: Reise

ne Ausweiskontrolle – Zellenaufenthalt und Befragung durch die Volkspolizei schließen sich an. Michael wird zunächst gezwungen, mit dem Zug bis nach D. zurückzufahren, und dort dann aufgefordert, den Anschlusszug bis Z. zu nehmen, wo die Reise ihren Anfang genommen hatte. Von dort aus darf er sich zwar nach erneuter polizeilicher Kontrolle frei bewegen, weiß nun aber nicht mehr, „wohin".

3 Erzählverhalten und Sprache

Auktorialer Er-Erzähler

Vom Erzählverhalten her ist Reiner Kunzes Geschichte „Element" als traditionell zu bezeichnen: Ein *auktorialer Er-Erzähler*, der über die inneren wie die äußeren Vorgänge genau informiert ist, präsentiert ein vergangenes Geschehen im *Präteritum*. Nur im zweiten Satz wird einmal das Präsens gebraucht: Michael hat eine Bibel ins Wohnheim mitgenommen, „[n]icht, weil er gläubig ist, sondern weil er sie endlich einmal lesen wollte". Indem der Erzähler Michael mit der Verbform „ist" nicht als eine fiktive, sondern beinahe als eine noch lebende, gegenwärtige Figur einführt, verleiht er der Handlung den Anschein von Authentizität und verbürgt sich damit für deren Wahrheitsgehalt. Ganz selbstverständlich setzt er überdies voraus, dass der Leser weiß, welche „Weltfestspiele" in der „Hauptstadt" gemeint sind und dass die blauen Hemden und Fahnen vor dem Bahnhofsplatz in F. von der Anwesenheit von Gruppen der Freien Deutschen Jugend zeugen. Er spricht also in erster Linie DDR-Leser an, die wie er mit den aktuellen politischen Verhältnissen vertraut sind und die erzählten Vorgänge als unmittelbar zeitbezogen und als durchaus real auffassen werden. Dass die in der Erzählung genannten Orte (Z., K., D., F.) nur mit Großbuchstaben und Punkt angegeben werden, so, als gelte es, durch größtmögliche Geheimhaltung den Schutz von lebenden Personen zu gewährleisten, verleiht der Erzählung eine konspirative Note, die zu dem politischen Umfeld der Handlung passt. Gleichzeitig wird damit aber auch deutlich, dass die Orte beliebig, d.h. austauschbar sind.

Handlung: DDR-Realität

Ähnlich wie das Erzählverhalten wirkt auch die sprachliche Gestaltung auf den ersten Blick eher schlicht und fast anspruchslos. Bei näherem Hinsehen jedoch erweist sie sich als hintergründig, der Stil als klar kalkuliert und auf das dargestellte Geschehen genau abgestimmt. So gibt gleich der erste Satz durch die geschickt eingesetzte *Inversion*, durch die das Wort „Bibel" besonders hervorgehoben wird, wieder, worin das Unerhörte von Michaels Vorhaben liegt. Und schon im ersten Absatz wird das logische und komplexe Denken der Hauptfigur durch einen besonders *verschachtelten Satzbau* sinnfällig ge-

Stilmittel:
– Inversion

– Schachtelsatz

3 Erzählverhalten und Sprache   79

macht: „[...] fragte er, und da in [...], folgerte er, daß, wenn [...] werden könne, der [...] stellen zu dürfen".

Werden im ersten Absatz die Reden des Erziehers nur knapp und die des Direktors im Wortlaut gar nicht vorgestellt, ändert sich dies im zweiten Absatz: Rede und Gegenrede zwischen dem „Herr[n] in Zivil" und Michael werden hier genau wiedergegeben, und zwar nahezu durchgängig im *Konjunktiv*: „Er werde [...] im Urlaub sein [...]. Dann könne er also unterschreiben [...]. Das sei für ihn aber kein Grund zu unterschreiben [...]. Aber das müsse man ihm doch begründen [...]" usw. Der Dialog erhält durch das Stilmittel der indirekten Rede etwas Unwirkliches; das Geschehen wirkt merkwürdig fremd und unglaubhaft und ist im Widerspruch dazu, wie dem Leser bewusst gemacht wird, völlig realistisch. Ausgenommen von der Verwendung des Konjunktivs und dadurch herausgehoben sind lediglich die zwei ebenso berechtigten wie hilflosen Fragen „Warum?" und „Aber warum?", die Michael dem Besucher stellt. Im dritten Abschnitt, in dem der Junge mit den Vertretern der Staatsmacht noch unmittelbarer konfrontiert wird als in den zwei vorangegangenen, überwiegt die direkte Rede, der *Indikativ*: „‚Aha', sagte der Transportpolizist [...]" und „‚Sie wollten also nach Berlin.' – ‚Ich wollte zur Ostsee.'" Für die lakonischen, militärisch knappen Befehle der Polizisten, auf die Michael immer wieder stößt, reserviert der Autor den Imperativ: „‚Alles auspacken!' [...] ‚Einpacken!' [...] ‚Unterschreiben!'"

Viele Worte macht Kunze nicht, wenn er erzählerisch gestalten will, wie der Staat mit in seinen Augen renitenten, unbequemen Bürgern umgeht: Die Versammlung von jungen Leuten, die mit Michael in einer „Gemeinschaftszelle" festgehalten werden, wird ironisch umschrieben als „Kleiner Treff von Gitarren, die Festival-Verbot hatten: [...]", und etwas später beschränkt sich der Erzähler auf eine harte Aneinanderreihung von Substantiven zur Beschreibung polizeilicher Gewalt: „Bahnhofszelle. Verhör." Mit diesen *Ellipsen* wird der Eindruck des Ausgeliefertseins atmosphärisch wirksam unterstrichen.

Der verzweifelte Versuch Michaels, die Forderung des lästigen „Herr[n] in Zivil" nach einer Unterschrift durch Argumente abzuwehren, wird mit einer *Anapher* sowie einem parallelen Satzbau und einer Wortwiederholung betont: „Er werde während der Weltfestspiele im Urlaub sein [...]. Er werde während der Weltfestspiele nicht einmal im Lande sein." Während Michael zu diesem Zeitpunkt aber noch darauf hofft, sein Gegenüber überzeugen zu können, hat er diese Zuversicht am Ende der Erzählung fast schon aufgegeben, was wiederum durch eine Anapher hervorgehoben wird: „Er erklärte. Er bat. [...] Er protestierte. Er habe das Recht, [...]. – Er müsse nicht bis Z. zurückfahren, sagten die Polizisten [...]." Darüber, was mit ihm geschehen soll, haben also die Polizisten das letzte Wort, und so klingt

– *Konjunktiv*

– *Indikativ*

– *Ellipsen*

– *Anapher*

ein späterer Satz, der die Anapher noch einmal aufgreift, wie die Einsicht in die eigene Ohnmacht: „Er gab auf."
Wirkungsvoll eingesetzt wird auch das Personalpronomen „ich". Auf die ganz persönliche Aussage „Ich wollte zur Ostsee", die unaufdringlich einen eigenen, privaten Wunsch bekundet, prallt eine Ich-Aussage („[...] vermittle ich Ihnen einen handfesten Eindruck [...]"), die ein Ich herauskehrt, das sich unter dem Schutz eines Machtapparates weiß, dem der „Arbeiter-und-Bauern-Macht". Dieses Ich ist nicht das Ich eigener freier Entscheidung, sondern ein entpersönlichtes Ich als Teil und Organ einer autoritären Gewalt.

– *Wiederholung*

Das sprachliche Verhalten der Staatsmacht wird in seiner Stereotypie und Starre, seiner Monotonie und Geistlosigkeit durch das Mittel der *Wiederholung* veranschaulicht. So findet sich die Formulierung des Michael zur Unterschrift vorgelegten Textes, „in dem sich ein Ich verpflichtete, während der Weltfestspiele der Jugend und Studenten die Hauptstadt nicht zu betreten [...]" fast gleichlautend, lediglich unter Auslassung von „der Jugend und Studenten", im dritten Abschnitt noch einmal. Auf diese Weise wird verdeutlicht, dass das Subjekt zu einem austauschbaren „Ich" herabgewürdigt wird, das sich auch gegen seinen erklärten Willen formelhaft mittels Formular zu „verpflichte[n]" hat.
Ähnlich stereotyp verhält es sich mit dem Sprachgebrauch der Polizisten: Gleich zweimal lauten die Befehle echohaft „Alles auspacken!" und „Einpacken!"

– *Witz, Ironie, Sarkasmus*

Trotz der genannten eher düsteren, deprimierenden Passagen gelingt es Reiner Kunze, dem Geschehen durch geistvoll-witzige, einem journalistisch-lockeren Stil angenäherte Formulierungen stellenweise eine fast heitere Note zu geben. So heißt es zu Beginn des dritten Teils: „Mit der topografischen Vorstellung von der Hohen Tatra im Kopf und Bergsteigerschuhen an den Füßen, brach Michael auf zur Ostsee." Obwohl er seine Absicht, im Gebirge zu wandern, aufgeben musste, scheint er sich mit der Situation abgefunden zu haben und sie von der bitter-humorvollen Seite zu nehmen: Wird ihm das Bergsteigen im Süden verboten, fährt er eben zum Baden in den Norden. Ein gewisser ironischer Unterton ist auch hörbar, wenn gesagt wird, dass „unaufgefordert ein Streifenwagen bei ihm an[hält]", so, als gäbe es überhaupt einen Grund für einen Jugendlichen wie Michael, einen Streifenwagen zum Anhalten aufzufordern. Es scheint so, als wolle der Erzähler durch solche Wendungen die Fähigkeit seiner Figur demonstrieren, sich wenigstens innerlich gegen die Eingriffe des Staates zu wehren, d. h., durch Witz, Ironie und Sarkasmus der äußeren Willkür zumindest sprachlich und gedanklich Widerstand entgegenzusetzen.
Gelegentlich verstärkt sich dieser Eindruck durch die Art, wie Michael mit den Vertretern der staatlichen Ordnung spricht: So bemerkt

er gegenüber dem „Herr[n] in Zivil", dass er sich seine Bergsteigerschuhe „bestimmt nicht zu dem Zweck angeschafft habe, den Fernsehturm am Alex zu besteigen." Dieses groteske Bild hat die Funktion, die Abwegigkeit und die Absurdität der an ihn gestellten Forderung deutlich zu machen. Es soll zudem seinen Mutterwitz und seine Intelligenz, vor allem aber auch den sprachlichen Stachel betonen, der selbstbewussten, couragierten Jugendlichen gegen die dumpfe Übermacht der äußeren Verhältnisse immerhin noch geblieben ist. Diesem Zweck dient auch Michaels Gegenfrage „Sehe ich so aus?", mit der er spontan auf die in der Tat etwas dümmliche, vielleicht aber auch provozierend gemeinte Frage eines Ordners reagiert, ob er zu einer Fünfzigergruppe der FDJ gehöre.

Provokatives Sprachverhalten

Dem Leser wird die an sich bedrückende Lektüre von „Element" mit den Mitteln sprachlicher Originalität und Komik zwar nicht unbedingt vergnüglich, aber doch immerhin erträglicher gemacht, und einer möglichen Reaktion von Jugendlichen in der DDR, die darin hätte bestehen können, angesichts der geschilderten Situation in Resignation zu verfallen, sollte auf diese Weise wohl entgegengewirkt werden.

4 Die Figuren

Lebensumstände und Alter der Hauptfigur kann sich der Leser selbst erschließen: *Michael* hat das 10. Schuljahr sehr erfolgreich abgeschlossen („Durchschnittsnote Einskommanull") und soll nun eine Ausbildung zum „Chemiefacharbeiter mit Abitur" absolvieren. (Etwa vier Prozent der Jugendlichen in der DDR konnten im Anschluss an die zehnjährige allgemeinbildende polytechnische Oberschule (POS), die fast alle Schüler durchlaufen mussten, diesen Ausbildungsgang wählen, der in drei Jahren zum Facharbeiterbrief und zu einer fachgebundenen Hochschulreife führte.) Michael ist also ungefähr 16 Jahre alt.

– Michael

Einzelheiten wie Größe, Statur, Haar- und Augenfarbe seiner Hauptfigur gibt der Erzähler nicht preis: Vor allem durch die Wiedergabe seiner kritischen Gedanken soll Michael näher charakterisiert werden. Dass er mit der Lessing-Medaille ausgezeichnet worden ist, lässt darauf schließen, dass er sich auch im Fach Deutsch hervorgetan und die Lehrer der POS beeindruckt hat. Er kann logisch denken und hat auch den Mut, Erwachsenen gegenüber mit Argumenten um seine Rechte zu kämpfen, anstatt alle an ihn gestellten Forderungen widerspruchslos zu akzeptieren. Dass Michael auch vor dem Beginn der eigentlichen Handlung kein angepasster Jugendlicher gewesen ist, wird

Kritisches Denkvermögen

an seinem wie beiläufig erwähnten Eingeständnis deutlich, „daß er einmal beinahe in einem VW-Käfer mit westberliner Kennzeichen getrampt wäre". Er hat sich also auch früher schon über Verordnungen und Gesetze hinweggesetzt, wenn er deren Sinn nicht einsehen konnte, und ist dadurch negativ aufgefallen.

Selbstbewusstsein Michael wird als ein selbstbewusster Jugendlicher vorgestellt, der gerade deshalb mit Erziehern und Behörden aneinander gerät, weil diese es nicht gewöhnt sind, sich für getroffene Maßnahmen rechtfertigen zu müssen und Anweisungen zu begründen. Der Junge aber besteht darauf: „Warum? fragte Michael." Als er keine ausreichende Antwort erhält, setzt er nach: „Aber das müsse man ihm doch begründen, sagte Michael."

Schließlich erweist er sich aber als klug genug, die Machtverhältnisse realistisch einzuschätzen, und reagiert entsprechend; zweimal gibt er nach: Die in den Augen seiner Erzieher anstößige Bibel nimmt er vom Bücherbrett, und am Ende des Gesprächs mit dem „Herr[n] in Zivil" leistet er auch die verlangte Unterschrift. Da er einsehen muss, dass er auch mit berechtigten Nachfragen und Argumenten nichts erreicht, verhält er sich nicht starrköpfig, sondern versucht – allerdings vergeblich – weitere Nachteile für sich zu vermeiden.

Obwohl er in für ihn kritischen Momenten nachzugeben bereit ist, verzichtet Michael nicht darauf, durch seine äußere Erscheinung zu demonstrieren, dass er sich nicht anpasst. So trägt er, wie manche jungen Leute im Westen zur Zeit der Hippie-Bewegung, ein Stirnband und reist „mit geschulterter Gitarre". (Der in dieser Wendung spürbare ironische Unterton lässt die Gitarre zur Waffe der Friedfertigen werden. Es ist zu vermuten, dass Michael auch für den Militärdienst nicht viel übrig haben würde.) Zudem ist er mit Bergsteigerschuhen zur Ostsee unterwegs, so, als wolle er mit dieser unpassenden Kleidung gegen die gegen ihn verhängte ebenso unsinnige Reisebeschränkung protestieren. Der Preis, den Michael für seinen Nonkon-

Nonkonformismus formismus zahlt, ist hoch: Durch sein Äußeres fällt er auf und muss sich immer wieder den für ihn nachteiligen Ausweiskontrollen durch die Polizei unterziehen. Die besondere Ironie liegt darin, dass Michael, hauptsächlich wohl aufgrund der „geschulterte[n] Gitarre", immer wieder verdächtigt wird, entgegen dem Verbot nach Berlin zu den Weltfestspielen fahren zu wollen. Dass er dies von Beginn an überhaupt nicht vorhat und sich stattdessen in seinen Ferien weitab in der Hohen Tatra aufhalten möchte, ist zunächst erstaunlich: Von einem offensichtlich aufgeschlossenen und intelligenten Schüler würde man erwarten, dass er am Austausch mit Jugendlichen und Studenten aus anderen Ländern interessiert ist. Michaels Desinteresse kann so gedeutet werden, dass er den wahren, d. h. propagandistischen Charakter dieser Festspiele als einer Werbeveranstaltung für den Sozialismus und den Staat DDR durchschaut hat und sich deshalb nicht daran beteiligen will. Ist ihm wohl bewusst, dass hier der Weltöffentlichkeit Toleranz und Weltoffenheit vorgegaukelt werden sollen, die es im sozialistischen Alltag nicht gibt – wie Michael selbst schmerzlich erfahren muss?

Eine weitere Eigenschaft Michaels führt zu Zusammenstößen mit der Staatsmacht: sein Mutterwitz. Michael ist nicht auf den Mund gefallen und wehrt sich nicht nur mit Argumenten, sondern auch mit Frechheit gegen die Zumutungen, denen er ausgesetzt ist: „[...] unter seinem Bett stünden nagelneue Bergsteigerschuhe, die er sich bestimmt nicht zu dem Zweck angeschafft habe, den Fernsehturm am Alex zu besteigen." Zweifellos bringt sich Michael durch solche als dreist empfundenen Äußerungen mehr in Schwierigkeiten, als dies nötig wäre. So könnte er die Frage des Ordners, „ob er zu einer Fünfzigergruppe [der FDJ; R.K.] gehöre", auch einfach verneinen, aber seine Gegenfrage „Sehe ich so aus?" lässt seine Geringschätzung der Jugendorganisation der DDR deutlich werden, und insofern hat er sich die Konsequenzen („Bahnhofszelle. Verhör" usw.) zu einem Teil auch selbst zuzuschreiben. Hier verhält er sich wie ein ganz normaler 16-Jähriger, der sich emotional nicht ausreichend kontrollieren kann, um überflüssige Konflikte mit dem Staat zu vermeiden. Aus Trotz oder Verärgerung über die unsinnige Frage reagiert er frech, aber auch ungeschickt, eben so, wie es ein Jugendlicher in einem freien Land in vergleichbaren Situationen wahrscheinlich auch tun würde.

Durch seine respektlose Sprache setzt sich Michael von seinen Gegenspielern, den verschiedenen *Vertretern des Staats*, ab; auch diese werden durch ihr Sprachverhalten charakterisiert. So geht der Erzieher im Lehrlingswohnheim erst gar nicht auf die „Logik" von Michaels Worten näher ein, sondern schickt ihn gleich „steil unter die Augen des Direktors", der, wie der folgende Doppelpunkt im Text vermuten lässt, eine massive Drohung ausspricht, ihn der Schule zu verweisen. Etwas ausführlicher wird Michaels Gespräch mit dem anonym bleibenden „Herr[n] in Zivil" wiedergegeben. Dass dieser Mann durchgängig als „Herr" bezeichnet wird, lässt ebenso wie seine Auseinandersetzung mit Michaels Argumenten den Gegensatz von Geist und Macht in aller Schärfe hervortreten: „Was für ihn [Michael] ein Grund sei oder nicht, das stehe hier nicht zur Debatte, sagte der Herr." Das drohend klingende Füllwort „hier" findet sich auch im folgenden Bescheid, der nur noch als nackte Repression aufgefasst werden kann: „Wer hier was müsse, sagte der Herr, ergäbe sich einzig aus der Tatsache, daß in diesem Staat die Arbeiter und Bauern die Macht ausübten." Das ist reine „Herr"schaftssprache: Da ihm sonst nichts mehr einfällt, zieht sich der „Herr" auf die durchaus als „Drohung" gemeinte Formel vom Arbeiter- und Bauernstaat zurück und glaubt sich damit jeglicher weiterer Rechtfertigung für seine Forderung enthoben. (Das Auftreten dieses gesichtslosen, wahrscheinlich von der Staatssi-

Mutterwitz

Frechheiten und Repressalien

– Staatsvertreter

Gegensatz von Geist und Macht

Drohungen

Sprachverhalten: Lakonie ...

cherheit geschickten „Herr[n]" erinnert an Gestapo-Leute, die ebenfalls stets „in Zivil" auftraten – sie waren die Gefährlichsten.)
Äußerste Lakonie im sprachlichen Umgang zeigen auch die Polizisten: Lediglich mit einem „Aha" kommentiert ein Transportpolizist in K. den Ersatzausweis, den Michael ihm vorweisen muss. Knapp bleiben die Befehle („Alles auspacken!" und „Einpacken!"), die durch den Gebrauch des reinen Imperativs überhaupt keine persönliche Beziehung zwischen Sprecher und Angesprochenem mehr zulassen. Mit der ebenso knappen wie unhöflich-schroffen Frage „Wohin?" wird Michael am folgenden Tag auf dem Volkspolizeikreisamt konfrontiert.

... und Ironie

Neben den militärisch kurzen und schroffen Fragen und Aufforderungen findet sich als Variante die Ironie. Auch sie ist Ausdruck von Herrschaft, denn der solchermaßen Behandelte hat kaum eine Möglichkeit, sich dagegen zu wehren. „,Eine schweizer Kapelle braucht einen Gitarristen'", sagte der Wachtmeister ironisch", indem er auf Michaels Bergsteigerschuhe anspielt. Ohne Konsequenzen befürchten zu müssen, darf sich der Polizist über den ihm Ausgelieferten lustig machen.

Neben diesen Formen gibt es noch die verbal-handgreifliche Demonstration staatlicher Autorität: „Der Polizist entblößte ihm die Ohren. ,Wenn Sie noch einmal lügen, vermittle ich Ihnen einen handfesten Eindruck davon, was die Arbeiter-und-Bauern-Macht ist!'" Die Androhung von Prügel für einen Staatsbürger, der wie ein Kind behandelt und, eigenartiger Widerspruch, dabei doch gesiezt wird, stellt

Verletzung der Menschenwürde

hier einen Höhepunkt im Hinblick auf die Verletzung der Menschenwürde dar. Auffällig ist, dass ein weiteres Mal die Selbstdefinition des Staates DDR ins Spiel gebracht wird, die als Legitimation für die Missachtung persönlicher Rechte herhalten muss. Dass nur die Arbeiter und Bauern genannt werden, kann als eine Ausgrenzung der Intelligenz verstanden werden, zu der die Polizisten Michael aufgrund seines eigenwilligen Äußeren und seines Auftretens rechnen dürften.

5 Zur Aussage der Geschichte

Thema: räumliche und geistige Reisebeschränkung in der DDR

Die Erzählung „Element" behandelt im weitesten Sinne, nämlich in räumlicher wie geistiger Hinsicht, die Themen Reisebeschränkung für DDR-Bürger und Allgegenwart des Staates. Immer wenn Michael sich auf eine Reise begeben will, stellt sich ihm ein Hindernis in den Weg: So wäre er, wie aus einem kurzen Rückgriff deutlich wird, schon einmal „beinahe" in einem westberliner Auto mitgefahren; dies scheint ihm auch die Ursache dafür, dass er unterschreiben soll, sich während der Weltfestspiele nicht in Ost-Berlin aufzuhalten. Michaels eigentliches Reiseziel aber ist die Hohe Tatra, und um seine Urlaubspläne nicht zu gefährden, bricht er seinen Widerstand gegen die geforderte Unterschrift schließlich ab. Dies wird ihm nicht gedankt: Mit der „provisorische[n] Legitimation" verwehrt man ihm eine Fahrt ins sozialistische Ausland. Obwohl er nun nur an die Ostsee reisen möchte, wird er auch daran immer aufs Neue gehindert: Auf der ersten Station seiner Reise, in K., wird er so gleich zweimal aufs Volkspolizeikreisamt gebracht und einer Personenkontrolle unterzogen, um schließlich an seinen Ausgangsort Z. zurückgebracht zu werden. Auch der zweite Versuch, von F. aus, führt ihn nach Z. zurück, wo er seine Reisepläne wohl endgültig begraben wird. *Reisepläne und Reiseverbot*

Michael legt eine unfreiwillige Reise zurück, die an die Fahrten des Odysseus erinnert. Wie dieser ist er nicht Herr seines Reiseweges, sondern wird gegen seinen Willen durch fremde Mächte immer wieder an Orte verschlagen, die er meiden wollte und die mit Gefahren verbunden sind. Odysseus, dem die Götter zürnen, hilft seine List, alle Hindernisse zu umschiffen, immer neue Ungeheuer zu besiegen und den „Element[en]" zu trotzen, um schließlich nach vielen Jahren an sein Ziel zu gelangen. Auch Michael ist gewitzt und intelligent, aber seine Bemühungen, der Staatsmacht auszuweichen, schlagen fehl. Die Ungeheuer und übelwollenden Götter der antiken Sagen sind leichter zu überwinden als die politischen und gesellschaftlichen Organe des real existierenden Sozialismus, die ihm in der Gestalt von Uniformierten ebenso wie von Personen „in Zivil" immer wieder entgegentreten, um ihn in seinen Kreisen einzuengen. *Odyssee in der DDR*

Jemand wie Michael, der, wie man ihm vorwirft, „Schwierigkeiten" oder „Sperenzien" macht, der also nicht so funktioniert, wie man es von ihm verlangt und wie es von der staatlichen Ordnung vorgesehen ist, wird in seiner Lebens-Reise empfindlich behindert und schließlich demoralisiert. So ist Michaels Frage am Schluss („‚Wohin?'") zwar einerseits eine ironische Replik auf die entsprechende Frage eines Polizisten in K., zugleich aber auch die resignative Feststellung, dass es für Personen wie ihn in der DDR sowohl im konkreten als auch im übertragenen Sinn keine Bewegungs-Freiheit gibt. Indirekt wird damit auch nach dem „Wohin" eines solchen Staates gefragt, dessen Existenz von der Unterdrückung der eigenen Bevölkerung abhängt. *Resignation*

Das Thema Reisebeschränkungen bestimmt die vorliegende Erzählung aber noch in einem anderen Sinn: Michael, der sich ein eigenes Bild von der Bibel machen und sie zu diesem Zweck „endlich einmal lesen" will, beansprucht, die gängigen Vorurteile gegenüber Religionen, die ihm bekannt sein dürften, zu überprüfen. Auch dies kann man als eine Reise bezeichnen, als eine kritische Auseinandersetzung mit dem Bild- und Gedankengut des Christentums, eine Reise ganz *Dogmatischer Atheismus ...*

im Sinne des aufklärerischen Ideals der Mündigkeit – und diese Reise wird Michael ebenfalls verboten. Die besondere Pikanterie besteht darin, dass Michael Preisträger der Lessing-Medaille ist und Lessing in seinem wohl bekanntesten Drama „Nathan der Weise" den Gedanken der Toleranz unter den verschiedenen Religionen vertritt. Wenn Michael nun aus ideologischen Gründen gerade die Lektüre der Bibel verboten wird, zeigt sich daran die ganze Widersprüchlichkeit eines Systems, das sich gerne auf die Gedanken und Grundsätze der Aufklärung beruft, im Namen des Aufklärers Lessing sogar Medaillen vergibt, bei der praktischen Umsetzung aufklärerischer Ideale aber versagt und sich als intolerant und dogmatisch erweist.

... statt Toleranz und Kritikfähigkeit

In seiner neuen Schule versucht Michael diese Auszeichnung zunächst als „Schild" zu verwenden, d. h. als Ausweis bzw. Zeichen seiner Leistungen, aber auch als Schutz vor ungerechten und unlogischen Ansprüchen der Lehrer und Erzieher an seine Person. Schnell durchschaut Michael die absurde Logik, die in der Begründung des Erziehers steckt, der ihm die Aufbewahrung einer Bibel „auf dem Bücherbrett eines sozialistischen Wohnheims" verbietet: Es handelt sich um nichts anderes als um eine infame Erpressung; wer sich den weltanschaulichen Vorgaben nicht bedingungslos anpasst, wird von einer qualifizierten Ausbildung ausgeschlossen. Gleichfalls steckt in der Logik auch der Umkehrschluss: Wer „Chemiefacharbeiter mit Abitur" werden will, muss ein Duckmäuser sein, der sich jedenfalls nicht die Freiheit nimmt, seine Freizeitlektüre eigenständig zu bestimmen. Der Hinweis darauf, dass Michael die Bibel „endlich einmal lesen wollte", kann so verstanden werden, dass er zuvor daran gehindert wurde, vielleicht sogar, weil ihm dies auch durch die Lehrer der alten Schule untersagt wurde. Mit dem selbstbestimmten Griff zu einer Lektüre, die in einem sozialistischen, also atheistischen Staat als verdächtig und anrüchig gilt, stößt Michael bereits an die Grenzen eines Systems, das zu bestimmten Themen Denkverbot erteilt.

Denkverbot

Der Umgang des Staates mit unerwünschtem Text- und Gedankengut wird auch an einer weiteren kurzen Episode deutlich, in der es um Literatur geht: Wer die Texte des Liedermachers Wolf Biermann singt und sich demonstrativ dessen Aufforderung zur Ungeduld („WARTE NICHT AUF BESSRE ZEITEN") zu Eigen macht, landet in einer Gemeinschaftszelle.

Die Unangemessenheit bzw. Unverhältnismäßigkeit im Umgang mit selbstbewussten und dadurch missliebig gewordenen Bürgern wird daran sichtbar, dass Michael wie ein Schwerverbrecher behandelt, fotografiert und sogar durch einen „Doppelposten mit Hund" zum Zug gebracht wird. Die Überpräsenz von Polizei, wie sie in diesem Abschnitt der Erzählung sinnfällig wird, lässt die Ohnmacht des einzelnen Bürgers in umso schärferem Licht erscheinen. Gleichwohl steht diese behördliche und polizeiliche Allgegenwärtigkeit in einem deut-

Ohnmacht des Einzelnen

5 Zur Aussage der Geschichte

lichen Widerspruch zu dem heillosen Chaos, das im letzten Teil von „Element" deutlich wird. Nachdem Michael zunächst noch die Zusage erhalten hat, er „müsse nicht bis Z. zurückfahren [...], sondern nur bis D.", wird er auf dem Bahnhof von D. dann doch gezwungen, bis Z. zu fahren. Offenbar weiß die eine Polizeistelle nicht, was die andere angeordnet hat, oder trifft aus eigenem Ermessen wieder eigene Entscheidungen. Durchaus denkbar ist aber auch, dass diese scheinbare Planlosigkeit als Mittel eingesetzt wird, die Bürger durch die Erfahrung von Willkür und Unberechenbarkeit zu verunsichern und einzuschüchtern.

Allgegenwart der Staatsorgane

Der doppeldeutige Titel der Erzählung „Element" markiert den Zusammenhang zwischen Individuum und Staat in der DDR-Diktatur: Michael, der Chemiefacharbeiter werden will und sich deshalb mit „Mendelejews Periodischem System" beschäftigt, lernt damit ein Klassifizierungsmuster kennen, das in der Naturwissenschaft einen rationalen Zweck erfüllt und sich bewährt hat. Wird der Begriff „Element" indes, ob „unsichtbar geschrieben" oder offiziell, „durch das Adjektiv ‚unsicher' näher bestimmt" und auf Menschen angewendet, zeigt sich daran die ganze Inhumanität eines totalitären Systems, das sich die Erfassung jedes Einzelnen zum Ziel gesetzt hat. In diesem Ordnungssystem hat, wie in dem chemischen das einzelne Element, jeder Bürger seinen ihm zugewiesenen Platz zu besetzen und keine eigenen Ansprüche geltend zu machen; in ihm ist für Freiheit und Individualität, für Selbstbestimmung und ungesteuerte Entfaltung der Persönlichkeit kein Platz. Als „Element" hat der Bürger sich vor allem als Teil des sozialistisch definierten Gesellschafts-Ganzen zu verstehen und entsprechend einzuordnen, andernfalls läuft er Gefahr, überwacht, eingeschränkt und schikaniert zu werden.

Titel „Element"

Ordnung und Freiheit

Der Buchtitel von Reiner Kunzes „Die wunderbaren Jahre", in dem „Element" enthalten ist, ist ganz und gar sarkastisch gemeint: Der vorliegende Text bietet ein Exempel dafür, wie junge Menschen in der DDR in den Jahren ihrer Jugend um die Möglichkeiten, die gerade mit diesem Alter verbunden sind, betrogen wurden. Anspruch und Wirklichkeit von Jugend im Sozialismus klafften so weit auseinander wie der Titel des Buches und die in ihm vorgestellten Ausschnitte von Realität. Neben dieser Bedeutung verweist der Titel auf das Verb sich wundern: Die erzählten Vorgänge sind in ihrer ganzen Widersprüchlichkeit so unglaublich, dass man aus dem Staunen nicht mehr herauskommt und sich nur noch wundern kann.

Sarkasmus: „wunderbare Jahre"

Die vorliegende Erzählung war bei ihrem Erscheinen überaus aktuell und ist nach der Wende und dem Ende der DDR historisch geworden, ohne deshalb an Wert verloren zu haben. Sie bietet aufgrund ihrer erzählerischen Qualität heute noch einen atmosphärischen Eindruck davon, welche Grenzen und Beschränkungen nicht-angepassten, insbesondere auch jungen Menschen in diesem Staat gesetzt wa-

Einsichten in ein totalitäres System

ren. Damit verhilft „Element" vielleicht zu Einsichten, was in einem totalitären System möglich und eben auch nicht möglich war bzw. ist. Die Geschichte könnte so zu einer gerechteren Beurteilung von Personen beitragen, die in der DDR einem solchen Druck ausgesetzt waren, und darüber hinaus auch einer nachträglichen Verklärung vorbeugen.

Brigitte Kronauer: Der Kontrolleur (1977)

Sofort, ohne daß wir ausdrücklich den Entschluß fassen mußten, waren unsere Hände, als wir das Wort „Fahrkartenkontrolle" hörten, wie auf Befehl zu unseren Manteltaschen gezuckt. Dort allerdings, bei einigen Leuten noch in der Luft, stoppte die Bewegung, wieder eigentlich ohne unser Zutun. Wir gehorchten rascher, als wir denken konnten. Die Finger folgten der hastigen, im Grunde ja überraschenden Geste derjenigen S-Bahninsassen, die nicht wie ich in Fahrtrichtung saßen, die nämlich offenbar früher als ich und die anderen, die mir den Rücken zuwandten, auf ein neues, dem ersten widersprechendes Signal hin handelten.
Ich drehte den Kopf zum Kontrolleur herum. Er lehnte bewegungslos an der Tür, ein schmächtiger junger Mann in einem Anorak, mit gestrickter Mütze auf dem Kopf, gleichmäßig rund ins Gesicht gezogen. Ich wußte augenblicklich, daß er der Rufer sein mußte, „denn", dachte ich im ersten Moment, „er grinst wie einer, der zurecht alle Blicke auf sich spürt!" Dann entdeckte ich, daß er niemanden ankuckte. Er lächelte, als nähme er, weder triumphierend noch ängstlich, die Wirkung seines Manövers gar nicht wahr. Bei kaum merklich rutschendem Mund lächelte er beständig gegen die letzten Fensterscheiben des Wagens, über alle Locken und Hüte weg. „Verträumt und wachsam", sagte ich mir eher unwillkürlich, doch auf der Stelle, „freundlich und feindselig zugleich! – Schön, aber was denn wirklich? Wie kann er dastehen, nachdem er alle Leute zum Narren gehalten hat, und glauben, er dürfe sich der Situation so gleichgültig entziehen, so ein Gesicht schneiden, beinahe angewidert, als kenne er das, was die Leute auf ihren Sitzen nun denken, im voraus so gut, daß er gar nicht hinkucken muß. Und: Ihren Gefühlen nach werden sie sich in zwei Lager spalten."
Sie zeigten es zwar nicht deutlich, sie hielten still, sie verrieten sich nicht, aber es gab jetzt mit Sicherheit Belustigte und Verärgerte. Es war unmöglich, ihm in die Augen zu sehen.
Bei der nächsten Station, Sternschanze, beugte er sich plötzlich, nachdem ihn einige Leute beim Ein- und Aussteigen passiert hatten, aus der Tür und pfiff laut auf einer Trillerpfeife, noch vor dem Abfahrtszeichen des Bahnsteigbeamten. Jetzt flogen auf einmal viele Köpfe herum, gekrauste Stirnen, jetzt also doch erkennbar argwöhnische Gesichter! Aber gleich duckten sie sich wieder in ihre früheren Haltungen zurück. Ich fragte mich, ob das Pfeifen nicht gefährlich sei, ich war erschrocken und sah nun auch, daß er in der rechten, schlaff nach unten hängenden Hand einen Einkaufsbeutel trug. Er lehnte sich, als die Bahn abfuhr, nach hinten und lächelte wieder, ganz unbeteiligt, mit still zuckenden Lippen.

Ich bemerkte mir gegenüber einen Mann, gekrümmt auf der Vorderkante des Sitzes, schielend, schweratmend. Er trug ebenfalls einen Einkaufsbeutel bei sich, seiner allerdings war prallgefüllt, und er hielt ihn mit den beiden fleckigen, geschwollenen Händen fest auf den Knien. Auch in seinem Gesicht gab es ein seltsames Auf- und Abgleiten. Er sah starr zu dem Mann an der Tür. In der Nähe seiner hervorquellenden Augen verrutschten die Falten unaufhörlich.
Der falsche Kontrolleur griff in seinen Beutel und holte ein Radio heraus, das er sogleich zu voller Lautstärke aufdrehte. Überall versteiften sich die Nacken. Gegen das unverständliche Gröhlen des Nachrichtensprechers drückte auf der anderen Seite die Stille einer totalen, vollkommen verheimlichten Aufmerksamkeit. Nur der Schielende klappte mit einem Mal den Mund auf und rief wild in das Abteil zu den übrigen Insassen, die aber – wie abgemacht – nicht zurücksahen: „Das is wohl'n Kommunist, was? Das is wohl'n Roter. Raus hier, Kommunist, oder halt die Klappe!"
Der Mann an der Tür wechselte seinen Gesichtsausdruck, als er bei der Station Holstenstraße pfiff, nicht um eine erkennbare Spur. Neben mir saß jemand in dunkelblauem Mantel aus gutem Stoff. Auf seinem Schoß lag ein Diplomatenkoffer. Von der Seite, unter gesenkten Lidern, bemerkte ich ihn, sein weißblondes Haar, eng anliegend, so daß der Kopf sehr ordentlich, fast kahl, ja nackt wirkte und schattenlos. Ein Mann Mitte dreißig, von innen rosig erleuchtet. Er preßte die Lippen zu einer heiklen Wellenlinie. Der empörte Fahrgast schien sich nur noch mit Mühe auf dem Sitz zu halten, als der Mann mit der Pudelmütze sein Radio keineswegs leiser drehte, sondern, im Gegenteil, in Altona, vor der Abfahrt des Zuges, den Oberkörper nach draußen schwenkend, wieder gellend pfiff. Der andere schüttelte, hochrot angelaufen, eine Faust und schrie: „Der is wohl irre, was? 'n Irrer! Halt die Fresse! Halt die Fresse! Hat wohl Paragraph 51." Er fügte noch etwas mit einem Komma und einer Zahl dahinter hinzu. Jetzt spätestens würden ihn alle wegen dieser detaillierten Kenntnis verdächtigen! Er stand halbwegs, zwischen den Knien der Fahrgäste schwankend, etwa sechs Meter von seinem Gegner entfernt, der unverändert schräg zu den letzten Fenstern sah.
Ich dachte: „Zu wem schlagen sich die Leute augenblicklich?" Der Mann neben mir verzog die Lippen sehr vorsichtig, und beinahe gelang es ihm, sich im Leder seiner Aktentasche zu spiegeln. Immer mehr Hälse wurden sachte gedreht. Alle schienen den Atem anzuhalten, etwas wurde mit äußerster Anstrengung unterdrückt: Wut oder Gelächter, während der Schielende heftiger schielend weiterbrüllte, fast schluchzend, mit sich überschlagender Stimme tobte. Er setzte seinen Beutel, den er so lange fest umklammert

Brigitte Kronauer: Der Kontrolleur (1977)

hatte, auf den Boden, wo er sofort umkippte. Der Mann beachtete es nicht, er reckte seine schwerfälligen Hände vor, „Kommunist, Irrer! Zum letzten Mal, hau ab!" keuchend. Plötzlich, jetzt endlich, machte der andere die Geste des Leiserdrehens. Er sah dabei ununterbrochen mit schwach bebenden Mundwinkeln über alle Köpfe weg, freundlich und feindselig zugleich, also nichts von beidem. Alle nahmen diese Reaktion, dieses Nachgeben zur Kenntnis, auch der Schreiende. Er atmete in Stößen, aber schwieg nun. Es dauerte auch nur noch wenige Sekunden: Der Pfeifer stieg aus. Er sprang um die Ecke, schon war er weg in Bahrenfeld. Was hatte ich erwartet? Ah, da: Von draußen hörten wir einen extra lauten Pfiff, leidenschaftlich geradezu. Aha: Nicht zu verkennen, aha, das tat gut! Also doch jetzt etwas Eindeutiges. „Trotz, schlichtweg Trotz!" dachte ich zufrieden und streckte die Beine in den Gang, um mir dieses Gefühl auch ganz glaubwürdig vor Augen zu halten. Die Leute schwenkten locker die plötzlich wieder gelenkigen Hälse, hier und da ein lächelnder Kontakt. „Ja, und Sie lachen auch noch darüber!" flüsterte der Schielende erschöpft zu mir hin. Er rieb sich mit dem Handrücken Speichelflocken von Kinn und Mund. Der Mann an meiner Seite nickte zart, verschmitzt.
„Alle, die hier im Abteil sitzen", dachte ich beim Aussteigen, „werden zuhause, beim Abendbrot oder kurz vor dem Einschlafen, gelassen eine Geschichte zum besten geben, eine mit zwei Personen."

(Aus: Brigitte Kronauer, Die gemusterte Nacht. Erzählungen. Klett-Cotta, Stuttgart 1981)

Interpretation

1 Kurzbiographie und Hinweise zum Werk

Herkunft: Am 29. Dezember 1940 wurde Brigitte Kronauer als Tochter eines
Nordrhein- Prokuristen in Essen geboren und wuchs in Bochum und Aachen auf.
Westfalen Nach dem Abitur studierte sie in Köln und Aachen Pädagogik und
war anschließend in Aachen und Göttingen als Lehrerin tätig, ehe sie
1971 den Schuldienst aufgab; seit 1974 arbeitet sie als freie Schriftstellerin in Hamburg.

Werke Ihre ersten beiden Bücher mit kurzen Prosatexten, die Brigitte Kronauer 1974 und 1975 in einem Göttinger Kleinverlag veröffentlichte, blieben weitgehend unbeachtet, ebenso die nachfolgend interpretierte Geschichte „Der Kontrolleur", die in dem Erzählungsband „Vom Umgang mit der Natur" 1977 in einem kleinen Hamburger Verlag erschien. Bekannt wurde die Autorin erst mit ihrem Roman „Frau Mühlenbeck im Gehäus", der 1980 bei Klett-Cotta herausgegeben wurde und in dessen Zentrum der Gegensatz zwischen zwei Frauen, einer Lehrerin und einer Geschichtenerzählerin, steht, die unterschiedliche Lebens- und Wahrnehmungsweisen und damit auch unterschiedliche literarische Prinzipien verkörpern.

Anspruchsvoll in seiner Konstruktion ist auch der zweite Roman der Autorin, „Rita Münster" von 1983, in dem in drei voneinander abgegrenzten Teilen wiederum unterschiedliche Möglichkeiten der Wahrnehmung durchgespielt werden. Von besonderer Bedeutung ist auch hier die Genauigkeit der Sprache als Voraussetzung, Unmittelbarkeit erfahren zu können.

Hauptfigur in dem Roman „Berittener Bogenschütze" (1986) ist der Literaturwissenschaftler Matthias Roth, der als Einzelgänger ein eher unscheinbares Dasein führt und an einem Aufsatz über (den auch von Brigitte Kronauer geschätzten) Joseph Conrad arbeitet. Reflexionen zu diesem Autor und seinem Werk setzt Roth in Beziehung zu eigenen Beobachtungen und zum eigenen Leben. Sein bis dahin gültiges Selbstverständnis wird erschüttert, Roth gerät in eine Krise. Sein Weg führt ihn nach Italien, wo ihm schließlich überwältigende Naturerlebnisse zu einer neuen Sicht seines Verhältnisses zur Welt und zu erweiterten Gefühls- und Erfahrungsmöglichkeiten verhelfen.

Hauptsächlich aus Reflexionen und Betrachtungen besteht der umfangreiche Roman „Die Frau in den Kissen", der 1990 erschien und eher als monologisches Essay denn als erzählender Roman zu bezeichnen ist. Im Unterschied zu anderen Romanen der Autorin wurde dieses Werk von der Kritik eher ablehnend besprochen.

Freundliche Aufnahme fanden hingegen die 1992 veröffentlichten 25 „Geschichten" unter dem Titel „Schnurrer", ebenso die 19 kurzen Prosastücke in dem Band „Hin- und herbrausende Züge" aus dem Jahre 1993. In „Das Taschentuch" von 1994 versucht die Ich-Erzählerin, eine Schriftstellerin, einen verstorbenen Freund vor dem Vergessenwerden zu bewahren, der ein allzu bescheidenes und zurückhaltendes Wesen besaß und ein unscheinbares und unauffälliges Leben geführt hat. Einen sehr umfangreichen Roman mit dem Titel „Teufelsbrück" legte Brigitte Kronauer im Jahre 2000 vor.

Immer wieder hat sich Brigitte Kronauer auch theoretisch mit der Funktion und Bedeutung von Poesie auseinander gesetzt und dabei ganz eigene Auffassungen entwickelt, die sich in ihrer literarischen Praxis niederschlagen. Als eine Art Resumee wurden die zwischen 1975 und 1986 entstandenen Aufsätze in dem 1987 veröffentlichten Band „Aufsätze zur Literatur" zusammengefasst. Weitere Essays erschienen 1993 („Literatur und schöns Blümelein") und 1995 („Die Lerche in der Luft und im Nest"). *Literaturtheoretische Arbeiten*

Die Autorin erhielt diverse Auszeichnungen für ihr Werk, u. a. 1985 den Fontane-Preis, 1989 den Ida-Dehmel-Preis der GEDOK sowie den Heinrich-Böll-Preis der Stadt Köln; außerdem nahm sie 1994 den Berliner Literaturpreis und 1998 den Hubert-Fichte-Preis der Stadt Hamburg entgegen. *Ehrungen*

2 Zum Aufbau der Geschichte

Der Handlungsaufbau von Brigitte Kronauers Geschichte ist streng linear gehalten und orientiert sich an den Intervallen, die durch den besonderen Ort des Geschehens vorgegeben sind: Da „Der Kontrolleur" in dem geschlossenen Raum einer Hamburger S-Bahn spielt, sind die genau genannten vier Stationen, an denen die S-Bahn jeweils hält, als eine Art raum- und zeitstrukturierende Einschnitte zu sehen. *Lineare Raum-Zeit-Struktur*

Die Beschränkung des Raumes und der Zeit lässt ebenso wie der unvermittelte Beginn der Handlung an eine Kurzgeschichte denken: Mit „Sofort" setzt der erste von sieben Absätzen ein, in dem von dem dreisten Überraschungsmanöver des „falsche[n] Kontrolleur[s]" und den unmittelbar darauf folgenden Reaktionen der Fahrgäste erzählt wird. Wie „ich und die anderen" wird auch der Leser zunächst in dem Glauben gehalten, es handle sich um einen echten Kontrolleur, ehe er durch ein entsprechendes Aha-Erlebnis den Irrtum erkennt. Im zweiten Absatz beschäftigt sich der Ich-Erzähler (oder die Ich-Erzählerin) mit dem Aussehen des jungen Mannes und den „Wirkung[en]", die er bei den übrigen Personen in der S-Bahn hervorruft. *Unvermittelter Einstieg*

Steigerung

Im dritten Absatz, mit Erreichen der Station „Sternschanze", erfährt die Handlung durch eine erneute Dreistigkeit des jungen Mannes eine Steigerung: Er imitiert auf einer Trillerpfeife das Abfahrtssignal und löst dadurch bei einem dem Ich-Erzähler gegenüber sitzenden Insassen, einem offenbar älteren, schielenden Herrn, Empörung aus, die sich in auffälligen körperlichen Reaktionen bemerkbar macht.

Von einer erneuten Unverschämtheit wird im vierten Abschnitt berichtet: Der junge Mann belästigt die Fahrgäste mit dem lauten Dröhnen seines Radios. Sichtbar reagiert wiederum nur der ältere Mann auf diese Provokation, nun allerdings mit groben verbalen Angriffen gegen den anderen Fahrgast.

Der fünfte Absatz umfasst das Geschehen zwischen den S-Bahn-Stationen „Holstenstraße" und „Altona", wo der junge Mann aufs Neue vor der Abfahrt des Zuges jeweils ein lautes Pfeifen hören lässt. – Ehe er auf die Reaktionen des Älteren eingeht, unterbricht der Ich-Erzähler diesen Bericht und betrachtet für einen Moment aufmerksam seinen Banknachbarn, einen „Mann Mitte dreißig", der äußerlich keine Reaktionen auf das Verhalten des Radiobesitzers zu erkennen gibt. Im Anschluss daran wendet er sich wieder dem eigentlichen Geschehen zu und beschreibt detailliert die wütenden Attacken des „Schielende[n]" auf dessen „Gegner".

Im sechsten Absatz, der die weiteren Vorgänge auf der Strecke zwischen Altona und Bahrenfeld beinhaltet, richtet der Erzähler sein Interesse hauptsächlich auf die Kontrahenten und die übrigen Fahrgäste sowie auf seine eigenen Regungen in Bezug auf den jungen Mann, der in Bahrenfeld aussteigt und auf dem Bahnsteig ein letztes Mal einen lauten Pfiff hören lässt.

Offenes Ende

Eine abschließende Betrachtung über die Art, wie die Fahrgäste später von dem Erlebten berichten werden, stellt der Ich-Erzähler im letzten Absatz – „beim Aussteigen" – an, wodurch er einerseits den Ausstieg aus der Geschichte vornimmt und andererseits dessen offenes Ende selbst thematisiert.

3 Erzählverhalten und Sprache

Ich-Form

Ob es sich bei dem in der *Ich-Form* berichtenden Erzähler in Brigitte Kronauers „Der Kontrolleur" um einen Mann oder um eine Frau handelt, ist ebenso ungewiss wie bedeutungslos, da er als handelnde Figur passiv und im Wesentlichen auf seine Funktion als Berichterstatter beschränkt bleibt. Wenngleich der Ich-Erzähler von einer zusammenfassenden Beurteilung des von ihm geschilderten Geschehens bewusst und mit gutem Grund absieht, nimmt er in die ausführliche Beschreibung von Detailbeobachtungen gelegentlich einzelne Kommentare und Charakterisierungen auf. „Wir gehorchten rascher, als wir denken konnten", stellt er beispielsweise mit selbstkritischem Unterton fest und registriert in der S-Bahn die „Stille einer totalen, vollkommen verheimlichten Aufmerksamkeit" der „übrigen Insassen, die aber – wie abgemacht – nicht zurücksahen: [...]". An der „Stille" sowie an der „verheimlichten Aufmerksamkeit" indes hat er selbst Anteil. Insofern er ein Beteiligter, wenn auch nicht Handelnder, in dem Geschehen ist und aus der jeweiligen Situation heraus seine eigene Perspektive (nicht Bewertung) sichtbar wird, muss das Erzählverhalten als ganz überwiegend *personal* gekennzeichnet werden. Dem Leser werden über den Bewusstseinsstand hinaus, den der Ich-Erzähler jeweils besitzt, die tieferen Zusammenhänge nicht erklärt, denn der Ich-Erzähler steht nicht über, sondern in dem Ganzen und bietet nur ansatzweise Hilfen zum Verständnis der Vorgänge an.

Personales Erzählverhalten

Als typische Elemente personalen Erzählverhaltens tauchen immer wieder Selbstgespräche des Erzählers auf: „[...] ‚denn', dachte ich im ersten Moment, ‚er grinst wie einer, der zurecht alle Blicke auf sich spürt!'" und „Ich dachte: ‚Zu wem schlagen sich die Leute augenblicklich?'" Die Geschichte gewinnt durch diesen Kunstgriff nicht nur an Lebendigkeit, sondern vor allem auch an Authentizität – der Ich-Erzähler gibt den Verlauf durch die Verwendung des *inneren Monologs* besonders spannend und anschaulich, zudem glaubwürdig wieder, wenn er den Leser seine eigenen inneren Reaktionen auf die äußeren Vorgänge unmittelbar miterleben lässt: „[...] jetzt also doch erkennbar argwöhnische Gesichter!" bemerkt der Ich-Erzähler unter den Mitreisenden und beschreibt später seinen Unwillen über den Lärm, den das laute Radio verbreitet, mit den Worten „Plötzlich, jetzt endlich, machte der andere die Geste des Leiserdrehens." Als der junge Mann den Zug verlassen hat, heißt es aus dem spontanen Denken und Fühlen des Augenblicks heraus: „Was hatte ich erwartet? Ah da: [...] Aha: Nicht zu verkennen, aha, das tat gut! Also doch jetzt etwas Eindeutiges."

Innerer Monolog

Obwohl es in der Geschichte wesentlich um die Frage von Kommunikation und Konfliktbewältigung in einem öffentlichen Raum geht, fällt auf, dass die wörtliche Rede auf eine Person, den alten Mann, beschränkt bleibt. Dieser aber weiß nichts Vernünftiges zu sagen und gelangt in seiner unkontrollierten, von Zorn und Empörung gesteuerten Artikulation über unpassende Beschimpfungen und Aufforderungen nicht hinaus.

Kaum wörtliche Rede

Auch die anderen Personen finden buchstäblich keine Worte, schweigen verlegen und lassen dafür ihre Körper sprechen, was sich in der auffälligen Betonung ihrer Körperlichkeit niederschlägt. Schon im ersten Satz ist von den „Hände[n]" die Rede, die „wie auf Befehl zu [den] Manteltaschen gezuckt" sind, um die Fahrkarte herauszuholen. Als

Personifikationen

den Fahrgästen die freche Täuschung bewusst geworden ist, heißt es: „Die Finger folgten der hastigen [...] Geste [...]." Diese *Personifikationen* deuten darauf, dass die Körperteile gleichsam die Funktion des ganzen Menschen übernommen und ein Eigenleben gewonnen haben: „Aber gleich duckten sie [die Gesichter, R. K.] sich wieder in ihre früheren Haltungen zurück." Die Blickrichtung der Fahrgäste zeigt also nach unten, damit ein Blickkontakt mit den Mitreisenden und dem jungen Mann vermieden wird.

Stilfiguren hat Brigitte Kronauer in ihrem Text eher sparsam verwendet, sodass die zweimal gebrauchte antithetisch-alliterierende Formel „freundlich und feindselig zugleich", mit der der Ich-Erzähler den Gesichtsausdruck des jungen Mannes beschreibt, schon auffällt.

Variabel-funktionaler Satzbau

Die Satzgestaltung lässt keine besonderen Stilmerkmale erkennen, sie ist variabel, d. h., sie passt sich den jeweiligen Situationen unaufdringlich-funktional an. So findet sich z. B. zu Beginn, um die anfängliche Verwirrung der ungünstig sitzenden Fahrgäste auszudrücken, eine verschachtelte Hypotaxe: „Die Finger folgten der hastigen, im Grunde ja überraschenden Geste derjenigen S-Bahninsassen, die nicht wie ich in Fahrtrichtung saßen, die nämlich offenbar früher als ich und die anderen, die mir den Rücken zuwandten, auf ein neues, dem ersten widersprechendes Signal hin handelten."

Die intensive Aufmerksamkeit, die der Erzähler nach der ersten Provokation des „falsche[n] Kontrolleur[s]" den Mitreisenden widmet, wird dagegen durch eine Parataxe in Verbindung mit einer Anapher und einem Asyndeton spürbar gemacht: „Sie zeigten es zwar nicht deutlich, sie hielten still, sie verrieten sich nicht, [...]".

4 Die Figuren

– Der junge Mann

Im Zentrum der vorliegenden Geschichte steht der vom Ich-Erzähler an einer Stelle als „der falsche Kontrolleur", an anderer als „der Rufer" bezeichnete *junge Mann* in der Hamburger S-Bahn: Von ihm bzw. seinen Aktionen geht das Geschehen aus, auf ihn richten sich alle Blicke, alle Reaktionen, gleich welcher Art, werden durch ihn ausgelöst.

Provokation „Fahrkartenkontrolle"

Noch ehe er selbst allen Fahrgästen sichtbar geworden ist, zeigt seine erste Aktion bereits Wirkung: Durch den lauten Ruf „Fahrkartenkontrolle" veranlasst er die übrigen Fahrgäste, zumindest die, die den Schwindel nicht sofort durchschauen, zu einem Griff zur Manteltasche. Erst durch diese Provokation wird der junge Mann zum Gegenstand des Erzähler-Interesses. Sein Äußeres hat bis dahin offenbar zu keiner besonderen Beachtung Anlass gegeben und gibt auch im

4 Die Figuren

Folgenden keinen Aufschluss über sein Wesen: Beschrieben wird er als „ein schmächtiger junger Mann in einem Anorak, mit gestrickter Mütze auf dem Kopf, gleichmäßig rund ins Gesicht gezogen". Ob er – vielleicht erst jetzt – durch diese Erscheinung als Mitglied einer subkulturellen Randgruppe identifizierbar wird, bleibt offen. Rätselhaft jedenfalls ist der junge Mann dem Erzähler und den anderen Fahrgästen vornehmlich aufgrund seines Verhaltens: Er schaut niemanden an und lächelt geheimnisvoll „gegen die letzten Fensterscheiben des Wagens", was der Erzähler – wohl zu Recht – so interpretiert, „als nähme er, weder triumphierend noch ängstlich, die Wirkung seines Manövers gar nicht wahr". Nach außen hin gleichmütig, uninteressiert und fast gelangweilt, stellt der „Rufer" Kaltblütigkeit und Überlegenheit zur Schau, um die Mitreisenden offenbar noch stärker als ohnehin schon zu provozieren.

Um die „Wirkung seines Manövers" nicht verpuffen zu lassen, lässt der junge Mann der ersten eine weitere Frechheit folgen: Abermals lenkt er die Aufmerksamkeit der übrigen Insassen des Abteils auf sich, indem er vor der Abfahrt des Zuges, als ob er der zuständige Bahnsteigbeamte wäre, mit einer Trillerpfeife ein Signal in Richtung des Zugführers gibt. Und wiederum verhält er sich im Anschluss daran so, als habe er mit der Aktion gar nichts zu tun, und „lächelte wieder, ganz unbeteiligt, mit still zuckenden Lippen." Die „still zuckenden Lippen" könnten bedeuten, dass der junge Mann sein Lachen und seine Schadenfreude nur mühsam unterdrückt, sie könnten aber ebenso ein Hinweis darauf sein, dass er innerlich sehr angespannt ist und die Reaktionen der übrigen Fahrgäste keinesfalls so sicher abschätzen kann, wie der Ich-Erzähler glaubt.

Provokation Trillerpfeife

Eine dritte Unverschämtheit erlaubt sich der „falsche Kontrolleur", indem er sein mitgeführtes Radio auf „volle Lautstärke" stellt und damit eine gezielte, brutale Lärmattacke gegen die übrigen Fahrgäste richtet. Abermals ändert der Mann dabei „seinen Gesichtsausdruck [...] nicht um eine erkennbare Spur". Allerdings scheint er auf die wütenden Anfeindungen des älteren Fahrgastes doch zu reagieren, indem er gegen Ende hin „die Geste des Leiserdrehens" macht. Seine „schwach bebenden Mundwinkel" müssen hier als körperlicher Ausdruck seiner inneren Spannung gedeutet werden.

Provokation Radio-Lärm

Was genau in diesem vorgeht und was ihn zu seinen Unverschämtheiten bewegt, bleibt insgesamt dunkel. Da er allein agiert und nicht in einer Gruppe auftritt, fällt Angeberei als Motiv weg. Ob es sich bei ihm um einen so genannten halbstarken Rowdy handelt, der – vielleicht aus einer Laune heraus – die Konfliktfähigkeit seiner Mitmenschen prüfen will, oder ob er womöglich nicht ganz richtig im Kopf ist – der Leser muss sich auf Spekulationen beschränken.

Unklare Motive

Wie der Ich-Erzähler zu Recht vermutet, teilen sich die Fahrgäste angesichts der Herausforderungen des jungen Mannes „in zwei Lager",

– Der ältere Mann

in „Belustigte und Verärgerte", die mit „Wut oder Gelächter" reagieren. Zu den Wütenden zählt der einzig erkennbare „Gegner" des jungen Provokateurs. Bei ihm handelt es sich um einen *älteren Mann*, wie seine „beiden fleckigen, geschwollenen" und „schwerfälligen Hände" sowie die „Falten" nahe legen. Im Unterschied zu seinem Kontrahenten hat er einen „prallgefüllt[en]" Einkaufsbeutel bei sich, was darauf hindeutet, dass er vom Einkaufen nach Hause fährt. Das Verhalten des jungen Mannes lässt den alten auf den Plan treten, der im Anschluss an die dritte Provokation der S-Bahn-Insassen nicht mehr an sich halten kann. Nachdem er endgültig die bisher mühsam gewahrte Fassung verloren hat, schreit er seine Empörung lautstark heraus.

Empörung

Die ganze Zeit über vermag er seine inneren Regungen körperlich nicht zu verbergen, wodurch sein Aussehen etwas Groteskes annimmt: „In der Nähe seiner hervorquellenden Augen verrutschten die Falten unaufhörlich", heißt es, und „der Schielende klappte mit einem Mal den Mund auf [...]". Wie einem Tollwütigen stehen ihm am Ende gar „Speichelflocken" an „Kinn und Mund", so sehr ist er außer sich geraten.

Da der junge Mann bis zum Schluss kein einziges Wort mehr sagt, wirken die Aufforderungen „halt die Klappe!" und „Halt die Fresse! Halt die Fresse!" in dieser Situation nicht nur unpassend, sondern vor allem lächerlich. Dasselbe gilt für den Befehl „Raus hier, Kommunist, [...]" und „hau ab!", denn während der Fahrt kann der „falsche Kontrolleur", selbst wenn er wollte, den Zug natürlich nicht verlassen. Endgültig zu einer traurigen Figur wird der cholerische alte Mann, zuletzt nur „der Schreiende" genannt, als ihm im Eifer des Gefechts noch sein Einkaufsbeutel umkippt.

Lächerlichkeit des Cholerikers

Hass und Aggression

Auch der Inhalt seiner verbalen Angriffe ist gänzlich deplatziert, denn dass er den anderen als „Kommunist" bezeichnet, steht in keinem sinnvollen Bezug zu dessen Verhalten während der Zugfahrt. In dieser aufgeladenen Atmosphäre geraten ihm Anlass und Inhalt seiner Aggression durcheinander: Indem er die Begriffe „Kommunist" und „Irrer" nebeneinander verwendet, gibt er dem Ausdruck seiner Wut auf den jungen Mann völlig abwegig eine politische Wendung und offenbart dabei seinen krankhaften Hass auf die „Rote[n]".

Der alte Mann, der zunächst auf die Zustimmung und den Beistand der Übrigen gehofft hat („Der is wohl irre, was? 'n Irrer! [...] Hat wohl Paragraph 51."), hebt durch sein peinliches Auftreten die Verlegenheit und Passivität der Mitreisenden nicht auf, sondern verstärkt sie eher noch. Er hat sich, nur in einem anderen Extrem, ebenso isoliert wie sein Gegenspieler. Am Ende bleiben dem „erschöpft[en]" Fahrgast nur die Resignation und der geflüsterte Vorwurf an die Mitreisenden, die Situation nicht ernst genug genommen zu haben.

Resignation

Einen vollständigen Gegensatz zu dieser Figur bildet ein anderer Mitreisender, der neben dem Ich-Erzähler sitzt und fast völlig unbeteiligt bleibt. Dieser „*Mann Mitte dreißig*" ist offenbar berufstätig und auf dem Weg von der oder zur Arbeit. Rein äußerlich bildet er schon deshalb einen Gegensatz zu den beiden anderen Figuren, weil er offensichtlich einer gehobenen Gesellschaftsschicht angehört, worauf nicht nur der „gute Stoff" seines Mantels, sondern auch der „Diplomatenkoffer" hinweist. Man könnte an einen Versicherungsvertreter oder einen höheren Angestellten denken, auf jeden Fall kann dieser Mann, schon wegen seiner „sehr ordentlich[en]" Erscheinung, besseren Kreisen zugeordnet werden. Auf die Aktionen des „falsche[n] Kontrolleur[s]" reagiert der Mann lediglich mit dem Zusammenpressen der Lippen „zu einer heiklen Wellenlinie", so, als empfinde er die beobachteten Vorgänge zwar als peinlich, wolle jedoch keine Stellung dazu beziehen. Er denkt sich seinen Teil und lässt es im Übrigen dabei bewenden. Als die Situation eskaliert, zieht er sich noch weiter in sich zurück, „verzog die Lippen sehr vorsichtig" und scheint sich fast „im Leder seiner Aktentasche zu spiegeln". Damit ist das Bild des Narziss entworfen, der sich selbst bespiegelt, sich auf die hässlichen Vorgänge der äußeren Welt nicht einlässt und sich nur auf sich bezogen verhält. In der stillen Beschäftigung mit sich hat er genug zu tun: Er vertritt den Typ des introvertierten Bürgers, der sich nicht einmischt und sich in dieser Haltung nach dem Abgang des jungen Mannes noch bestätigt sieht, wie sein „verschmitzt[es]" Lächeln am Ende nahe legt. Vor diesem Hintergrund gewinnt auch sein äußeres Erscheinungsbild einen Bezug zu seinem Wesen: Sein glatt gekämmtes „weißblondes Haar", das dem Kopf ein fast „nackt[es]" Aussehen verleiht, lässt an künstlich erhaltene kindliche Unschuld denken; der Begriff „schattenlos" ist – über die reine Beschreibung hinaus – als Metapher zu lesen und deutet an, dass der Mann dem Kontrast von Hell und Dunkel ausweicht. Den Konflikten und Schattenseiten der Wirklichkeit stellt er sich nicht, lieber führt er eine durch nichts Unangenehmes gestörte, glatte, saubere Existenz.

Der schreiende alte Mann mit der Einkaufstasche und der schweigsame Mittdreißiger mit dem Diplomatenkoffer bilden also ein extremes Gegensatzpaar im Hinblick auf typische Verhaltensmuster angesichts einer Störung der öffentlichen Ordnung.

– Der „Mann Mitte dreißig"

Narziss

Introvertierter Bürger

Konfliktscheu

5 Zur Aussage der Geschichte

Wer ist der „Kontrolleur", nach der die Geschichte benannt ist? Der junge Mann mit der Pudelmütze kann – vordergründig betrachtet – nicht gemeint sein, denn nach seiner Entlarvung als „Rufer" wird er nur noch einmal als der „falsche Kontrolleur" bezeichnet. Ein

Bedeutungen des Titels

wirklicher Fahrkartenkontrolleur taucht aber nie auf, sodass das Geschehen durch das Eingreifen einer äußeren Autorität nicht beeinflusst wird. Dass Brigitte Kronauer dennoch den Titel „Der Kontrolleur" gewählt hat, muss wohl so gedeutet werden, dass er in einem umfassenderen Sinn zu verstehen ist. Ein Vorschlag wäre, das Geschehen in der S-Bahn als eine Art Experiment zum Sozialverhalten einer durch Zufall gebildeten Gruppe aufzufassen. Dann könnte man dem Ich-Erzähler, der sich aufs Beobachten und Beschreiben beschränkt, die Funktion eines Laboraufsehers oder eben eines „Kontrolleur[s]" zusprechen. Sein Assistent oder Mit-Kontrolleur wäre dann der Leser, der aber auch den Ich-Erzähler kontrollieren und sich schließlich ein Urteil über die Handlungsweise aller Beteiligten bilden soll.

Schweigende Hinnahme der Provokation

Ausgangspunkt des Experiments ist eine Störung bzw. Gefährdung der öffentlichen Ordnung durch groben Unfug: Ein junger Fahrgast maßt sich die Stellung eines Fahrkartenkontrolleurs an und narrt seine Mitreisenden, die erst nach einem kurzen Moment den wahren Sachverhalt erkennen und nun entscheiden müssen, wie sie darauf reagieren. Die Empörung über diese Unverschämtheit wird, wie der Ich-Erzähler an den anderen S-Bahn-Fahrern bemerkt und auch an sich selbst bemerken könnte, unterdrückt, die Provokation wird als Streich oder Ulk stillschweigend hingenommen, weil niemand den jungen Mann auf sein Fehlverhalten aufmerksam machen will. Obwohl dieser von Gestalt „schmächtig" ist und von ihm offensichtlich keine körperliche Bedrohung ausgeht, unternimmt es keiner, ihm die Meinung zu sagen. Auch der Ich-Erzähler hält sich vornehm zurück und beschränkt sich darauf, Überlegungen anzustellen, die für das weitere Geschehen folgenlos bleiben.

Beobachtung statt Eingreifen

Die zweite Unverschämtheit des Mannes stellt insofern eine Steigerung dar, als er die Reisenden nun, wie dem Erzähler durchaus bewusst ist, durch sein Pfeifen in Gefahr bringt, aber „gekrauste Stirnen" und „argwöhnische Gesichter" sind nicht geeignet, dem gefährlichen Leichtsinn Einhalt zu gebieten. Die übrigen Fahrgäste „duckten" sich, sie tauchen gleichsam ab, um nicht in die Verlegenheit zu kommen, handeln und sich einmischen zu müssen. Dies gilt auch für den Ich-Erzähler: Obwohl er über das von dem jungen Mann ausgehende Sicherheitsrisiko zu Recht „erschrocken" ist, folgt daraus nicht etwa, dass er eingreift und dem Pfeifer entgegentritt, sondern er beobachtet lediglich weiter und registriert unwichtige Einzelheiten wie den Umstand, „daß er in der rechten, schlaff nach unten hängenden Hand einen Einkaufsbeutel trug". Es hat den Anschein, als ob die Beteiligten weder einzeln noch in der Gemeinschaft das nötige Rückgrat haben, den Unfug zu unterbinden, da niemand die Initiative ergreift: Bewegungs- und widerspruchslos nehmen sie auch den Radiolärm im Abteil hin: „Überall versteiften sich die Nacken."

5 Zur Aussage der Geschichte

Diese Erstarrung wird auch durch das Auftreten des cholerischen Alten nicht aufgehoben, im Gegenteil, „wie abgemacht" sehen sie nicht hin. Diese Formulierung verweist auf einen gruppendynamischen Prozess, den man als Gruppenlähmung durch kollektives Wegsehen bezeichnen könnte. Die Gruppensolidarität besteht in dem wortlosen Einvernehmen darüber, auf keinen Fall reagieren und damit Verantwortung übernehmen zu wollen; keiner möchte aus dieser allgemein akzeptierten Rolle herausfallen und sich angesichts des unklaren Konfliktausgangs eine Blöße geben. Der Mangel an Zivilcourage wird zum verbindenden Faktor zwischen den Individuen und zur Ursache dafür, dass sich an der entstandenen Situation nichts ändert.

Mangel an Zivilcourage

Indem der „falsche Kontrolleur" aufgrund des fehlenden Mutes seiner Mitreisenden, von den unkontrolliert-cholerischen Angriffen des Alten abgesehen, keinen Widerstand erfährt, hat er bis zuletzt alles gewissermaßen unter Kontrolle, ist er in diesem unüblichen Sinne also tatsächlich doch ein „Kontrolleur".

Der Ich-Erzähler steht zusätzlich unter der Kontrolle des Lesers, der er sich auch durch die selbstzufriedene Interpretation seiner eigenen Rolle nicht entziehen kann. So heißt es, als der „falsche Kontrolleur" den Zug verlassen und auf dem Bahnsteig zum letzten Mal laut gepfiffen hat: „‚Trotz, schlichtweg Trotz!' dachte ich zufrieden und streckte die Beine in den Gang, um mir dieses Gefühl auch ganz glaubwürdig vor Augen zu halten." Hier verrät der Ich-Erzähler, dass er bereits in der S-Bahn seiner Glaubwürdigkeit vor sich selbst durch entsprechende Körperbewegungen nachhelfen musste. So, als sei es wichtig, dass ihm erst mit dem letzten Pfiff des jungen Mannes dessen Handeln deutbar, zu „etwas Eindeutige[m]", geworden ist, versucht er sich für sein zuvor passives Verhalten zu rechtfertigen. Dabei muss ihm von Beginn an klar gewesen sein, dass das Lächeln des jungen Mannes nicht „freundlich" gemeint war und die diesbezüglichen Betrachtungen und Überlegungen abwegig und überflüssig waren.

Selbstzufriedenheit als Selbsttäuschung

Insgeheim und uneingestanden durchschaut er seine Selbsttäuschung. Er weiß: Es gibt nicht den geringsten Grund dafür, „zufrieden" mit sich selbst zu sein.

Die körperliche Entspannung, die der Ich-Erzähler auch an seinen Mitreisenden beobachtet, hat ihren Grund in der Lösung der Verkrampfung nach dem Ende der beklemmenden Situation. Während zuvor der junge Mann durch seine Beweglichkeit aufgefallen war („den Oberkörper nach draußen schwenkend") und die Mitreisenden in Starre versetzt hatte, werden diese am Schluss so beschrieben, als ob ein Alpdruck von ihnen genommen wäre: „Die Leute schwenkten locker die plötzlich wieder gelenkigen Hälse, [...]."

Brigitte Kronauer beschreibt in ihrer Geschichte die typischen Reaktionen einer Gruppe auf ein überraschend auftretendes, Normen ver-

Kritik der Paralyse

letzendes bzw. sogar kriminelles Handeln Einzelner. Sowohl jeder für sich als auch die Gemeinschaft als Ganzes erweisen sich als unfähig, dem Provokateur, der es erfolgreich darauf abgesehen hat, die Toleranzbereitschaft der anderen auf die Probe zu stellen, wirksam entgegenzutreten und sich zu wehren. Wie paralysiert lassen die Personen in der S-Bahn die ihnen zugefügten Dreistigkeiten scheinbar hilflos und eingeschüchtert über sich ergehen und täuschen wie die bekannten drei Affen, die nicht hören, nicht sehen und nicht reden wollen, lieber Teilnahmslosigkeit vor, als sich persönlich einzumischen.

Bedeutung des Schlusssatzes

Der Ich-Erzähler zieht, als er den Zug verlässt, ein deutungsbedürftiges Resumee über die Zeugen des Vorgangs: „Alle [Zeugen des Geschehens] [...] werden zuhause [...] gelassen eine Geschichte zum besten geben, eine mit zwei Personen." Obwohl die Geschichte an dieser Stelle abbricht, ist sie noch nicht zu Ende. Sie muss in doppeltem Sinn, nämlich durch die beteiligten Fahrgäste „beim Abendbrot oder kurz vor dem Einschlafen" und durch den Leser, weitererzählt werden.

„Zwei Personen"

Wer aber sind die „zwei Personen"? Spontan würde man wohl an die Hauptakteure, den jungen Mann und den alten Choleriker, denken. Als zweite Person könnte jedoch auch der jeweilige Zeuge und Erzähler selbst gemeint sein, der seine eigene Rolle bei den Vorgängen beschönigend darstellt und die peinliche Ohnmacht, die in der S-Bahn tatsächlich geherrscht hat, verschweigt. Ein Hinweis darauf ist das Wort „gelassen", das in auffälligem Gegensatz zu der Erstarrung steht, in der sich die Fahrgäste befunden haben. Die Wendung „zum besten geben" deutet zudem auf einen eher anekdotischen Berichtsstil hin und lässt nicht unbedingt erwarten, dass die „Geschichte" in einer dem Verlauf gemäßen selbstkritischen Weise wiedergegeben wird. Insofern der Ich-Erzähler zumindest gelegentlich leise Zweifel an seinem Verhalten anklingen lässt, ist er den anderen Erzählern möglicherweise ein Stück voraus.

Zeitbezug?

Die vorliegende Geschichte entstand 1977, in einer Zeit also, als die Terroraktionen der Roten Armee Fraktion in der Bundesrepublik einen letzten Höhepunkt erreichten. Darüber, inwieweit „Der Kontrolleur" unter dem Eindruck dieser dramatischen Ereignisse entstanden ist, kann nur spekuliert werden. In der Herausforderung der Gesellschaft und der öffentlichen Ordnung durch Anarchisten könnte man eine Parallele sehen, in dem Grad der ausgeübten Gewalt und Zerstörung allerdings nicht.

Gabriele Wohmann:
So was von Warterei (1978)

Natürlich bin ich früher da. Wenn ich's recht bedenke, war es Blödsinn: Strandhotel statt Dünen, vorsichtig zugemessener Schnaps in den unangenehmen flachen Gläschen anstelle eines vernünftigen Fläschchens, von dem ich mehr hätte. Doch jetzt sitze ich hier am Tête-à-tête-Tisch mit konzilianter Resopalplatte.
Für Zudringliche bin ich kein passendes Objekt. Drei Schnäpse haben mir die Poren geöffnet. Der nachmittägliche Eifer tortenbeflissener Urlauber umschmatzt mich. Zum Glück hab ich noch einen Fensterplatz erwischt.
Draußen zerfetzt der nässliche Wind blasse Farben. Er zerrt die Halme auf den Kuppen der Dünenpolster. In den Senken ist es ruhig, die ausgeblichenen Ähren bewegen sich kaum, ich kann mir einbilden, das harte Wispern zu hören, mit dem sie sich aneinander reiben. Die violetten Blüten des Strandflieders kreiseln auf ihren unzuverlässigen Stängeln. Hinter den Dünen hört alles Bekannte und Sichere auf. Zornig verspritzt das Meer ein weißliches Hellblau – nie wird man diesen Übergang vom Land zum Wasser verstehen können und niemals wird er als ungefährlich und erwartet erscheinen, immer bleibt er fatal.
Die drei Männer der Kapelle schlurren aufs Podium, mürrisch besetzen sie ihre Plätze; anmaßend und gnädig. „Roter Flieder, für eine Dame im Mai ..." Der picklige Ober-Jüngling bringt mir meinen Schnaps Nummer vier; dort an der Bartheke werden sie immer kurzsichtiger und geldgieriger: aber das macht ihnen keinen Eindruck, wenn ich das Glas hochhalte und die rote Eichlinie mit der Schnapsgrenze vergleiche.
– Bittesehr!
Das drückt Verachtung aus. Wenn ich's gut mit mir meine: Neugier. Aber er verabscheut Frauen, die trinken. Nach vier Schnäpsen ist sein Urteil über mich fertig. In der Drehtür erscheint etwas von der Sorte, die er mag: blond, weich, aufgetakeltes siebzehnjähriges weibliches Geschlecht. Er steht noch neben mir, ich fasse die gelbe Kuppel eines Kinnpickels ins Auge, sage:
– Hoffentlich kann ich den Platz da noch freihalten.
Wahrscheinlich hat er mich überhaupt nicht verstanden.
„... eine Dame im Mai / oder auch zwei / schließlich und endlich / ist's einerlei ..."
– Was macht man mit Männern, die zu spät kommen? Die Kapellenmänner haben die Badehosenwänste in hellgrauer Gentlemenuniform versteckt. Den einen hab ich gern – abends hör ich ihn gern am Bass zupfen, abends wenn übers Podium rotes Licht

zuckt und wenn er einen gottverdammten Sombrero aufhat und wenn ich meine Knochen spüre. Nachmittags kann ich ihn nicht leiden, in den Schlieren fetten Kaffeedampfs und sacht kreiselnder Qualmfäden von Filterzigaretten.
Es wird immer voller. Am Nachbartisch stöhnt sich ein umfangreicher Vater in den winzigen Sessel, seine Töchter lassen blonde Haarbündel um die Gesichter fliegen. Sie respektieren mit fröhlicher Missbilligung den Vater, der bullenhaft zu mir herüberstarrt. Mir ist es peinlich, wegen der Töchter. Ich winke dem rötlichen Klecks zwischen Oberjacke und steifer gelber Haartolle, lasse mir Nummer fünf bringen. Es riecht nach Sonnenöl und nackten Zehen und feuchtem Stoff. Satt und doch gierig sitzen sie hinter den bunten Tortenstücken. Der Kaffeedampf schließt ihre Gesichter auf. Ihre Friedfertigkeit überzeugt mich nicht.
Beim Genuss von Nummer sechs fühle ich mich ziemlich verlassen; ich würde ganz gern laut reden oder jemanden trösten. Aber mein Alleinsein ist beschlossene Sache; das alles ist nicht mehr für mich bestimmt: Kuchen, Schlager, zappelnde Kinder, tüchtige Mütter. Womöglich würden sie alle die Lippen öffnen und aus sahnegeschlemmten Kehlen in die Universalhymne einstimmen, die vom Podium herunterpfeift.
– So was von Warterei, sage ich zu der Hand, die das siebte Glas auf die Resopalplatte stellt.
Der Wind faucht nass gegen die Scheibe, ich lege einen Finger an den Rahmenspalt und lasse ihn abkühlen. Idiotisch, sich hierherzusetzen, anstatt draußen hart am Boden zu liegen unter den festen Strichen des Windes.
– Unpünktliche Männer! Was macht man mit so was Unmöglichem?
Der Kellner grinst mich offen und dienstbar an. Mit Mühe hält der Vater gegenüber seine stupiden Augen in den Höhlen; die Töchter tuscheln. Mein Kopf ist schwer, warm, versöhnlich. Mein Finger spürt den Kühlstrom am Fensterrahmen. Ja wohin soll man gehn? Mit all dem Schnaps im Blut auf die Buhne?
Nummer neun und zehn kommen gemeinsam in einem größeren Glas, und mir ist es jetzt ein bisschen übel, und ich bin sehr müde.
– Der kommt nicht mehr.
Hat das irgend jemand gesagt? Sollte der Kellner so scharfsichtig gewesen sein? Nein, er kommt nicht mehr. Übrigens hab ich keinen erwartet.

(Aus: Gabriele Wohmann, Streit. Erzählungen. Verlag Eremiten-Presse, Düsseldorf 1978. © Gabriele Wohmann, Darmstadt)

Interpretation

1 Kurzbiographie und Hinweise zum Werk

Die am 21. Mai 1932 in Darmstadt geborene Schriftstellerin Gabriele Wohmann war das dritte von vier Kindern des Pfarrerehepaares Guyot. Sie besuchte das Nordseepädagogium Langeoog und studierte nach dem Abitur zwei Jahre u. a. Germanistik, Romanistik und Anglistik in Frankfurt am Main. Danach arbeitete Gabriele Wohmann vorübergehend als Sprachlehrerin, ehe sie sich etwa ab 1956 überwiegend dem Schreiben widmete. Zur Gruppe 47 stieß sie im Jahre 1960. Seit 1953 ist die Autorin mit Reiner Wohmann verheiratet und lebt in Darmstadt.

Gabriele Wohmann hat bisher ein außergewöhnlich umfangreiches Werk vorgelegt, zu dem neben einigen Gedichtbänden, Essays, Hörspielen, Theaterstücken und Fernsehfilmen vor allem Romane und Erzählungen gehören. Ein Themenschwerpunkt ist dabei das konfliktreiche Verhältnis von Privatheit und Öffentlichkeit, von Individuum und Gesellschaft. Mit zuweilen satirischem Blick und mit Ironie entlarvt sie menschliche Abgründe und soziale Zwänge. Sie schreibt von familiären Katastrophen, von denen häufig auch Kinder betroffen sind, sowie von Krisen in Partnerschaften und Ehen, die durch Illusionen, Selbstlügen, Verzweiflung, Hilf- und Hoffnungslosigkeit bestimmt sind. Weitere, oft damit in Verbindung stehende Themen der Autorin sind Krankheit und Tod, mit denen sich ihre Protagonisten in schmerzlichen Selbstfindungs- bzw. Klärungsprozessen auseinander setzen müssen. Die Autorin arbeitet dabei mit ganz unterschiedlichen Stilebenen und experimentiert mit einer Vielzahl moderner Erzähltechniken, wie sie seit Joyce und Proust in Gebrauch sind: Montage, Zeitsprünge, die Neigung zur Innenschau gehören dazu.

Themenschwerpunkt menschliche und soziale Konflikte

Experimente mit modernen Erzähltechniken

Gabriele Wohmanns erste Erzählung, die 1957 in der Zeitschrift „Akzente" erschien, trug den Titel „Ein unwiderstehlicher Mann" und behandelt eine tragisch endende Dreiecksgeschichte. Als erstes umfangreicheres Werk erschien 1958 der Roman „Jetzt oder nie". Größere Aufmerksamkeit erlangte 1965 der Roman „Abschied für länger", ebenso der recht kompliziert konstruierte Roman „Ernste Absicht" von 1970, geschrieben aus der Perspektive einer im Krankenhaus liegenden geschiedenen Frau, die sich in Gedanken mit ihrer Familie und mit ihrem möglichen Tod beschäftigt. Das Verhältnis von Erwachsenen und Kindern behandelt der Roman „Paulinchen war allein zu Haus" (1981 verfilmt), in dem die Autorin zeigt, welche fatalen Folgen eine zwar gut gemeinte, aber dem Kind nicht gerecht wer-

Werke:

– Prosa

dende „partnerschaftliche Erziehung" haben kann. In den zwei Romanen „Schönes Gehege" von 1975 und dem drei Jahre darauf veröffentlichten „Frühherbst in Badenweiler" sind es ein Schriftsteller bzw. ein Komponist, die jeweils durch eine Identitätskrise dazu veranlasst werden, ihre Einstellung ihrem Leben und Schaffen gegenüber kritisch zu prüfen. Unter dem Eindruck des Reaktorunfalls von Tschernobyl im Jahre 1986 wurde der Roman „Der Flötenton" (1987) verfasst. Zu den in den neunziger Jahren entstandenen Romanen der Autorin zählen „Bitte nicht sterben" von 1993 und „Aber das war noch nicht das Schlimmste" von 1995, in denen es um das Thema „Umgang mit dem Sterben" bzw. um das Thema „Krebs" geht; 1996 folgte der Roman „Das Handicap".

Weitere Bände mit Erzählungen sind u. a. „Selbstverteidigung" (1971), „Gegenangriff" (1972), „Streit" (1978), dem die hier interpretierte Geschichte „So was von Warterei" entnommen ist, „Paarlauf" (1979), „Einsamkeit" (1982), „Der kürzeste Tag des Jahres" (1983), „Der Irrgast" (1985), „Ein russischer Sommer", (1988), „,Das Salz bitte'. Ehegeschichten" (1992), „Die Schönste im ganzen Land. Frauengeschichten" (1995), und „Bleibt doch über Weihnachten" (1998).

– Hörspiele

Besondere Beachtung unter den vielen Hörspielen fand „Der Fall Rufus. Ein Elternabend", das 1969 zuerst gesendet wurde und sich mit der Vergangenheitsbewältigung ehemals nationalsozialistischer Lehrer eines Gymnasiums beschäftigt. Gedichte von Gabriele Wohmann erschienen unter dem Titel „So ist die Lage" (1975), „Grund zur Aufregung" (1978) sowie „Passau. Gleis 3" (1984).

– Lyrik

Ehrungen

Die Autorin wurde u. a. 1965 mit dem Georg-Mackensen-Literaturpreis ausgezeichnet, erhielt 1966/67 ein Stipendium der Villa Massimo und 1971 den Bremer Literaturpreis für ihren Roman „Ernste Absicht". Im Jahre 1985 wurde ihr der Stadtschreiber-Literaturpreis des ZDF und der Stadt Mainz verliehen, 1992 der Konrad-Adenauer-Preis. Für ihre Kurzgeschichten nahm Gabriele Wohmann 1994 den Mont-Blanc-Literaturpreis entgegen, und 1997 wurde sie mit dem Großen Bundesverdienstkreuz geehrt.

2 Zum Aufbau der Geschichte

Linearer Aufbau

Die Geschichte „So was von Warterei" enthält, von einem ganz kurzen Rückgriff zu Beginn abgesehen, einen streng linearen Aufbau und deckt einen Zeitraum von ungefähr einer halben Stunde oder etwas mehr ab; der Ort des Geschehens wechselt nicht. Die Handlung beschränkt sich im Wesentlichen darauf, dass eine Ich-Erzählerin, offensichtlich eine nicht mehr ganz junge, allein stehende Frau, in ei-

2 Zum Aufbau der Geschichte

nem Strandhotel sitzt, eine Reihe von Schnäpsen trinkt und andere Gäste, den Kellner und die Kapelle beobachtet und beschreibt.

Völlig unvermittelt setzt die Geschichte mit „Natürlich bin ich früher da" ein. In dem ersten Abschnitt wird deutlich, dass die Ich-Erzählerin von ihrem kleinen Tisch am Fenster aus einen freien Blick nach „draußen" auf den Strand und das Meer hat. Einem Aufenthalt in den Dünen hat sie, was sie inzwischen bedauert, einen „Tête-à-tête-Tisch" in einem Restaurant oder Strandhotel vorgezogen, wo sie bereits drei Schnäpse zu sich genommen hat.

Unvermittelter Einstieg

Der zweite Abschnitt geht näher auf die unmittelbare Umgebung der Frau ein: Die „drei Männer der Kapelle", von denen einer, der Bassspieler, der Erzählerin gefällt, der junge Kellner, der den vierten Schnaps bringt, und ein junges Mädchen, das die Halle betritt, werden hier erwähnt. Während die Musiker offenbar einen Schlager auf den Monat Mai intonieren, versucht die Frau durch kurze Bemerkungen dem Kellner gegenüber den Eindruck zu erwecken, als erwarte sie noch einen Herrn. Nun erst wird der erste Satz verständlich: Sie ist „früher da" als die Person, mit der sie verabredet ist.

Mit der Feststellung „Es wird immer voller" setzt der dritte Abschnitt ein; die Ich-Erzählerin konsumiert zwei weitere Schnäpse, und die Aufmerksamkeit des Lesers wird auf einen Vater mit zwei Töchtern „am Nachbartisch" gelenkt. Trotz ihrer eher negativen Schilderung der drei Personen beginnt die Ich-Erzählerin ihr „Alleinsein" nun stärker zu empfinden und ihr eigenes Leben vor dem Hintergrund der Personen am Nebentisch zu betrachten. Dass sie ihr „Alleinsein" als „beschlossene Sache" bezeichnet, deutet im Grunde schon auf den Schluss voraus und nimmt vorweg, dass sie an ihrem Tisch in Wirklichkeit „keinen erwartet" hat.

Der folgende Abschnitt knüpft an den zweiten an: Die Frau versucht dem Kellner abermals glaubhaft zu machen, dass sie mit einem Herrn verabredet ist, während ihr der siebte Schnaps vorgesetzt wird. In Gedanken bereut sie abermals, sich nicht für die Dünen entschieden zu haben. Ehe erwähnt wird, dass sie den neunten und zehnten Schnaps serviert bekommt, wird bereits deutlich, dass die Frau sich betrunken und „sehr müde" fühlt und nicht mehr damit rechnet, dass der erwartete Mann noch kommt.

Der fünfte und letzte Abschnitt besteht lediglich aus dem letzten Satz, der völlig überraschend eine Wende markiert, denn er lässt pointenartig erkennen, dass die Frau in Wirklichkeit auf niemanden gewartet hat. Da, wie dem Leser erst am Ende des Textes bewusst wird, Anfangs- und Schlusssatz („Natürlich bin ich früher da." – „Übrigens hab ich keinen erwartet.") von der Handlung her einen gewissen Rahmen abstecken, den man mit den Überschriften „Erzeugung einer Illusion" und „Desillusionierung" versehen könnte, ist die Geschichte entgegen dem ersten Eindruck doch in sich abgeschlossen.

Pointenartige Wende

Rahmen

3 Erzählverhalten und Sprache

Ich-Form, personales Erzählverhalten

Von ganz wenigen Ausnahmen abgesehen, wird in der vorliegenden Geschichte ausschließlich aus der eingeschränkten Perspektive der Hauptfigur gesprochen, sodass von einem *personalen Erzählverhalten* in der *Ich-Form*, d. h. von einem *inneren Monolog*, gesprochen werden kann. Von ihrem Platz am Tisch aus betrachtet und kommentiert die Ich-Erzählerin die Natur draußen sowie die Personen und Vorgänge um sich herum im Raum. Diese Perspektive wird nur an wenigen Stellen aufgegeben, u. a. durch vier Bemerkungen der Frau, die als wörtliche Rede aber nicht mit Anführungszeichen, sondern mit einem Spiegelstrich kenntlich gemacht werden und den Blick direkt auf die Ich-Erzählerin lenken. Das vom Kellner ausgesprochene „– Bittesehr!", als dieser den vierten Schnaps serviert, sowie zwei Auszüge aus dem Schlager, den die Kapelle spielt („Roter Flieder, für eine Dame im Mai" und „... eine Dame im Mai / oder auch zwei / schließlich und endlich / ist's einerlei ..."), unterbrechen *montageartig* den Erzählfluss.

Präsens

Da durchgängig das *Präsens* gebraucht wird, erhält der Leser das Gefühl, unmittelbarer Zeuge des inneren und äußeren Geschehens zu werden. Er erlebt mit, was die Frau sagt und tut, vor allem aber sieht er mit ihren Augen, was sie sieht und dabei denkt.

Zu diesem Eindruck von Unmittelbarkeit trägt bei, dass der sprachliche Stil sehr eigenwillig und uneinheitlich, schwankend bzw. spontan ist und auf eine gewisse Unausgeglichenheit der Ich-Erzählerin schließen lässt. So, wie sie sprechen würde, wenn sie einen Gesprächspartner an ihrem „Tête-à-tête-Tisch" hätte, wirkt dieser Stil, der die Gedanken einer mit sich und der Welt im Grunde zutiefst unzufriedenen Frau spiegelt. So ungeniert, wie sie in der Öffentlichkeit zehn Schnäpse bestellt, so ungehemmt fällt stellenweise auch die sprachliche Form ihres Selbstgespräches aus: Es finden sich mehrere

Umgangssprache

Beispiele für eine sehr *umgangssprachliche* Ausdrucksweise, in der z. B. neben dem saloppen „Blödsinn" sogar noch die durch Apostroph verkürzte Form „ich's" an Stelle von „ich es" aus der wörtlichen Rede übernommen wird: „Wenn ich's recht bedenke, war es Blödsinn [...]." Vor allem bei der Charakterisierung der von ihr wahrgenommenen Personen im Raum verfällt die Erzählerin in einen abwertenden Jargon. Das junge Mädchen, das die Halle betritt, bezeichnet sie als „aufgetakeltes [...] Geschlecht", ihre Entscheidung, sich in dem Strandhotel aufzuhalten, als „idiotisch", und an den Musikern entdeckt sie

Flüche

„Badehosenwänste". Auch *Flüche* gehören zum Repertoire ihres Ausdrucks: Der Bassspieler trägt einen „gottverdammten Sombrero". Dass sie – wohl infolge des Alkoholgenusses – die Person des Kellners nur noch verschwommen bzw. ausschnitthaft wahrnimmt, zeigt

3 Erzählverhalten und Sprache

sich in den Formulierungen „[...] ich fasse die gelbe Kuppel eines Kinnpickels ins Auge [...]", „Ich winke dem rötlichen Klecks zwischen Oberjacke und steifer gelber Haartolle [...]" und „– So was von Warterei, sage ich zu der Hand, die das siebte Glas auf die Resopalplatte stellt."

Deutlich im Stil unterscheidet sich davon die Beschreibung der unwirtlichen Natur: Zum einen wählt die Ich-Erzählerin hier ausgesuchte *Personifikationen*, die an lyrischen Sprachgebrauch erinnern und den Eindruck vermitteln, dass die Frau durchaus in der Lage ist, sich gewählt auszudrücken und ihre ganze Palette von *sprachlichen Differenzierungsmöglichkeiten* nutzt, um ihrer Stimmung, genauer: ihren Stimmungen einen adäquaten Ausdruck zu verleihen. Dabei erscheint die Natur durchgängig als etwas Feindliches: „Draußen zerfetzt der nässliche Wind blasse Farben [...]", „Zornig verspritzt das Meer ein weißliches Hellblau – [...]" und „Der Wind faucht nass gegen die Scheibe [...]." Die Natur „draußen" bietet ein Gegenbild zur Welt im Innern: Sie wirkt eindeutig in ihrer ‚Härte' und Klarheit: „[...] ich kann mir einbilden, das harte Wispern [der Ähren; R. K.] zu hören [...]", und „draußen hart am Boden zu liegen unter den festen Strichen des Windes" wünscht sich die Frau, obwohl sie es doch vorgezogen hat, sich der Nähe von Menschen auszusetzen, die „blond, weich, aufgetakelt" sind wie das siebzehnjährige Mädchen oder „umfangreich" wie der Vater am Nebentisch, der sich – eine sehr eigenwillige Konstruktion – „in den winzigen Sessel" „stöhnt".

Ironie wird sichtbar, wenn die Ich-Erzählerin den Kellner als „Ober-Jüngling" bezeichnet und dabei offen lässt, ob sie den Beruf „Ober" oder die übermäßig jünglinghafte Erscheinung des jungen Mannes meint. Höchst sonderbar mutet die Bezeichnung „konziliante Resopalplatte" an: Diese Personifizierung scheint ein bitter-ironischer Reflex auf die Situation zu sein, dass sich die Frau an einem „Tête-à-tête-Tisch" befindet, ohne ein Gegenüber vor sich zu haben. Ein toter Gegenstand ohne jeden besonderen äußeren Reiz wird hier zum Stellvertreter für einen Menschen, für einen nicht vorhandenen Partner, von dem die Frau Konzilianz, d. h. Verbindlichkeit, ein umgängliches Wesen und Freundlichkeit erwarten würde. In der Wirklichkeit aber muss sie sich mit einer leblosen, harten und kratzfesten Kunststoffplatte begnügen, die sich lediglich dazu eignet, dass der Kellner auf ihr ein volles Schnapsglas nach dem anderen abstellen kann.

Erfindungsreich, kühn und originell sind auch die *Wortschöpfungen* der Frau, wenn sie die Gäste beim Genuss von Kaffee und Kuchen schildert und ihren Ekel dabei zum Ausdruck bringt: „Der nachmittägliche Eifer tortenbeflissener Urlauber umschmatzt mich." Durch sehr *sinnliche*, fast schon animalische Eindrücke vermittelt sich ihr diese in ihren Augen spießige Welt: „Es riecht nach Sonnenöl [...]"; der Vater am Nebentisch schaut „bullenhaft" herüber, „fette[r] Kaffeedampf"

Personifikation

Sprachliche Differenzierung

Ironie

Wortschöpfung

Sinnlichkeit

Oxymora/ Antithesen

liegt in der Luft, und als „gierig" nimmt sie die Mädchen am Nebentisch wahr.

Auffällig sind zudem die vielen auf Personen bezogenen *Oxymora* bzw. *Antithesen* im Text: „fröhliche Missbilligung", „satt und doch gierig", „anmaßend und gnädig", „offen und dienstbar". Sie können als Widerhall der inneren Unstimmigkeit der Frau gesehen werden, als Zeichen ihrer Verstörtheit in dieser Gesellschaft, der sie beiwohnt, deren Werte und Gewohnheiten sie aber nicht teilt.

4 Die Figuren

Perspektive und Selbst-Bild

Dadurch, dass nur aus der Perspektive der Frau berichtet wird, steht diese im Zentrum des Geschehens: Alle anderen Figuren sind vor allem im Reflex ihrer Beobachtungen und Gedanken von Bedeutung. Durch die Art ihrer Schilderungen und Beurteilungen gibt sie zugleich ein Bild von sich selbst. Da der Text fast ausschließlich aus einem inneren Monolog besteht, erhält der Leser von außen keine Beschreibung der Ich-Erzählerin; dennoch lassen viele Passagen eindeutige Rückschlüsse auf ihre persönliche Situation zu.

Vermutungen zur Frau:
– Situation

Die Frau verbringt ihren Urlaub allein am Meer und hält sich in der Halle eines Strandhotels auf. Obwohl sie abends schon öfter dort gewesen ist, wie ihre Bemerkung über den Musiker am Bass nahe legt, ist sie dem Kellner als Gast noch nicht vertraut, sodass sie ihm vorspielen kann, sie erwarte noch einen Herrn an ihrem Tisch. Ganz offensichtlich ist sie nicht mehr ganz jung und traut ihrer femininen Anziehungskraft nur noch wenig zu. Unverkennbar mit Sexualneid schaut sie auf das junge Mädchen in der Drehtür, das sie auf ihr „siebzehnjähriges weibliches Geschlecht" reduziert und das ihrer Vermutung nach zu der „Sorte" gehört, welche von dem Kellner begehrt wird. Auch dass sie des Abends am selben Ort ihre „Knochen spür[t]", wenn die Kapelle spielt und sie zu deren Klängen vermutlich tanzt, ist ein Hinweis auf ihr fortgeschrittenes Alter.

– Alter

– Äußere Erscheinung

Ihr Äußeres ist nur indirekt bzw. etwas spekulativ zu erschließen. Man könnte vermuten, dass die Ich-Erzählerin dunkelhaarig ist, wenn man die besondere Erwähnung der blonden Haare des jungen Mädchens und der später erwähnten Töchter am Nebentisch als Indiz dafür nimmt, dass der Frau vor allem die Eigenschaften auffallen, die sie von den anderen Frauen im Raum unterscheiden. Da sie das junge Mädchen zudem – ob abwertend oder neidisch, bleibt offen – als „weich" bezeichnet und die Korpulenz des Vaters am Nebentisch mit dem boshaften Attribut „umfangreich" versieht, liegt der Schluss nahe, dass sie wohl eher eine schlanke Figur besitzt, vielleicht sogar ma-

ger ist und das Adjektiv „hart", mit dem sie die Natur draußen beschreibt, auch auf sie zutrifft.
Wenn sie in dem Satz, der der Bemerkung über die Siebzehnjährige folgt, den Kellner lediglich als „gelbe Kuppel eines Kinnpickels ins Auge" fasst, wertet sie diesen als unattraktiv gleich mit ab, so, als sei ihr gar nicht daran gelegen, von einem solchen Mann ebenso bewundert zu werden wie das junge Mädchen.
Wie sehr diese Frau mit sich selbst unzufrieden ist, wird an der Art deutlich, wie sie sich in den Gedanken Außenstehender gespiegelt sieht. „Für Zudringliche bin ich kein passendes Objekt", stellt sie bereits zu Beginn fest. Sie ist sich also bewusst, dass sie nach außen unnahbar, abweisend wirkt, und sie erweckt den Eindruck, als ob ihr gerade das auch recht sei. Gleichwohl ist ihr das Bild, das sich andere von ihr machen, keineswegs gleichgültig. So berührt es sie mehr, als sie vor sich zuzugeben bereit ist, dass der Kellner sie als Trinkerin „verabscheut", wie sie meint. Sie beobachtet sich gleichsam mit seinen Augen und bemerkt dabei nicht, dass es auch ihre eigenen Augen sind, mit denen sie sich voller Widerwillen betrachtet. Auch dass sie die Schnäpse mitzählt, die sie bestellt hat, zeigt ihre ambivalente Einstellung sich selbst gegenüber. Einerseits lässt sie sich gehen, indem sie ihrem Bedürfnis nach Betäubung durch immer neue Bestellungen nachgibt, und andererseits kontrolliert sie sich bzw. ihren Konsum so genau, dass ihr nicht ein einziger Schnaps entgeht. Obwohl sie darunter leidet, wirklich oder nur vermeintlich von dem Kellner verachtet zu werden, beendet sie diese als würdelos empfundene Situation nicht, indem sie z.B. aufsteht und geht. Geradezu trotzig scheint sie die Einschätzung des Kellners durch eine weitere Bestellung sogar noch bestätigen zu wollen.
Die kritisch-beobachtende Haltung ihrer Umwelt gegenüber und der Versuch, diese mittels einer sprachlich angemessenen, literarischen Form einzufangen, legt den Schluss nahe, dass es sich bei der Frau um eine Intellektuelle handelt, um eine Frau jedenfalls, die mit Sprache umgeht, eine Schriftstellerin oder eine Journalistin. Mithilfe einer ganzen Palette variierender Sprachebenen bezieht sie sich mal ironisch, mal voller Selbstmitleid, neutral berichtend und dann wieder sehr subjektiv auf die kleine Welt des Strandhotels, die sie in Wechselbeziehung zu sich selbst studiert.
An der Treffsicherheit und Schärfe ihrer Formulierungen ändert auch der Alkoholgenuss nichts, der sich auf ihre Sprachfähigkeit nicht negativ auswirkt. Gabriele Wohmann hat darauf verzichtet, die Wirkung des erhöhten Schnapskonsums in der sprachlichen Ausdrucksfähigkeit der Frau sichtbar zu machen, was lediglich zu einer unpassenden Komik geführt hätte. Die Ich-Erzählerin lallt nicht und verliert auch sonst nicht die Kontrolle über ihr Formulierungsvermögen. (Aus ärztlicher Sicht würde sich an dieser Stelle der Verdacht auf-

Unzufriedenheit mit sich selbst

Ambivalenz: Selbst-Betäubung und Selbst-Kontrolle

Intellektuelle?

Alkoholikerin?

drängen, dass die Frau, an exzessiven Alkoholkonsum gewöhnt, womöglich eine Alkoholikerin ist, denn das zuvor erwähnte „Fläschchen", das sie in die Dünen mitgenommen hätte, scheint immer in Reichweite zu sein.) Immerhin ist sie ja auch noch in der Lage, buchhaltermäßig penibel die getrunkenen Schnäpse zu registrieren. Der gewünschte Erfolg stellt sich also nicht ein, im Gegenteil: Der Alkohol versetzt die Frau nicht etwa in eine leichtere, beschwingte Stimmung, sondern verstärkt ihre Klarsichtigkeit und Depremiertheit noch; aus ihrer inneren Verfassung kann sie sich auch trinkend nicht befreien. Zwar wird ihr „Kopf [...] schwer, warm, versöhnlich", aber das bedeutet nicht, dass ihre innere Verfassung sich verbessert hätte: Lediglich eine resignative Trägheit stellt sich ein, dabei aber ist ihr „übel" und sie ist „müde".

Auch die distanziert-ironische Schilderung des Vaters mit seinen zwei Töchtern am Nebentisch verrät etwas über das Innenleben dieser Frau, wobei sie hier von erstaunlicher Offenheit ist: Die kleine Gruppe scheint – zumindest als Bild – unvollständig. Wo sich die dazu gehörende Mutter befindet, wird nicht gesagt. Die allein am Nebentisch sitzende Ich-Erzählerin könnte diese Lücke füllen, zumal der Vater bereits „bullenhaft zu [ihr] herüberstarrt". Vielleicht ist diese Konstellation der Anlass dafür, dass sie ihre eigene Situation unter dem Aspekt der Familie betrachtet. Unmittelbar im Anschluss an die Beschreibung dieser drei Personen folgt jedenfalls das überraschende

Einsamkeit

Geständnis, dass sie sich „ziemlich verlassen" fühlt und „ganz gern laut reden oder jemanden trösten" würde. Der Widerspruch in ihren Äußerungen ist überdeutlich: Sie wählt die innere Distanz anderen Menschen gegenüber und vermisst zugleich menschliche Nähe. Ihre Angst vor der Masse, vor der „Universalhymne", in die alle „einstimmen", steht ihrem Bedürfnis als soziales Wesen nach Nähe, nach Geborgenheit und Verständnis entgegen. Der Wunsch, jemanden zu trösten, lässt ihre eigene Untröstlichkeit erkennen – so, wie sie jemanden trösten möchte, würde sie selbst gern getröstet sein. Weil sie sich selbst nicht helfen kann, möchte sie anderen helfen, aber ihr „Alleinsein ist beschlossene Sache".

Distanz und Wunsch nach Nähe

Dabei bleibt durchaus unklar, ob sie diesen ‚Beschluss' bewusst gefasst hat oder ob sie durch äußere Umstände, z. B. durch Schicksalsschläge, in diese Lage geraten ist. Für die Annahme, dass sie ungewollt allein stehend ist, spricht die Formulierung: „[...] das alles ist nicht mehr für mich bestimmt". Hier klingt unüberhörbar ein Bedauern an; man spürt, dass sich die Ich-Erzählerin nicht leicht damit abgefunden hat, keine eigene Familie zu haben. Andererseits fällt auf, dass sie sehr abwertende Vorstellungen von den Freuden eines kleinbürgerlichen Familienlebens entwirft: „Kuchen, Schlager, zappelnde Kinder, tüchtige Mütter [...], sahnegeschlemmt[e] Kehlen" lassen dieses Leben nicht gerade erstrebenswert erscheinen. Hierin wird wieder ihre Ambivalenz sichtbar: Sie vermutet, dass hinter der Fassade familiärer „Friedfertigkeit" bei „Tortenstücken" und „Kaffeedampf" Abgründe lauern, denen sie sich durch ihre Lebensform, die Wahrung ihres „Alleinsein[s]", entzogen hat. Ihre divergierenden Bedürfnisse sind für sie ebenso unabweisbar wie unvereinbar und nicht einmal durch ausgiebigen Alkoholkonsum auszugleichen oder zu versöhnen, auch wenn sie ihre innere Verfassung am Ende als „versöhnlich" beschreibt. *Divergierende Bedürfnisse*

Das Zwiespältige ihrer Existenz, ihre innere Widersprüchlichkeit, wird auch an Kleinigkeiten ablesbar: Einerseits ist sie froh, „noch einen Fensterplatz erwischt" zu haben, der ihr die Sicht aufs Meer ermöglicht, andererseits gilt ihre hauptsächliche Aufmerksamkeit nicht der Natur draußen, sondern den „tortenbeflissene[n] Urlauber[n]" drinnen. Gleichwohl bedeutet dieser Platz am Fenster auch eine Art Kompromiss – er markiert eine feste Grenzlinie, an der Wärme und Kälte aufeinander stoßen und zugleich miteinander kombiniert werden: „[...] ich lege einen Finger an den Rahmenspalt und lasse ihn abkühlen." Die Wärme und die Nähe der Menschen im Saal wird von ihr als unangenehm empfunden und weckt in ihr immer wieder Fluchtgedanken und den Wunsch, in die kalte Natur auszuweichen. Am Fenster, an der Grenze von Innen und Außen, von Wärme und Kälte, kann die Ich-Erzählerin ihre Situation gerade noch ertragen. Ebenfalls als eine – allerdings unberechenbare – Trennlinie spricht die Ich-Erzählerin den „Übergang vom Land zum Wasser" an, den sie als gefährlich, ja als „fatal" bezeichnet. Die Parallele zwischen diesem „Übergang" und dem Fensterplatz besteht darin, dass sie beide Grenzen nicht überschreiten darf, um nicht ins Haltlose abzugleiten. *Zwiespältigkeit*

Symbolische Grenzlinien

Der Weg in die Natur bietet also keine Alternative dazu, sich den Menschen auszusetzen, und so ist am Ende auch ihr Entschluss zu deuten, nicht „auf die Buhne" zu gehen. Für die Ich-Erzählerin bleibt die Frage „Ja wohin soll man gehn?" nicht zu beantworten. Weder in den Dünen noch in der Halle des Strandhotels kann sie sich ganz wohl fühlen und wirklich bei sich sein.

5 Zur Aussage der Geschichte

Gabriele Wohmanns Geschichte „So was von Warterei" kann als Psychogramm einer nicht mehr jungen Frau gelesen werden, die für sich Strategien entwickelt hat, dem Frustrationsdruck einer nur schwer erträglichen persönlichen Lage, die sie nach außen hin für sich akzeptiert hat, zu begegnen. *Lebensstrategien:*

Das erste Mittel, ihr „Alleinsein" auszuhalten, besteht darin, eine Scheinwelt aufzubauen, indem sie vor dem Kellner und vor den Gäs- *– Aufbau einer Scheinwelt* ten in der Nähe ihres Tisches den Eindruck erweckt, sie erwarte jemanden, und zwar einen Mann. Da es ihr offensichtlich peinlich ist, sich ohne Begleitung in einem öffentlichen Lokal aufzuhalten, erfindet sie einen Partner, der noch kommt und den freien Platz neben ihr und auch die Leere in ihr besetzen soll. Dass sie den Mann geschickt mit einer Fama umgibt – ihn vor dem Kellner als notorischen Zuspätkommer hinstellt („Was macht man mit Männern, die zu spät kommen?") –, soll die Authentizität dieses Phantoms verstärken. Sie gibt sich den Anschein einer ebenso leidgeprüften wie nachsichtigen Ehefrau oder Lebenspartnerin, die in Kürze nicht mehr allein dort sitzen wird. Fast scheint es, als ob sie selbst schon an die Existenz dieses Mannes glaube.

Die Frau möchte sich ganz dem Beobachten ihrer Mitmenschen hingeben und entgeht doch nicht dem unguten Gefühl, selbst beobachtet und eingeschätzt zu werden. Es fehlt ihr die innere Souveränität, sich darüber hinwegzusetzen, denn ihr Problem besteht u. a. darin, dass sie zu ihrem „Alleinsein" nicht wirklich steht. Nur so ist zu erklären, dass sie dem Kellner eine Komödie vorspielt, von der sie am Ende annehmen muss, dass sie durchschaut worden ist: „Sollte der Kellner so scharfsichtig gewesen sein?"

– Kompensationsmöglichkeit

Neben der Konstruktion einer Scheinwelt hat die Ich-Erzählerin, wie bereits ausgeführt wurde, eine ihr gemäße Möglichkeit der Kompensation gefunden. Mit ihren Wortschöpfungen, ihren ironischen Formulierungen, gezielt-umgangssprachlichen Wendungen usw. sucht die Frau eine Art von gestaltender Bewältigung ihrer zutiefst deprimierenden Situation. Die Sprache bzw. der souveräne Umgang mit dieser im Selbstgespräch gibt ihr ein Instrument an die Hand, ihre Frustrationen und die dadurch ausgelösten Aggressionen abzuarbeiten und produktiv umzuleiten. Sie schafft sich Entlastung von dem inneren Druck und gewinnt vor sich ihre Würde zumindest teilweise zurück, indem sie sich innerlich über ihre Lage erhebt. Durch die Abwertung der äußeren Welt wertet sich die Ich-Erzählerin innerlich auf; in der sprachlich-literarischen Beherrschung der beobachteten Situation, in der bissigen Kommentierung von einem vermeintlich abgeklärten Standpunkt aus erlangt die Ich-Erzählerin die Illusion, auch real die Kontrolle über sich und ihr konkretes Umfeld zu bewahren. Damit ist auch eine weitere Erklärung dafür gefunden, weshalb sie den „Blödsinn" begangen hat, sich in das nachmittägliche Strandhotel zu begeben und sich den „Schlieren fetten Kaffeedampfs", „tortenbeflissene[n] Urlauber[n]" und anderen Unannehmlichkeiten auszusetzen, anstatt den Strand und die Dünen aufzusuchen: Anders als in der Natur, deren keineswegs idyllisches, sondern feindliches, abweisendes Wesen sie im Stile einer respektvoll-lyrischen Sprache beschreibt, kann sie sich hier ungehemmt auf die Objekte ihrer Verachtung und Ablehnung stürzen und ihre Sprache als Blitzableiter ein-

Sprache als Blitzableiter

5 Zur Aussage der Geschichte

setzen – ohne dass irgendjemand in ihrer Umgebung auch nur das Geringste davon bemerkt.

Auf diese Weise wird die Ich-Erzählerin gleichzeitig auch zur Kritikerin eines schalen Urlaubstages an der See: Sie schildert die Langeweile eintöniger Urlaubsgewohnheiten (Kaffeetrinken, Kuchenessen) und ihren Überdruss an dem Ambiente dieses Restaurants. Die banalen, durch Wiederholungen bestimmten Verrichtungen (Musiker, Kellner) bieten keine Abwechslung und setzen das Geistlose und Stereotype eines solchen Urlaubstages scharf ins Bild.

Kritik des Banalen

Anlass und zum Motor des Selbstgesprächs, in dem sich die Frau Rechenschaft über ihr Tun ablegt, ist jedoch die eigene Unzufriedenheit. Dass sie ihren Aufenthalt in der Halle als „Blödsinn" und später als „idiotisch" bezeichnet, ist nicht der Beweis ernst gemeinter Selbstkritik, sondern der verzweifelte Versuch einer weiteren Selbsttäuschung. Sie macht sich vor, sie könne es an einem anderen Platz besser aushalten als gerade an diesem. Dass sie den Mann am Bass nachmittags „nicht leiden" kann, „abends" aber gern hat, bestätigt diese Beobachtung. So, wie der andere Ort immer dem eingenommenen vorzuziehen ist, ist auch die andere Zeit, der Abend, gerade besser als die gegenwärtige, der Nachmittag. Indem die Ich-Erzählerin das Gegenwärtige in Raum und Zeit entwertet und den jeweils anderen Ort und die andere Zeit verklärt, beweist sie ein Verhalten, das man als Entfremdung kennzeichnen könnte. Obwohl sie sich in der Gesellschaft der Kaffeetrinker und Kuchenesser deplatziert fühlt, zieht sie diese der Einsamkeit der Natur vor, und obwohl das „Alleinsein" für sie „beschlossene Sache" ist, erfindet sie sich und ihrer Umwelt einen Partner. Das Untaugliche dieser Verdrängungen und Selbsttäuschungen indes und die Unmöglichkeit, vor den existenziellen Problemen davonzulaufen, lässt ein trauriges Selbstgespräch mit großer Suggestivkraft entstehen.

– Selbsttäuschung

Zu den Elementen der Geschichte, die die innere Situation der Frau nicht aus ihrer eigenen Perspektive sichtbar machen, sondern von außen ein Licht auf sie werfen, zählt der an sich banale Schlagertext, den die Musiker vortragen. Der Mai, oft als Wonnemonat apostrophiert, weckt Assoziationen, die in krassem Widerspruch zur geschilderten Situation stehen. Während dieser Monat, die Zeit des Verliebtseins und der Verliebten, den Höhepunkt des Frühlings markiert und mit ihm Aufbruch und Neubeginn symbolisiert, sitzt sie allein an einem Tête-à-tête-Tisch, wie ihn Liebespaare bevorzugen. Von „rote[m] Flieder" spricht der Text, aber die Natur draußen erhebt Einspruch gegen solche Romantik und zeigt nur „violette Blüten des Strandflieders", „blasse Farben" und „harte[s] Wispern". Aber auch in sich weist der Text Brüche auf: „eine Dame im Mai" klingt sehr vielversprechend, wird aber bereits durch den Nachtrag „oder auch zwei" relativiert, und schließlich folgt ein schon recht sarkastisches,

Der Schlagertext: Illusion und Desillusionierung

desillusionierendes „schließlich und endlich / ist's einerlei". Mit dem Schlüsselwort „einerlei" schließlich wird ein Lebensgefühl ausgedrückt, das der Frau vertraut sein dürfte.

Obwohl mit dem Titel „So was von Warterei" auf eine Sehnsucht und deren mögliche Erfüllung vorbereitet wird, liegt die Pointe der Geschichte doch darin, dass die Frau nicht nur keinen Freund oder Partner, sondern wahrscheinlich auch sonst nicht mehr viel vom Leben erwartet. Was bleibt, ist das letztlich schale Vergnügen, die Unvollkommenheiten der Welt und die Vergeblichkeit aller Erwartungen ihr gegenüber zu beschreiben oder sich selbst zu erzählen.

Unabhängig von dieser speziellen Problematik der Ich-Erzählerin trägt es zum Verständnis der Geschichte bei zu wissen, dass es bis vor gar nicht allzu langer Zeit für Frauen als unschicklich galt, allein auszugehen, insbesondere, ohne einen männlichen Partner eine Tanzveranstaltung zu besuchen. Die Auffassung, dass eine solche Frau nur darauf aus sei, sich einen Mann zu „angeln", war allgemein verbreitet. Der Frauenbewegung seit Mitte der siebziger Jahre dürfte es zuzuschreiben sein, dass diese im Grunde die Frauen diskriminierende Sicht nicht mehr vorherrschend ist und sich vor allem jüngere Frauen (und damit natürlich auch Schülerinnen) nicht mehr scheuen, allein in ein Restaurant oder in ein Tanzlokal bzw. eine Diskothek zu gehen. Um die Geschichte von Gabriele Wohmann auch aus ihrer Zeit heraus begreifen zu können, ist ein Hinweis auf das damalige gesellschaftliche Denken im Unterricht sinnvoll.

Gisela Elsner: Die Schattenspender (1980)

Es war wohl nur teilweise der Alkohol, hauptsächlich jedoch die
Sonne, in der die Gesellschaft, auch wenn hin und wieder ein Tisch
unter der lianenüberdachten Terrasse frei wurde, sitzen blieb, die
zumal die Gesichter der Herren Lüßl und Ockelmann inzwischen
so dunkelrot gefärbt hatte, dass Frau Ockelmann besorgt und,
während sie sonst einen eher hausbackenen Eindruck machte, mit
einem Mal ganz Dame, eine Hand voll Schattenspender bestellte.
Der junge Gösch neigte bereits zur Ansicht, es handle sich bei diesem Ausdruck um ein Modewort für Sonnenschirme – man nennt
das also Schattenspender in den Tropen, sagte er sich –, als der
rings um den künstlichen Teich servierende Missionar nach einem
Blick auf die Sonne, die längst nicht mehr senkrecht stand, zur allgemeinen Verblüffung – nur einer Minderheit unter den weit gereisten Touristen, die Ockelmanns natürlich inbegriffen, war diese
vor kurzem erst eingeführte Neuheit bekannt – eine Hand voll zwar
magerer, aber hochgewachsener alter Männer heranführte und
mit der Frage: Front oder Rücken – die Gesichter stören nicht,
meinte Frau Ockelmann – dicht nebeneinander in Tischnähe eine
Art lebende Mauer bilden ließ. Erst als die schmalen Schatten dieser mageren Männer wuchsen – abends, meinte Frau Ockelmann,
kann man so auch Kindern etwas zukommen lassen –, rückten sie
weiter und weiter ab.
Zweifellos gehörte, und deshalb sprach Frau Ockelmann wohl
auch ein wenig affektiert – das Aufsehen, das sie nun einmal erregt hatte, machte ihr arg zu schaffen –, ein gerüttelt Maß an Mut
dazu, sich einer solchen, kaum erprobten Neuheit vor aller Augen
zu bedienen. Während der mal ein wenig mehr nach rechts, mal
ein wenig mehr nach links rutschende Schatten dieser lebenden
Mauer voll auf die ganze, leicht angeheiterte Gesellschaft fiel,
mühte nicht nur sie sich, so zu tun als ob nichts sei. Auch Ockelmann redete, obwohl gerade ihm, zumal seit er im Schatten saß,
der Schweiß ausbrach, weil kein einziger Tourist in der Sonne den
Mut aufbrachte, es den schicken Ockelmanns dermaßen offenkundig nachzutun, weiter auf Lüßl ein, der sich ein gelegentliches
Schielen auf die Mauer dieser alten, ausgedienten Träger und Treiber, für die noch kein Tarif feststand – man gab, was man für gut
hielt –, ebenso wenig verkneifen konnte wie Glaubrecht oder sogar der junge Gösch.
Stören Sie die Gesichter, erkundigte sich Frau Ockelmann, die mit
dem Rücken zu den Schattenspendern saß, ein wenig gefasster,
als sie merkte, dass das allgemeine Interesse der Touristen, die
auf ihren Reisen durch aller Herren Länder noch ganz andere Ver-

wendungsmöglichkeiten von Menschen kennen gelernt hatten, so rasch wie es aufgekommen war, wieder abklang.

45 Keineswegs, behauptete Lüßl nicht ganz wahrheitsgetreu. Denn er musste sich offensichtlich zwingen, diese Schattenspender zu übersehen.

Sollen sie uns nicht lieber doch den Rücken zukehren, fragte Frau Ockelmann.

50 Es ist eine Sache von Sekunden, sagte Herr Ockelmann.

Ich will ja nicht sagen, dass sie schlecht sind, sagte Frau Ockelmann und in ihrer Bemühung, diese Schattenspender gerecht einzustufen, drehte sie sich sogar eigens nach ihnen um, aber gut kann man sie weißgott nur dann nennen, wenn man sie so wenig
55 bemerkt wie einen Busch oder einen Baum.

Es ist, wie gesagt, eine Sache von Sekunden, wiederholte Herr Ockelmann, der, so schien es dem jungen Gösch zumindest, einerseits fürchtete, durch eine Umstellung der Schattenspender von neuem die allgemeine Aufmerksamkeit zu erregen, der aber
60 andererseits seine wenig fesselnde Schilderung des Herstellungsprozesses dessen, was er millionenfach und mit Erfolg vertrieb, sonst hätte er sich schwerlich eine solche Reise leisten können, beenden wollte. Schließlich hatte er, Ockelmann, sich auch die ebenso wenig fesselnde Schilderung des Herstellungsprozes-
65 ses dessen, was Lüßl millionenfach und mit Erfolg vertrieb, angehört und zwar von A bis Z.

Während Herr Ockelmann, und das musste man ihm lassen: er wusste, wann er ankam und wann nicht, die Schilderung des Prozesses, durch den nichts anderes als ein winziges Werkzeugbe-
70 standteil entstand, gerafft zu Ende brachte, erhob sich seine Frau, der, wie sie später den Herren anvertraute, das Ganze zum Hals heraushing, und verschwand nach der an einen Missionar gerichteten Frage: wo man denn mal eben könne, im Hauptgebäude dieser mehr oder weniger zum Restaurant umfunktionierten Missi-
75 onsstation.

Als sie zurück kam, lachend – man hatte ihr nicht etwa den Weg zur Toilette, sondern den Weg zur Kapelle, einer barähnlich ausgestatteten Kapelle, gewiesen –, gestand Herr Ockelmann seinen Bekannten und wohl auch den beiden Landsleuten, die seit einer
80 Weile schon am Nebentisch, lächelnd, wenn Herr Ockelmann, er fing fast jeden Satz so an: Sie werden lachen, meinte, mithörten, dass er zwar den Herstellungsprozess beherrsche, dass er indes heute noch nicht wisse, wozu das, was er da herstelle, dieses winzige Werkzeugbestandteil tatsächlich diene.

85 Der Betrieb lief so reibungslos, rief er, dass ich nur hinterm Schreibtisch meines Vaters Platz zu nehmen brauchte.

Er übertreibt, sagte Frau Ockelmann, ein wenig affektiert wiede-

rum, weil ihr keineswegs entging, welches Interesse die Schilderung ihres Ehemannes weniger am eigenen Tisch als vielmehr am Nebentisch erweckte, wo, wie gesagt, die beiden Landsleute lächelnd, wann immer auch ihr Mann: Sie werden lachen, sagte, saßen, sich die Ausläufer der allmählich wachsenden Schatten der Kahlgeschorenen, offenbar erst kürzlich entlausten Schattenspender kostenlos zugute kommen ließen und liebend gern diese fünf Mann – auf einen Schlag, sagte sich Lüßl, ihnen nun demonstrativ den Rücken zukehrend, so leicht möchte man es auch mal haben – kennen gelernt hätten.
Ich übertreibe nicht, behauptete Herr Ockelmann und er öffnete sich Jagdrock und Hemd, sodass ein goldenes Amulett auf den grauen Haarbüscheln auf seiner unregelmäßig rotgebrannten, eher fleckigen Brust sichtbar wurde.
Ungefähr weiß er schon, wozu das Ding verwendet wird, behauptete Frau Ockelmann, der die Koketterie ihres Ehemanns diesbezüglich ebenso sehr zum Hals herauszuhängen schien wie die detaillierte Schilderung des Herstellungsprozesses, und dann fügte sie hinzu: anfangs, als er jung war und die ganze Firma von einem Tag zum anderen von seinem Vater übernehmen musste, hat er es aus Protest nicht wissen wollen und heute wagt er es nicht mehr, danach zu fragen.
Ich mache mich bei meinen Kunden lächerlich, sagte Herr Ockelmann und lachend öffnete er das Amulett, das eben das, was er, blindlings, so schien es zumindest, und dennoch millionenfach herstellte, enthielt: einen winzig kleinen Widerhaken.
Komisch, nicht wahr, sagte er.
Was soll das denn sein, fragte Lüßl.
Das, sagte Frau Ockelmann, so lauthals lachend, dass die beiden Landsleute am Nebentisch nicht umhin konnten, mitzulachen, fragte er ja Sie.

(Aus: Gisela Elsner, Die Zerreißprobe. Rowohlt Verlag, Reinbek bei Hamburg, 1980)

Interpretation

1 Kurzbiographie und Hinweise zum Werk

Herkunft:
Nürnberg

Gisela Elsner wurde am 2. Mai 1937 in Nürnberg als Tochter eines Siemens-Direktors geboren. Nach dem Abitur im Jahr 1956 begann sie in Wien Germanistik und Theaterwissenschaft zu studieren, brach ihr Studium aber nach wenigen Semestern ab. In den Jahren 1962 und 1963 nahm Gisela Elsner an Tagungen der Gruppe 47 teil. Längere Zeit hielt sie sich in London, Paris und Hamburg auf, um sich schließlich in München niederzulassen. Ihren Mann, den Autor und Lektor Klaus Roehler, den sie 1963 geheiratet hatte, und ihren dreijährigen Sohn verließ die Autorin.

Werke:
– Romane

Gisela Elsners erster Roman, „Die Riesenzwerge", der 1964 erschien, begründete ihren Ruhm und blieb ihr am meisten beachtetes Werk. In ihm werden vor dem Hintergrund einer Familiengeschichte Episoden aus der abstoßenden Welt des Spießbürgers gezeigt. Die Autorin arbeitet dabei mit unterschiedlichen Mitteln der Groteske, um diese ihr zutiefst verhasste Welt ins passende Licht zu setzen; ihre drastischen Schilderungen des Kleinbürgerlichen sind vielfach sarkastisch und wirken schockierend. Auch ihre Neigung, Satzstrukturen kompliziert zu verschachteln und stellenweise nahezu unüberschaubar zu gestalten, findet sich bereits in „Die Riesenzwerge". In ihrem 1968 erschienenen Roman „Der Nachwuchs" wird die Handlung aus der Perspektive eines trägen, von seinen Eltern ernährten jungen, fetten und hässlichen Mannes, eines Riesen-Babys, erzählt. Wiederum richtet sich der Blick auf das Kleinbürgerlich-Enge, dessen Sinnerfüllung sich im Geldverdienen für ein kleines Wohlstands-Glück mit Eigenheim erschöpft. Im Unterschied zu anderen Romanen, in denen es keinen Ausweg, keine Perspektive gibt, löst sich der Ich-Erzähler von seinen Eltern und beginnt zu arbeiten und für sich selbst zu sorgen.

Stileigen-
tümlichkeiten

Von den kafkaesken Elementen in ihren ersten Romanen hat Gisela Elsner sich später weitgehend losgesagt. In dem Roman „Das Berührungsverbot" (1970) setzt sie sich mit der ihrer Auffassung nach irrigen Annahme auseinander, die sexuelle Revolution sei zugleich auch eine antibürgerliche. Der 1977 veröffentlichte Roman „Der Punktsieg" gehört thematisch in die Zeit der sozial-liberalen Koalition und kann als literarische Kapitalismuskritik gelesen werden: Am Beispiel eines modernen, aufgeschlossenen Unternehmers wird gezeigt, dass der Anspruch, dem Kapitalismus ein humanes Gesicht verleihen zu wollen, im Grunde verlogen ist.

1 Kurzbiographie und Hinweise zum Werk

Mit ihrem Roman „Abseits" aus dem Jahre 1982 versetzte sie Flauberts „Madame Bovary" in ihre Gegenwart. Erzählt wird die Geschichte einer jungen verheirateten Frau mit einem Kind, die ihrer trostlosen Wohn- und Lebenssituation durch Tablettenmissbrauch und kurze Affären zu entfliehen sucht. Ihre Befreiungsversuche führen sie aber nur weiter ins Elend und schließlich in den Freitod. In dem 1984 erschienenen Roman „Die Zähmung. Chronik einer Ehe" geht es um einen Ehemann, der, infolge des beruflichen Erfolgs seiner Frau auf subtile Weise zu einem Rollentausch gezwungen, sich in ein entwürdigendes Hausmanns-Dasein zurückzieht und als Putzteufel endet. Vier Jahrzehnte Geschichte der Bundesrepublik Deutschland sind der Hintergrund des 1987 veröffentlichten Romans „Das Windei", der den Abstieg eines vom Baugewerbe lebenden Ehepaars zum Thema hat.

Nachdem der Rowohlt-Verlag ihr 1987 die Zusammenarbeit aufgekündigt hatte, geriet die Autorin in erhebliche finanzielle Schwierigkeiten. Ihr letzter, von der Kritik überwiegend verrissener Roman „Fliegeralarm" (1989) schildert die perversen Spiele von Kindern während alliierter Bombenangriffe.

Neben den Romanen entstand u. a. auch kürzere Prosa, zusammengefasst in den Bänden „Herr Leiselheimer und weitere Versuche, die Wirklichkeit zu bewältigen" (1973) und „Die Zerreißprobe" (1980); in diesem Band findet sich auch die nachfolgend interpretierte Geschichte „Die Schattenspender". *– Kurzprosa*

Gisela Elsner war überzeugte Marxistin und zeitweise im Vorstand der DKP. Bis zuletzt verteidigte sie die DDR, in der einige ihrer Werke publiziert wurden und die sie persönlich nie kennen gelernt hat. Der Fall der Mauer und der Untergang des SED-Regimes erfüllten sie mit wütender Trauer. Zunehmend vereinsamt, ohne literarischen Erfolg und geschwächt durch Tabletten-, Nikotin- und Alkoholmissbrauch, nahm Gisela Elsner sich am 13. Mai 1992 in München das Leben. *Marxistin*

Freitod

Gisela Elsner wurde 1963 mit dem Julius-Campe-Stipendium ausgezeichnet; im Jahre 1964 erhielt sie für den Roman „Die Riesenzwerge" den Prix Formentor, 1987 wurde ihr der Gerrit-Engelke-Literaturpreis der Stadt Hannover verliehen. *Ehrungen*

In dem viel gelobten Film zum Leben der Autorin („Die Unberührbare" aus dem Jahre 2000 mit Hannelore Elsner in der Hauptrolle) führte Gisela Elsners Sohn Oskar Roehler Regie.

2 Zum Aufbau der Geschichte

Das im Ganzen eher handlungsarme Geschehen in „Die Schattenspender" beansprucht kaum mehr als eine halbe Stunde und konzentriert sich auf einen begrenzten Raum, den Garten einer Missionsstation: An mehreren Tischen um einen „künstlichen Teich" herum sitzen Touristen, die sich von Missionaren u. a. mit alkoholischen Getränken versorgen lassen.

Linearer Aufbau: Die Geschichte weist einen überwiegend linearen Aufbau auf und lässt sich inhaltlich insgesamt in fünf Abschnitte einteilen. Der erste, der die beiden einleitenden Absätze umfasst, stellt den Ort, die Umstände und die Hauptpersonen vor und erzählt von der Bestellung

– Bestellung von „Schattenspendern" von fünf „Schattenspendern": Das Ehepaar Ockelmann, Herr Lüßl (und offenbar noch zwei weitere Herren am Tisch) sitzen zusammen mit anderen Gästen in einer offensichtlich gepflegten Gartenanlage irgendwo in den Tropen und trinken gemeinsam Alkohol. Frau Ockelmann lässt durch einen als Kellner beschäftigten Missionar fünf alte Männer kommen, die sich so aufzustellen haben, dass sie den Gästen als Sonnenschutz dienen.

– Reaktionen Die dadurch entstandene Irritation löst bei den Beteiligten – vor allem auch mit Blick auf die in der Nähe sitzenden übrigen Touristen – bestimmte Reaktionen und Gedanken aus, die in dem folgenden längeren Absatz geschildert werden.

Im dritten Abschnitt, der mit dem vierten Absatz einsetzt, schließt sich eine von den Ockelmanns in Gang gesetzte Erörterung zu der Frage an, ob die „Schattenspender" den am Tisch Sitzenden lieber den Rücken anstatt die Gesichter zuwenden sollten; dieser Dialog unter-

– Dialoge bricht einen Bericht Ockelmanns darüber, wie der von seinem Unternehmen vertriebene Artikel produziert wird. Diesem Bericht ist, wie man an dieser Stelle nachträglich erfährt, eine entsprechende Darstellung Lüßls vorausgegangen.

Den Übergang zum vierten Abschnitt bildet die kurze Abwesenheit der sich langweilenden Frau Ockelmann, die bei ihrer Rückkehr von der Toilette mit anhören muss, dass ihr Mann behauptet, den Zweck des von ihm hergestellten Produkts nicht wirklich zu kennen, und sich in dieses Gespräch einmischt. Der Leser erfährt ebenso wie die Umsitzenden, dass Herr Ockelmann seine erfolgreiche Firma vom Vater geerbt hat. Im fünften und letzten Abschnitt schließlich wird erzählt, dass Herr Ockelmann das von ihm vertriebene Produkt vorzeigt und damit –

– Heiterkeit zur allgemeinen Heiterkeit – auch bei Herrn Lüßl Ratlosigkeit auslöst. Damit endet die Geschichte sehr unvermittelt. – Die „Schattenspender" werden, nachdem von ihnen schon vorher zunehmend weniger die Rede war, im Schlussabschnitt nicht mehr erwähnt.

3 Erzählverhalten und Sprache

Gleich der erste Satz der Geschichte enthält mehrere Anzeichen, die auf einen *auktorialen Er-Erzähler* schließen lassen: Das Adverb „wohl", mit dem die Mutmaßung über Frau Ockelmanns Motiv eingeschränkt wird, als sie die „Schattenspender" ordert, gehört hierzu ebenso wie die deutlichen, klar wertenden Beschreibungen ihres Auftretens sowie ihrer Erscheinung („während sie sonst einen eher hausbackenen Eindruck machte" und „mit einem Mal ganz Dame"). Nach der Bestellung der „Schattenspender" ist sogar von „den schicken Ockelmanns" die Rede: Diese äußerst *ironische* Charakterisierung ist ein Beleg für den bitterbösen Blick des Erzählers auf seine Figuren, hauptsächlich auf Frau Ockelmann, von der es heißt: „[...] in ihrer Bemühung, diese Schattenspender gerecht einzustufen, drehte sie sich sogar eigens [!] nach ihnen [den „Schattenspendern"] um [...]", so, als empfinde sie diese Bewegung als eine ganz besondere Gunstbezeugung gegenüber den fünf Männern.

Auktorialer Er-Erzähler

Ironie

Der Erzähler hat also nicht nur einen Überblick über die äußere Handlung, sondern auch über die inneren Vorgänge seiner Figuren und kennt z. B. die Gedanken des jungen Gösch („– man nennt das also Schattenspender in den Tropen, sagte er sich –") und die Neidgefühle Lüßls („– auf einen Schlag, sagte sich Lüßl, [...], so leicht möchte man es auch mal haben –"). Zudem weiß er, dass die „beiden Landsleute" „am Nebentisch" die Schattenspender „liebend gern" „kennen gelernt hätten" und dass Ockelmann „wusste, wann er ankam und wann nicht".

Aber nicht nur die vielen Kommentierungen und Innensichten sind eindeutige Kennzeichen auktorialen Erzählverhaltens. Auch der eigenwillige und gewöhnungsbedürftige Satzbau offenbart einen Erzähler, der als Gestalter alle Fäden in der Hand hält und dem Leser bei der Bewertung der Vorgänge zur Seite stehen oder vielmehr: ihn lenken will. In diesem Sinne richtungsweisend ist auch hier der erste Absatz, der lediglich aus einem einzigen Satz besteht und den irritierten Leser unverzüglich zur nochmaligen Lektüre zwingt: Die schon fast manieriert wirkende höchst *verschachtelte hypotaktische Satzstruktur* fordert ihm alle Aufmerksamkeit und Lese-Sorgfalt ab, mögen doch gelegentlich sogar Zweifel aufkommen, ob die Syntax grammatisch überhaupt korrekt ist. Die genaue Analyse ergibt indes, dass alle auf den ersten und zweiten Blick unüberschaubaren und mitunter schwer genießbaren Satzkonstruktionen dennoch stimmig sind. Ein Kennzeichen dieses Stils sind auch die vielen, zum Teil sogar längeren Parenthesen, die in die ohnehin schon komplizierten Sätze eingelagert wurden und die die Lektüre stellenweise zu einem Weg durch einen sprachlichen Dschungel werden lassen: „Als sie zurück kam, la-

Stark verschachtelte Satzstruktur mit Parenthesen

chend – man hatte ihr nicht etwa den Weg zur Toilette, sondern den Weg zur Kapelle, einer barähnlich ausgestatteten Kapelle, gewiesen –, gestand Herr Ockelmann [...]". Dem Rezeptionsprozess werden also ganz bewusst Sperren entgegengesetzt, die Lektüre bereitet hier Mühe. Dabei handelt es sich nicht etwa um komplizierte Sinnzusammenhänge, denen die sprachliche Komplexität zu entsprechen hätte. Vielmehr soll dem Leser nicht gestattet werden, ebenso schnell zur Tagesordnung überzugehen wie die durch den Auftritt der „Schattenspender" zunächst erstaunten Gäste auf der Terrasse oder wie Frau Ockelmann, die sich etwas krampfhaft anstrengt, „so zu tun als ob nichts sei". Durch den Stil erhält der empörende Vorgang sein ganz eigenes Gepräge und bleibt mit ihm in einer Form-Inhalt-Entsprechung eng verwoben.

Alliterationen Ein weiteres Merkmal der sprachlichen Gestaltung sind die vielen *Alliterationen* in „Die Schattenspender", die vor allem in Verbindung mit den fünf alten Männern stehen. So wird deren bisherige Tätigkeit abgewertet, indem sie herablassend und etwas schnodderig mit „Träger und Treiber" angegeben wird, was noch durch die Bemerkung unterstrichen wird, dass „für [s]ie noch kein Tarif feststand". Dass man die Anwesenheit der „Schattenspender" nach Frau Ockelmanns Ansicht ebenso wenig bemerken sollte „wie einen Busch oder Baum", ergänzt diesen Eindruck der Geringschätzung ebenso wie Herrn Ockelmanns wiederholte Behauptung, es sei nur „eine Sache von Sekunden", die Männer, wenn der Anblick ihrer Gesichter „stören[d]" sei, entsprechend umzustellen. Die Ockelmanns stehen ganz im Zentrum und degradieren die anderen – mit Ausnahme von Herrn Lüßl – am Tisch zur Staffage. Hierzu passt auch die eine gewisse Austauschbarkeit der Zuhörer ausdrückende Alliteration der Namen Glaubrecht und Gösch.

Floskeln Eine weitere Eigenschaft des vorliegenden Stils besteht in einer gewissen *Floskelhaftigkeit*, die den Sprechern eigen ist und die vom Erzähler übernommen bzw. imitiert wird. In Bezug auf die Gäste in der Missionsstation wird die abgegriffene Wendung gebraucht, sie würden „Reisen durch aller Herren Länder" unternehmen. Herr Ockelmann hat die Angewohnheit, seine Redebeiträge immer wieder mit der Formulierung „Sie werden lachen [...]" einzuleiten, und er hat sich die offensichtlich ebenso ermüdende wie angeberhafte Darstellung „dessen, was Lüßl millionenfach und mit Erfolg vertrieb, angehört und zwar von A bis Z".

Wiederholungen Eng verbunden mit diesen Floskeln sind viele *Wiederholungen* im Text. So findet sich in einem Absatz gleich zweimal die Erwähnung einer „wenig fesselnde[n] Schilderung des Herstellungsprozesses dessen, was er [bzw. Lüßl] millionenfach und mit Erfolg vertrieb [...]". Diese papageienhafte Wiederholung zwingt den Leser dazu, die Langeweile, die Lüßl und Ockelmann beim anderen jeweils auslösen, im Leseprozess direkt nachzuvollziehen. Damit wird die Situation von Gesprächspartnern verdeutlicht, die im Grunde kein wirkliches Interesse aneinander besitzen, sondern nur an ihrer jeweiligen Selbstdarstellung interessiert sind und sich in diesem Sinne gegenseitig instrumentalisieren.

In sprachlicher Hinsicht ist der Text außerdem durch eine Art *Stilmischung* gekennzeichnet, die insbesondere der Charakterisierung der Personen dient. Die Formulierung „Der junge Gösch neigte bereits zur Ansicht, es handle sich um [...]" wirkt seltsam gestelzt und geziert und soll wohl sein vornehmes Auftreten zum Ausdruck bringen. Auch Frau Ockelmann spricht gelegentlich „ein wenig affektiert"; sichtbar wird dies u. a. in der vom Erzähler in ironischer Absicht gebrauchten (und zugleich auch alliterierenden und floskelhaften) Wendung, es gehöre „ein gerüttelt Maß an Mut dazu, sich einer solchen, kaum erprobten Neuheit [...] zu bedienen". Daneben findet sich aber auch Umgangssprache, die verdeutlicht, dass Frau Ockelmann – vielleicht unter der Wirkung des Alkohols – diese gehobene Sprachebene nicht konsequent durchhalten kann. So wird gesagt, dass ihr, „wie sie später den Herren anvertraute, das Ganze zum Hals heraushing", und etwas später ergänzend noch hinzugefügt, dass ihr auch die „Koketterie ihres Ehemanns" „zum Hals herauszuhängen schien". Dass sie nicht ganz stilsicher ist, verrät auch ihre vor dem Gang zur Toilette an einen Missionar gerichtete unbeholfen-verlegene Frage, „wo man denn mal eben könne".

Stilmischung

4 Die Figuren

Im Mittelpunkt sowohl der Handlung als auch des allgemeinen Interesses der übrigen Figuren auf der Terrasse steht das Ehepaar Ockelmann, das dem satirischen Charakter der vorliegenden Groteske entsprechend überzeichnet ist und durchaus karikaturhafte Züge trägt. Ockelmanns sind erfolgreiche Fabrikanten und häufig unterwegs: Sie werden als „weitgereist" bezeichnet und besitzen sehr viel Geld, denn „sonst hätte[n] [sie] sich schwerlich eine solche Reise leisten können".

Karikaturhafte Figuren

Als eine Person mit Widersprüchen wird *Frau Ockelmann* vorgestellt: Obwohl sie im Grunde eher „hausbacken" ist, wie man z. B. an der Art ihrer Frage nach der Toilette ablesen kann, möchte sie sich gern als weltgewandte „Dame" präsentieren. Im Unterschied zu den meisten anderen Gästen kennt sie sich aus und weiß deshalb, dass als eine „vor kurzem erst eingeführte Neuheit" Menschen als „Schattenspender" angeboten werden. Frau Ockelmann ist es deshalb auch, die

Frau Ockelmann:

– *Angeberhaftes Auftreten*	fünf von ihnen kommen lässt, wobei neben die Sorge um die geröteten Gesichter der beiden Herren auch der Wunsch treten mag, bei den Tischnachbarn Eindruck zu schinden. Daran gewohnt, sich jeden Luxus leisten und alle bezahlbaren Bedürfnisse selbstverständlich befriedigen zu können, will sie sich zugleich als aufgeschlossen für Neues präsentieren; sie findet sich „schick" und hat, wie sie selbst findet, den „Mut", etwas bisher noch Ungewöhnliches zu tun. Dass es mit ihrem Selbstbewusstsein aber doch nicht so weit her ist, zeigt sich daran, dass ihr „das Aufsehen, das sie nun einmal erregt hatte", Probleme bereitet. Offenbar hat sie damit gerechnet, dass die anderen Gäste sich ebenfalls „Schattenspender" an ihren Tisch stellen lassen, und sieht sich darin nun getäuscht. Die dadurch entstandene Peinlichkeit sucht sie durch „affektiert[es]" Sprechen zu überspielen. Andererseits zeigt sie eine gehörige Portion Arroganz, indem sie den alten Männern den Rücken zuwendet, um sich den Blick auf den Garten oder die Terrasse nicht durch eine „lebende Mauer" verstellen zu lassen. Ihrer Menschenverachtung setzt Frau Ockelmann die Krone auf, als sie sich anmaßt, „diese Schattenspender gerecht einzustufen", und entsprechende Qualitätsmerkmale definiert.
– *„schick"*	
– *„affektiert"*	
– *Arroganz*	
Herr Ockelmann:	In doppelter Hinsicht im Schatten seiner Frau steht *Herr Ockelmann*. Er trägt „Jagdrock und Hemd", bietet also ein zwar den Tropen gemäßes, aber zugleich auch etwas klischeehaftes Bild. Ganz jung kann er nicht mehr sein, wie die „grauen Haarbüschel" auf seiner Brust verraten. Den Familienbetrieb hat er bereits als junger Mann übernommen und danach wohl nicht viel mehr geleistet, als „hinterm Schreibtisch [s]eines Vaters Platz zu nehmen". Offenbar ist er abergläubisch, denn er trägt ein goldenes Amulett auf der Brust, in dem er ein Exemplar des von seinem Unternehmen hergestellten Produkts, der Grundlage seines Reichtums und seines sorgenfreien Lebens, verwahrt. Insofern ist sein Amulett im eigentlichen Wortsinn tatsächlich als ein Wunderkraft verheißendes Zauberschutzmittel zu deuten, wenngleich von Wunder nicht gesprochen werden kann, allenfalls vielleicht von Wirtschaftswunder. Auch wenn es scheint, dass er durch sein Geständnis, den Zweck des von seinen Mitarbeitern hergestellten „Werkzeugbestandteil[s]" nicht zu kennen, mit seiner Ahnungslosigkeit kokettiert, handelt es sich doch nur um eine besonders subtile Form von Angeberei: Seht, so lautet seine Botschaft an Herrn Lüßl und die übrigen Zuhörer, ich kann es mir sogar leisten, mich nicht für meine eigenen Produkte zu interessieren! Was meine Arbeiter im Betrieb herstellen, ist mir im Grunde gleichgültig. Überheblichkeit und Selbstsicherheit sind jedoch auch bei ihm nicht ungebrochen, was daran deutlich wird, dass ihm, ausgerechnet „seit er im Schatten saß, der Schweiß ausbr[icht]", weil an den anderen Tischen niemand nach „Schattenspender[n]" verlangt. Wie seine Frau mag er zwar gerne angeben, aber zugleich ist es ihm unangenehm, „Aufmerksamkeit zu erregen".
– *Firmenerbe*	
– *Aberglaube*	
– *Koketterie*	

4 Die Figuren

Der Umstand, dass seiner Frau das, was Herr Ockelmann in der Runde am Tisch von sich gibt, „zum Hals herauszuhängen sch[eint]", lässt vermuten, dass er gegenüber neuen Bekannten immer dasselbe erzählt und in geistiger Hinsicht eher schlicht und einfallslos ist. Immerhin besitzt er so viel Taktgefühl, dass er bemerkt, „wann er ank[ommt] und wann nicht", und seinen Vortrag über die Herstellung seines Artikels rafft, um die anderen nicht über Gebühr zu langweilen.

Eine untergeordnete Rolle im Geschehen nimmt *Herr Lüßl* ein, der, ebenfalls ein Fabrikant, nur noch als Zuhörer in Erscheinung tritt, nachdem er vor der Aufstellung der „Schattenspender" eine ausführliche Beschreibung von der Herstellung des Produkts geliefert hat, das er „millionenfach und mit Erfolg vertr[eibt]"; nun muss er eine entsprechende Darstellung seines Gegenübers über sich ergehen lassen. Da Herr Lüßl Herrn Ockelmann um die Art, wie dieser an sein Vermögen gekommen ist, beneidet („so leicht möchte man es auch mal haben"), repräsentiert er möglicherweise den Unternehmertyp, der aus eigener Kraft den Aufstieg geschafft hat, den Selfmademan und sozialen Aufsteiger. Anders als die Ockelmanns ist er mit der „Neuheit" der „Schattenspender" noch nicht vertraut und „muss sich offensichtlich zwingen, diese [...] zu übersehen". Dass er seine Irritation aber auf Nachfrage von Frau Ockermann („Stören Sie die Gesichter, [...]") nicht zugibt, zeigt, dass er sich vor den anderen keine Blöße geben und ihnen in nichts nachstehen will. Schnell und unbemerkt vermag er sich auf die ungewohnte Situation einzustellen: Den „Schattenspendern" „nun demonstrativ den Rücken zukehrend", gelingt ihm dies schließlich auch.

Eher als Staffage sind die übrigen Herren einzuordnen, wobei nicht ganz deutlich wird, ob es sich bei *Glaubrecht* und dem jungen *Gösch* um zwei weitere Gäste am selben Tisch oder um die „beiden Landsleute" handelt, „die seit einer Weile schon am Nebentisch, lächelnd, [...] mithörten". Sie greifen überhaupt nicht in das Geschehen ein, sondern bilden für die Selbstinszenierung des Fabrikanten-Ehepaares nur einen Rahmen. Ihre Namen können mit etwas Phantasie als sprechende Namen gelesen werden: Die beiden besitzen eine glaubende und eine dienende Funktion (Gösch steht für Gottschalk, d. h. Gottes Knecht). Den Ockelmanns ist ihre Anwesenheit Ansporn und Quelle einer gewissen Verlegenheit zugleich: Einerseits wollen sie sich durch ihre Handlungen und Äußerungen hervortun und benötigen dazu ein aufmerksames Publikum, andererseits sind sie jedoch unsicher, weil sie die Reaktionen, die sie auslösen, nicht abschätzen können.

Das Auftreten der *Missionare* reduziert sich auf ihre Tätigkeit als ganz normales Bedienungspersonal: Sie servieren den Touristen Getränke, erteilen Auskünfte und suchen bei Bedarf die passenden „Schattenspender" aus.

Herr Lüßl:

– Selfmademan?

Glaubrecht und Gösch:

– Staffage

Missionare:
– Bedienungspersonal

„Schatten-spender":	Während zwar alle bisher erwähnten Figuren, wenn auch unterschiedlich deutlich, karikaturhafte Züge tragen, bilden die als *„Schattenspender"* bezeichneten Männer den motivischen Kern dieser überaus makabren Geschichte, die deshalb auch diesen Titel trägt. Zweifellos hat man sie sich als Eingeborene der Region, als ausgemergelte, traurige Gestalten, vorzustellen: Sie sind „alt", „ausgedient" und „mager". Offenbar stehen sie in größerer Zahl zur Verfügung, denn die Touristen an den anderen Tischen könnten ebenfalls, wie von den Ockelmanns ursprünglich auch erwartet, entsprechende Bestellungen aufgeben. Eine größere Auswahl gibt es auch im Hinblick auf die Größe der „Schattenspender": Der bedienende Kellner-Missionar wirft erst einen „Blick auf die Sonne", ehe er die für den nötigen Schatten geeigneten Männer auswählt und herbeiholt. Seine knappe „Frage: Front oder Rücken" lässt den Auftraggebern die Wahl, die Männer von hinten anzuschauen oder ihnen ins Gesicht zu sehen. Dass
– *Entmenschlichte Wesen*	indes nicht von Gesicht gesprochen, sondern der militärische Ausdruck „Front" verwendet wird, zeigt, dass ihnen in jeglicher Hinsicht ihre Eigenschaft als Menschen abgesprochen wird. Als „Front" wie als „Rücken" unterstehen sie dem Befehl der Ockelmanns, die sie nach Belieben dirigieren können. Einen eigenen Willen dürfen sie nicht haben, denn sie sind darauf angewiesen, den von den Touristen willkürlich festgesetzten Tarif („man gab, was man für gut hielt") für ihre Tätigkeit zu akzeptieren. Als Einzelwesen, geschweige denn als Individuen treten die Männer nicht mehr in Erscheinung, nur noch als „eine Handvoll" und als eine „lebende Mauer" werden sie wahrgenommen. In den Augen ihrer Auftraggeber stehen sie auf einer Stufe mit „Busch oder [...] Baum" und sind zu Menschenmaterial verdinglicht – sie sind und werden ausgeliefert und wie eine Sache, genauer: wie eine Ware behandelt, was schon ihre Bezeichnung nahe legt – zwischen Seifenspender und „Schattenspender" gibt es keinen grundsätzlichen Unterschied mehr. Ihr Wert bzw. ihre dienstleistungsmäßige Verwertbarkeit bemisst sich an dem Grad ihrer Unauffälligkeit.
– *Grotesk-makabres Bild*	Dass es auch Personen wie die beiden Landsleute am anderen Tisch gibt, die gar nichts zahlen und „kostenlos" von ihrer Anwesenheit profitieren, verstärkt das grotesk-makabre Bild der „Schattenspender".

5 Zur Aussage der Geschichte

In Gisela Elsners „Die Schattenspender" wird die Groteske zum Instrument beißender Kritik an der sozialen und ökonomischen Wirklichkeit in der Bundesrepublik Deutschland bzw. einem anderen deutschsprachigen Staat mit freier Marktwirtschaft. Dahinter steht ganz offensichtlich die Einsicht der Autorin, dass mit herkömmlichen abbildhaft-realistischen Erzählweisen keine angemessene Wirkung mehr zu erzielen ist, um die Brutalität hinter der Fassade des Scheins von Normalität zu ergründen. Mit grellen Farben, überzeichneten und verzerrten Bildern versucht sie, das Unnormale im scheinbar Normalen, Selbstverständlichen sichtbar zu machen.

Groteske als Mittel der Sozialkritik

In der vorliegenden Geschichte wird das Skandalöse eingebunden in das im Grunde unspektakuläre, banale Geschehen eines Urlaubsgesprächs. So ist es nur folgerichtig, dass die Pointe nicht, wie bei vielen anderen Geschichten, an ihrem Schluss, sondern an ihrem Beginn liegt: Die „Verblüffung", die den jungen Gösch erfasst, als er die wahre Bedeutung des Begriffes „Schattenspender" erkennt, gilt gewiss auch für den Leser dieser Groteske. Etwas Ungeheuerliches geht hier vor: Menschen werden als Sonnenschutz, als „lebende Mauer" ein- und der prallen Sonne ausgesetzt, um einigen Touristen die Mühe zu ersparen, sich einen schattigeren Platz unter dem Lianendach auf der Terrasse zu suchen. Wie ein Modeartikel wird die Einrichtung der „Schattenspender" gesehen, eine „Neuheit" auf dem Markt der Tourismusbranche. Ist dieser Vorgang eigentlich schon schockierend genug, so wird er noch dadurch gesteigert, dass keiner der anderen Gäste daran Anstoß nimmt, einschreitet oder auch nur ein Wort des Erstaunens hören lässt. Frau Ockelmanns anfängliche Bedenken, für „Aufsehen" gesorgt zu haben, erweisen sich als unbegründet, da das „allgemeine Interesse [...] so rasch wie es aufgekommen war, wieder abklang". Wer sich hier empören wollte, würde sich dem Verdacht aussetzen, ein hoffnungslos veralteter Moralist zu sein. Seine Naivität würde belächelt werden, und er müsste sich womöglich noch den Vorwurf gefallen lassen, den Eingeborenen den kleinen Verdienst versagen zu wollen. Frau Ockelmann äußert nämlich schon gönnerhaft die Überlegung, dass man gegen Abend, wenn die Schatten länger werden, „auch Kindern etwas zukommen lassen" könne, und fühlt sich dabei noch als eine echte Wohltäterin.

Pointe am Anfang

Wer nun meint, ein solcher Zynismus sei nicht mehr steigerbar, und das Geschehen für maßlos übertrieben hält, wird eines Besseren belehrt. Das scheinbar Undenkbare ist in seiner Dimension von der Wirklichkeit längst überholt worden, wie der Hinweis des Erzählers, dass es „noch ganz andere Verwendungsmöglichkeiten von Menschen" auf der Welt gibt, nahe legt. Indem er dadurch den abstoßen-

Relativierung und Verdrängung der Menschenverachtung

den und ekelerregenden Eindruck, den die „Schattenspender" bieten, scheinbar relativiert, lenkt er den Blick darauf, dass die Grenze der Menschenverachtung noch längst nicht erreicht ist. Das ist auch der Grund dafür, dass sich die Zeugen des Geschehens von ihrer Verantwortung entlastet glauben, denn wenn es anderswo tatsächlich noch „ganz andere[s]" zu sehen gibt, wie erfahrene Touristen wissen wollen, dann entfällt auch die Begründung dafür, ausgerechnet gegen den Einsatz von „Schattenspender[n]" zu protestieren, und dann ist es auch nur am Anfang schwer, diese „zu übersehen". So wird an dieser Stelle wie nebenbei ein psychischer Mechanismus deutlich gemacht, der den alltäglichen Vorgang der Verdrängung erklären kann: Man kann sich an alles gewöhnen, wenn man nur bereit ist, es zu relativieren, d. h. an anderem zu messen, es zu verharmlosen und schließlich als etwas ganz und gar Normales aufzufassen. Das Gewissen der Ockelmanns und auch jener Gäste, die die „Neuheit" noch nicht kannten, kann auf diese Weise ohne größere Probleme beruhigt werden.

Perversion des religiösen Auftrags

Einen wesentlichen Beitrag dazu, die Anwesenheit der „Schattenspender" als etwas Unbedenkliches aufzufassen, leisten die Missionare. Deren „zum Restaurant umfunktionierte Missionsstation" kann ebenso wie die „barähnlich ausgestattete Kapelle" als Symbol ihres Funktionswandels und damit auch ihrer beliebigen Funktionalisierbarkeit für fremde Zwecke verstanden werden: Die Vermittlung des christlichen Glaubens, ihre eigentliche Aufgabe, haben die Missionare aufgegeben, um sich in den Dienst reicher Touristen zu stellen und diese, ganz bildlich, zu bedienen. Der religiöse Auftrag hat den Gesetzen der Wirtschaftlichkeit weichen müssen. Ein modernes Dienstleistungsunternehmen für Zahlungskräftige ist entstanden: Helfer sind die Missionare nur noch für Menschen, die aus der Ersten Welt kommen. Anstatt sich um die Eingeborenen, ihre Schützlinge, in seelsorgerischer und sozialer Hinsicht zu kümmern, beteiligen sie sich an deren Vermarktung und vermitteln sie als Gegenstände. Sarkastisch scharf kritisiert wird hier die Rolle der Kirche in der Dritten Welt, die, ob willentlich oder unter dem Druck der ökonomischen Verhältnisse, zum Handlanger des weltumspannenden Kapitalismus herabgesunken ist. Dass Frau Ockelmann von einem Missionar in die Kapelle geschickt wird, hat symbolische Bedeutung und ist mehr als ein Versehen – es kann als verzweifelter Versuch gesehen werden, einen Sinneswandel bei ihr herbeizuführen; da sie zwar sich, aber keineswegs ihr Gewissen erleichtern will, wirkt das Missverständnis als Situationskomik besonders grotesk und löst bei Frau Ockelmann entsprechende Heiterkeit aus.

Bezeichnenderweise wird die Gruppe von Gästen, die sich in der Missionsstation zusammengefunden hat, vom Erzähler als „Gesellschaft" bezeichnet. Gisela Elsner zeichnet ein vernichtendes Bild von dem

5 Zur Aussage der Geschichte

Verhältnis zwischen Erster und Dritter Welt, indem sie mehrere gesellschaftskritische Themen miteinander verknüpft. Vorrangig geht es um den Zusammenhang von Armut und Reichtum: Die ökonomische Abhängigkeit von Ländern der Dritten Welt wird schon durch die Handelsformel „man gab, was man für gut hielt" angesprochen. Die reichen Länder können den armen die Preise diktieren und dadurch deren Abhängigkeit auf Dauer erhalten, was nicht nur in der „magere[n]" Gestalt der „Schattenspender", sondern auch in deren menschenunwürdiger „Verwendung" sichtbar gemacht wird. Verachtung, Ausplünderung und Ignoranz kennzeichnen den Umgang der „Gesellschaft" der Ersten mit der Dritten Welt. Das Schlimme daran ist, dass Menschen wie die Ockelmanns unfähig geworden sind, ihr Verhalten zu überprüfen. Sie sind ohne Mitleid, ohne Empfindung, ohne Seele.

*„Gesellschaft":
Erste und
Dritte Welt*

Die Geschichte weist im Einzelnen eine ganze Reihe von Widersprüchen auf, die zum Bestand der in ihr enthaltenen Sozialkritik gehören. So ist bereits die makabre Bezeichnung „Schattenspender" paradox, sollen doch nicht nur besonders abgemagerte Personen etwas spenden, sondern ausgerechnet diejenigen, die in der Regel immer nur selbst als Spendenempfänger in Erscheinung treten, Menschen, die zu Opfern der Zivilisation und des so genannten Fortschritts geworden sind, der ihnen immer nur zum Schaden gereicht: Schärfer kann man den Tatbestand der Ausbeutung, der in diesem widersinnigen Bild-Begriff aufscheint, wohl kaum geißeln!

*Paradoxie
der „Schattenspender"*

Darüber hinaus erinnert die Erzählung in gewisser Weise an Zustände während der Epoche des Kolonialismus, als es in einigen Ländern Afrikas Sklaven gab und Menschen wie Gegenstände gehandelt und behandelt wurden. Dass die „Schattenspender" nun ausgerechnet als „Neuheit" gepriesen werden, verdeutlicht den regressiven Prozess im Umgang mit den Ländern der Dritten Welt – statt Fortschritt gibt es im Zeichen des weltweiten Kapitalismus, der den nationalen Kolonialismus abgelöst hat, eher einen Rückschritt für die Menschen in den betroffenen Ländern. Wie schon in früheren Zeiten ist nun alles, wirklich alles wieder käuflich geworden – die Gesetze des Marktes machen vor nichts mehr Halt. Vor diesem Hintergrund enthüllt auch die Redewendung von den „Reisen durch aller Herren Länder" ihren Sinn. Die eigentlichen „Herren" dieser Länder sind die Ockelmanns in den Staaten der Ersten Welt, die an die Stelle der einstigen imperialistischen Beherrschung die mindestens ebenso effektive wirtschaftliche Ausbeutung gesetzt haben.

*Kolonialismus
und Imperialismus in neuem
Gewand*

Die Kapitalismuskritik der vorliegenden Geschichte wird indes nicht nur durch die „Verwendungsmöglichkeiten von Menschen" ausgedrückt, sondern auch an der Gleichgültigkeit gegenüber den Gegenständen ablesbar, die unter seinen Bedingungen produziert werden. So weiß Herr Ockelmann nicht genau, „wozu das Ding verwendet

Kapitalismuskritik:

– Gleichgültigkeit gegenüber dem Gebrauchswert

– Blindheit dem ökonomischen Prozess gegenüber

– Ausbeutung

Höllengelächter der kapitalistischen „Gesellschaft"

wird", mit dem er sein Geld verdient. Vom Gebrauchswert, dem konkreten Nutzen, kann er problemlos abstrahieren, da für ihn nur der Umstand, dass er den Artikel „millionenfach und mit Erfolg" vertreiben kann, von Bedeutung ist. Durch seine Äußerungen zeigt er, dass er den Herstellungsprozess, d. h. die Produktionsbedingungen, genau kennt, insoweit es sich um die Tauschwerterzeugung handelt – aber was die Käufer mit dem „winzig kleinen Widerhaken" anstellen, interessiert ihn nicht. Auf welche Weise der Reichtum Ockelmanns zustande kommt, ist diesem, vom marxistischen Standpunkt Gisela Elsners her betrachtet, ebenso ein Rätsel wie die Wirkungsweise seines Amuletts. Das Wort „blindlings" hat hier die doppelte Bedeutung, dass Herr Ockelmann sowohl blind für die Verwendung der produzierten Dinge wie auch der Menschen ist, die er für seine Zwecke benutzt bzw. ausbeutet – als Arbeiter in seiner Fabrik ebenso wie als „Schattenspender" in den Tropen – alle werden ihm gleichermaßen zum Mittel.

In einem merkwürdigen Kontrast zu der eher bedrückenden Situation, die durch das Auftreten der „Schattenspender" entstanden ist, steht die ungehemmte Fröhlichkeit, die sich in der „leicht angeheiterte[n] Gesellschaft" zunehmend verbreitet. Die von Herrn Ockelmann regelmäßig als rhetorische Einleitung gebrauchte Floskel „Sie werden lachen, [...]" führt tatsächlich dazu, dass immer häufiger gelacht wird. Zunächst ist es Frau Ockelmann, die „lachend" von der Toilette zurückkehrt, am Ende gar „lauthals" lacht, woraufhin die Zuhörer am Nebentisch sich erst „lächelnd" zeigen und am Ende „nicht umhin konnten, mitzulachen". Ein wahres Höllengelächter ist ausgebrochen, in dem sich diese „Gesellschaft" angesichts der für sie nur vorteilhaften Verhältnisse dieser Welt ergeht.

Christoph Hein:
Frank, eine Kindheit mit Vätern (1980)

Franks Urgroßvater war Pächter eines Bauernhofes in Mehrow bei Berlin. Aufgewachsen als Kind eines Tagelöhners war es sein ganzes Bestreben, den Sohn studieren zu lassen, damit dieser ein leichteres Leben führen könne als sein Vater. Er hoffte, dass der Sohn die geistliche Laufbahn einschlagen werde. Den Zwölfjährigen schickte er in eine Internatsschule in Charlottenburg. Er arbeitete mit seiner Frau täglich, werktags wie sonntags, zwölf Stunden, um die Schulkosten aufbringen zu können. Als er 1916 in Frankreich fiel, musste der Sohn das Gymnasium verlassen, wurde Postbote, Volontär einer Berliner Tageszeitung und später Makler an der Börse. Wegen Unterschlagungen kam er für vier Jahre ins Zuchthaus. Er war vierzig Jahre alt, als er heiratete.
Gemeinsam mit der Frau führte er, der spätere Großvater Franks, eine Kellerdrogerie in der Bergstraße mit einer Heißmangel im Hinterzimmer. Sein Traum war es, den Sohn in Amerika ausbilden zu lassen, um aus ihm einen jener sagenumwobenen Pioniere der Technik zu machen, von denen die Zeitschriften und Magazine achtungsvoll berichteten, sie seien sensibel wie die alten, europäischen Poeten, und ihre Gehirne arbeiteten mit der Exaktheit großer Rechenmaschinen. Nach der Aufteilung Berlins unter die Siegermächte ließ Franks Großvater seinen Sohn im amerikanischen Sektor zur Schule gehen. Ein Zufall machte ihn mit einem jungen Amerikaner bekannt, der sich ihm vorstellte als Professor der Harvard-University, Inhaber eines Lehrstuhls für Raumfahrtphysik. Das Angebot des Professors, der die deutschen Ingenieure in den Vereinigten Staaten das Rückgrat der technischen Überlegenheit Amerikas nannte und bereit war, den Sohn an seinem Lehrstuhl auszubilden, nahm er dankbar und erfreut an und übergab den Sechzehnjährigen zusammen mit siebentausend Dollar, die er in Westberliner Wechselbanken gegen seine Ersparnisse und einen staatlichen Kredit zum Ausbau seiner Kellerdrogerie eingetauscht hatte, dem Amerikaner. Als er sich wegen des missbrauchten Kredits verantworten sollte, verzog er mit seiner Frau nach Westdeutschland. Beide wurden Fabrikarbeiter in Bochum und erfreuten sich einige Jahre an den verlogenen Briefen ihres Sohnes, die dieser ihnen aus den Hafenstädten aller möglichen Länder von seinen angeblichen Forschungsreisen schrieb.
Ihr Sohn hatte amerikanischen Boden nie betreten dürfen, da er mittellos ankam und die mitgegebenen Urkunden, Zertifikate und Briefe jenes Harvard-Professors sich als Fälschungen erwiesen.

Als Schiffsjunge und späterer Leichtmatrose verdingte er sich auf einem holländischen Fahrgastschiff und kehrte acht Jahre später nach Berlin zurück. Auf einer Abendschule erwarb er das Abiturzeugnis und begann ein Fernstudium. Mit siebenunddreißig Jahren wurde Franks Vater als Ingenieur in einem Kraftwerksanlagenbau in Oberschöneweide eingestellt. Seine geringen beruflichen Erfolge führte er auf die unterbrochene und zu spät beendete Ausbildung zurück, ein Nachteil, den er seinen beiden Kindern ersparen wollte.

Sein Sohn Frank wurde im zweiten Schuljahr einer Ärztin vorgeführt, die ihn seiner offenbaren Lernschwierigkeiten wegen untersuchte und den Eltern empfahl, das Kind auf eine Sonderschule zu schicken, da seine geistigen Voraussetzungen für allgemein bildende Schulen zu gering seien. Die Eltern lehnten eine Umschulung ab; sie befürchteten spätere berufliche Beeinträchtigungen für ihren Sohn und gaben ihm täglich zwei bis drei Nachhilfestunden, was ihnen der Beruf der Mutter, sie war Lehrerin, ermöglichte. Sorgsam und liebevoll mühten sie sich um das Kind, nur gelegentlich verzweifelte der Vater an dem begriffsstutzigen Sohn und nannte ihn total vernagelt. Im Herbst 1974 wurde Frank in das Polizeikrankenhaus in der Scharnhorststraße eingeliefert. Er hatte versucht, durch einen Sprung aus dem Fenster im vierten Stockwerk des Schulhauses seinem Leben ein Ende zu setzen. Er brach sich ein Bein und drei Rippen: Der Abschiedsbrief, der dem behandelnden Arzt vorlag, lautete: Liebster Papi und Mami! Seid nicht böse auf mich. Ich liebe euch, immer. Immer! Euer Frank.

Auf Befragen des Arztes sagte er: Wenn ich früh aufwache, muss ich schon weinen. Weil ich dann in die Schule muss. Und in der Schule muss ich auch weinen, weil ich weiß, dass Papi und Mami wieder ganz traurig über mich sein werden.

Die erschrockenen Eltern saßen fassungslos am Krankenbett ihres Sohnes; seine Tat wie die Erklärungen und Ratschläge des Arztes bleiben ihnen unverständlich.

Im Sommer des folgenden Jahres sprang Frank ein zweites Mal aus dem Fenster. Er hatte sich, da er den Gesprächen der Eltern entnahm, dass ihn bei dem ersten Sprung das Gesträuch und der weiche Mutterboden vor dem Schlimmsten bewahrt habe, einen betonierten Gehweg als Ort des Aufpralls ausgesucht. Der Sprung war tödlich. Einen Abschiedsbrief schrieb er nicht. Er war zehn Jahre alt, als er starb.

Es geschah an jenem Tag, als ihm seine Lehrerin mitteilen musste, dass er für die Zeit einer Schulfahrt in den Harz eine andere Klasse besuchen werde, da seine Leistungen es ihm nicht erlaubten, den Unterricht für eine Woche zu versäumen.

Christoph Hein: Frank, eine Kindheit mit Vätern (1980)

Frank wollte seinen Eltern die Enttäuschung ersparen und sprang aus dem Flurfenster eines fünften Stockwerks. An jenem Tag war der Himmel über Berlin wolkenlos, es war der heißeste Tag des Monats Juni.

(Aus: Christoph Hein, Nachtfahrt und früher Morgen. © 1982 by Hoffmann und Campe Verlag, Hamburg)

Interpretation

1 Kurzbiographie und Hinweise zum Werk

Kindheit und Jugend: Leipzig und Berlin

Christoph Hein wurde am 8. April 1944 als Sohn eines Pfarrers in Heinzendorf in Schlesien geboren und wuchs in Bad Düben bei Leipzig auf. Von 1958 bis 1961 besuchte er, da ihm in der DDR der Besuch des Gymnasiums nicht gestattet wurde, als Internatsschüler ein Gymnasium in Westberlin. Vor und nach dem Abitur 1964 an einer Abendschule in der DDR arbeitete Christoph Hein in verschiedenen Berufen, u. a. als Buchhändler, Kellner und Journalist, und betätigte sich als Regieassistent. Zwischen 1967 und 1971 studierte er in Leipzig und Berlin Philosophie und Logik. Anschließend war er als Autor bei der Volksbühne in Berlin beschäftigt. Dem Staat der DDR stand der Autor, der seit 1979 freier Schriftsteller ist, kritisch-distanziert gegenüber. Zu Lesereisen hielt er sich vor der Wende mehrfach in der Bundesrepublik und 1987 auch in den USA auf.

Theatertätigkeit

Werke:
– Dramen

Das Werk des Autors besteht im Wesentlichen aus Dramen und Epik. Sein erstes Drama, eine Komödie, trägt den Titel „Schlötel oder Was solls" und wurde 1974 uraufgeführt. Im Mittelpunkt steht ein Student aus der Bundesrepublik, der im Zuge der Studentenbewegung in die DDR geht und an dem Widerspruch zwischen seinem Anspruch und dem Leben im realen Sozialismus scheitert.
In einer veränderten Fassung wurde das Drama 1981 gedruckt, zusammen mit anderen Stücken, u. a. mit „Der neue Menoza oder Geschichte des kumbanischen Prinzen Tandi" sowie „Cromwell", einem Drama um den englischen Revolutionsführer und späteren Lordprotektor, der an einem bestimmten Punkt die Revolution gewaltsam beendet, indem er die Levellers, eine Gruppe mit weiter gehenden Zielen, ausschaltet. Ebenfalls als eine widersprüchliche Figur wird der Arbeiterführer Lassalle in „Lassalle fragt Herrn Herbert nach Sonja. Die Szene ein Salon" vorgestellt. Das Stück wurde 1980 in Düsseldorf uraufgeführt und durfte erst im Jahre 1987 in der DDR gezeigt werden. In dem Drama „Die wahre Geschichte des Ah Q. Nach Lu Xun" (1983) philosophieren zwei chinesische Intellektuelle über die Revolution. Im Jahre 1987 erschien das Stück „Passage. Ein Kammerspiel": Mehrere verfolgte deutsche Intellektuelle begegnen sich in einem südfranzösischen Dorf und wollen auf der Flucht vor den Nazis die spanische Grenze passieren. – Zwei Jahre später hatte die Komödie „Die Ritter der Tafelrunde" (1989) Premiere. Einige nach der Wende entstandene Stücke („Bruch", „In Acht und Bann", „Himmel auf Erden" und „Zaungäste") wurden 1999 im Aufbau-Verlag veröffentlicht.

2 Zum Aufbau der Geschichte

Als Prosa-Autor trat Hein 1980 zuerst mit einer Sammlung von kürzeren Geschichten an die Öffentlichkeit („Einladung zum Lever Bourgeois"), die von ihm als „Albumblätter" bezeichnet wurden und zu denen auch die Geschichte „Frank, eine Kindheit mit Vätern" gehört, die nachfolgend interpretiert wird. Größere Aufmerksamkeit erregte die Novelle „Der fremde Freund" (1982), die 1983 unter dem Titel „Drachenblut" auch in der Bundesrepublik erschien: Die Ich-Erzählerin, eine Ärztin, versucht sich infolge einer traumatischen Beziehung in ihrer Kindheit gegen intensive Gefühle und die damit verbundenen möglichen Leiden abzuschotten. In dem Roman „Horns Ende" (1985) wird aus vier verschiedenen Perspektiven der Selbstmord eines strafweise in die Provinz versetzten DDR-Historikers berichtet. In dem kurz vor dem Fall der Mauer erschienenen Roman „Der Tangospieler" (1989) wird von einem Hochschulassistenten erzählt, der für das Spielen eines angeblich staatsfeindlichen Tangos mit 21 Monaten Haft bestraft worden ist und nach seiner Entlassung versucht, wieder Anschluss an das Leben in der DDR zu gewinnen. Während der Roman „Das Napoleon-Spiel" (1993) in der Kritik wenig Anklang fand, wurde die fiktive Autobiographie „Von allem Anfang an" (1997) nahezu einhellig gelobt. Unterschiedliche Reaktionen rief der Roman „Willenbrock" (2000) hervor. Mehrere kürzere Erzählungen erschienen 1994 unter dem Titel „Exekution eines Kalbes und andere Erzählungen". Das bisher einzige Kinderbuch des Autors ist „Das Wildpferd unterm Kachelofen. Ein schönes dickes Buch von Jakob Borg und seinen Freunden" (1984).

– Prosa

Christoph Hein veröffentlichte überdies Aufsätze zur Literatur und äußerte sich auch zu politischen Fragen, u. a. zum Golf-Krieg und zum Krieg auf dem Balkan.

In der DDR erhielt er 1982 den Heinrich-Mann-Preis der Akademie der Künste sowie 1989 den Lessingpreis zugesprochen. Den Literaturpreis der Neuen Literarischen Gesellschaft Hamburg nahm er 1986 entgegen. Mit dem Peter-Huchel-Preis sowie dem Bundesverdienstkreuz wurde der Autor 1994 ausgezeichnet und im Jahre 1998 mit dem Peter-Weiss-Preis geehrt. Ebenfalls 1998 erfolgte seine Wahl zum Präsidenten des gesamtdeutschen Pen-Zentrums. Christoph Hein lebt in Berlin, ist verheiratet und hat zwei Kinder.

Ehrungen

2 Zum Aufbau der Geschichte

Die aus neun Absätzen bestehende Geschichte „Frank, eine Kindheit mit Vätern" weist einen klaren, an der Chronologie der Ereignisse orientierten Aufbau auf. Den inhaltlichen roten Faden bildet dabei die

Roter Faden:
Geschlechterfolge

| | mit Zeitangaben belegte Geschlechterfolge der Familie vom Ururgroßvater bis hin zu Frank. |

Urgroßvater — Der erste Absatz beschreibt knapp das Leben des Urgroßvaters und das seines Sohnes. Der Urgroßvater, der als Sohn eines Tagelöhners einen gepachteten Bauernhof bewirtschaftet und alle Anstrengungen darauf verwendet, dem Sohn eine höhere Schulbildung zukommen zu lassen, fällt im Ersten Weltkrieg, sodass seinem Sohn die geplante

Großvater — geistliche Ausbildung verschlossen ist; Franks Großvater muss sich mit verschiedenen Arbeiten über Wasser halten und sitzt vorübergehend sogar im Zuchthaus ein.

Über den Großvater und seinen Sohn aus der spät geschlossenen Ehe,

Vater — Franks Vater, wird im zweiten Absatz berichtet. Von den Einkünften aus seiner kleinbürgerlichen Existenz in Berlin will der Großvater seinem Sohn eine Ausbildung zum Raumfahrtphysiker in Amerika ermöglichen und vertraut zu diesem Zweck sein Erspartes sowie geliehenes Geld einem angeblichen Wissenschaftler aus den USA an. Wegen Kreditbetrugs muss er mit seiner Frau nach Westdeutschland flüchten.

Der folgende Absatz beleuchtet das Schicksal von Franks Vater, der nie nach Amerika gekommen ist, sich als Matrose hat durchschlagen müssen und erst spät eine Ausbildung zum Ingenieur abgeschlossen und wenig Erfolg im Beruf hat.

Frank — Die folgenden Absätze bilden eine thematische Einheit, insofern sie Franks Schicksal enthalten, auf das die Geschichte hinsteuert:

Von dem Verhältnis zwischen den Eltern Franks und ihrem Sohn handelt der vierte Absatz. Er gibt zunächst Auskunft über das Bemühen der Eltern, den schulischen Weg des Sohnes trotz dessen erheblicher Lernschwierigkeiten zu fördern, und schließt mit der Darstellung von Franks erstem Selbstmordversuch mit 9 Jahren sowie dem Inhalt seines Abschiedsbriefes.

Seine Erklärungen dem zuständigen Arzt gegenüber enthält der fünfte, das Unverständnis der Eltern über den Selbstmordversuch gibt der sechste Absatz wieder.

Von dem Suizid des Jungen im Jahr darauf berichtet der siebte Abschnitt; der Folgende liefert eine für Frank deprimierende Ankündigung einer Lehrerin nach, durch die die Selbsttötung ausgelöst worden ist.

Den Abschluss bildet die Begründung des Erzählers für Franks Verzweiflungstat sowie eine Angabe zum Berliner Wetter am Todestag.

Auffällig ist, dass die Absätze zum Schluss hin deutlich kürzer werden. Damit wird der Strudel der katastrophalen Entwicklung auch äußerlich nachgezeichnet und das Lesetempo beschleunigt.

3 Erzählverhalten und Sprache

Als hervorstechende sprachliche Eigenschaften der vorliegenden Geschichte fallen sofort ihre Nüchternheit und ihre Kargheit ins Auge, die über weite Strecken einem neutralen Erzähler zuzuordnen sind. Gleichsam programmatisch weist schon der erste Satz diese stilistischen Merkmale auf: „Franks Urgroßvater war Pächter eines Bauernhofes in Mehrow bei Berlin." Name, Familienbeziehung, Beruf und Wohnort, präzise und in äußerster Knappheit – auf beschreibende, schmückende oder gar wertende Adjektive wird vollständig verzichtet. Dies gilt auch für den ganzen ersten Absatz, wenn man zwei Adjektive, allerdings mit Schlüsselwortfunktion, ausnimmt: Ein „leichteres Leben" soll der Großvater nach dem Willen des Urgroßvaters einmal haben und zu diesem Zweck die „geistliche Laufbahn" einschlagen. Mit „leichter" wird hier in der personalen Sicht des Urgroßvaters das entscheidende Motiv der elterlichen Bemühungen angegeben, mit „geistliche" wird das konkrete Ziel genauer benannt.

Auch im Weiteren finden sich nur wenige Adjektive, und diese dienen hauptsächlich der Präzisierung, d. h., sie haben eine überwiegend informative Funktion, z. B. ein „junge[r]" Amerikaner, ein „missbrauchte[r] Kredit", ein „holländische[s] Fahrgastschiff", die „geistigen Voraussetzungen" usw.

Nur an einer Stelle werden zwei Adjektive in einer Aufzählung verwendet, und zwar in der Wendung „sensibel wie die alten, [!] europäischen Poeten". Diese Adjektivhäufung in Verbindung mit „Poeten" enthält einen ironischen Unterton und verweist auf die „Zeitschriften und Magazine[n]" entliehenen falschen, jedenfalls klischeehaften Vorstellungen des Vaters, der seinen Sohn und auch sein Geld einem Betrüger anvertraut.

Auffällig ist neben dem sparsamen Einsatz von Adjektiven das Bestreben des Erzählers, eine Genauigkeit in den Details zu erreichen, deren Bedeutung für Thema und Aussage der Geschichte auf den ersten Blick rätselhaft ist. So legt der Erzähler Wert auf präzise Ortsangaben in Form präpositionaler Attribute wie „Mehrow bei Berlin", „Kellerdrogerie in der Bergstraße", „Fabrikarbeiter in Bochum", „Ingenieur in einem Kraftwerksanlagenbau in Oberschöneweide" und „Polizeikrankenhaus in der Scharnhorststraße". (Die Angaben sind zum Teil sogar nachprüfbar: In der Scharnhorststraße z. B. gibt es tatsächlich ein Krankenhaus.) Im Zusammenhang mit anderen Eigentümlichkeiten des Stils offenbart sich die Funktion dieser scheinbar bedeutungslosen Details: Sie fördern den Eindruck von Sachlichkeit und lassen, obwohl es sich doch um einen fiktionalen Text handelt, an einen wirklichen Bericht denken. Der Erzähler schafft so

Neutraler Erzähler

Kaum Adjektive

Detailgenauigkeit

Fiktion des Nicht-Fiktionalen   einen Raum von Authentizität, um die Fiktion des Nicht-Fiktionalen zu erzeugen und seiner Geschichte damit den Stellenwert einer fotografischen Abbildung von Realität zu verschaffen.

Es ist also eine aufs Sachliche reduzierte Sprache, wie sie in Behörden üblich ist, die den Ton der Geschichte bestimmt. So fühlt sich der Leser an einen Polizeibericht erinnert, wenn es heißt: „Sein Sohn Frank wurde im zweiten Schuljahr einer Ärztin vorgeführt, [...]." Diese Sprache, sonst gebraucht für die Verwaltung von Menschen (dazu passt die Passivkonstruktion), ist in ihrer Sachlichkeit gefühllos, tendenziell sogar unmenschlich. An ein Verhör gar lässt die Wendung „Auf Befragen des Arztes" denken. Sehr mitleidlos klingt auch der folgende Satz: „Der Abschiedsbrief, der dem behandelnden Arzt vorlag, lautete: [...]." Nach dem Wortlaut des Briefes wird auch die Aussage des Jungen dem Arzt gegenüber in wörtlicher Rede wiedergegeben, um den Schein von Objektivität zu wahren. Franks ergreifende Worte, in denen die Wiederholung von „muss" und „weinen", von Zwanghaftigkeit und Trauer, auffällt und in denen der Junge durchaus zeigt, dass er ihn betreffende Zusammenhänge erfasst hat (zweimal gebraucht er die kausale Konjunktion „weil"), stehen in scharfem Kontrast zur Kälte der Verwaltungssprache des übrigen Textes.

Verwaltungssprache

Distanz   Angesichts der in der Geschichte thematisierten Tragik, die im Tod des 10-jährigen Frank gipfelt, scheint dieser Stil also nicht nur distanziert, sondern auch merkwürdig unterkühlt und ohne Anteilnahme. Der Erzähler bemüht sich, die Handlungen der verschiedenen „Väter" in ihrer zeitlichen und psychologischen Konsequenz durchschaubar zu machen und dabei weitgehend innerlich unbeteiligt zu bleiben. Dazu enthält er sich – von wenigen Ausnahmen abgesehen – jeder Bewertung und überlässt diese dem Leser. Nur gelegentlich verlässt er seinen neutralen Standort und lässt sich zu Seitenhieben auf die Naivität der Figuren hinreißen. So nimmt er in ironischer Absicht für einen kurzen Moment die Sicht des Großvaters ein, der davon träumt, Franks Vater zu einem „jener sagenumwobenen Pioniere der Technik zu machen". Die beinahe sarkastische Formulierung, dass die Eltern des vermeintlich in den USA weilenden Sohnes sich an dessen „verlogenen Briefen" „erfreuten", soll ihre Verblendung, ihre Vertrauensseligkeit und Unbedarftheit demonstrieren und geht insofern ebenfalls über eine reine Berichterstattung hinaus.

Ausnahmen:

– Ironie

– Pathos   Nicht schnörkellos oder amtssprachlich klingt auch die Wendung „Es geschah an jenem Tag, als [...]", die nur wenige Zeilen weiter, am Anfang des letztes Satzes, wiederholt wird („An jenem Tag war [...]"). Mit diesem „an jenem Tag" wird erneut die sonst peinlich genau beachtete neutrale Erzählhaltung verlassen. Dieser Wendung haftet etwas Pathetisches, Schicksalhaftes an. In den wenigen Fällen, in denen der Berichterstatter von seinem Stil abweicht, lässt er den Leser – durch Ironie oder Pathos – wie durch ein Fenster in die

3   Erzählverhalten und Sprache

sonst sorgsam kaschierte emotionale Ebene des Textes hineinschauen.

Eine weitere Ausnahme bildet der einem auktorialen Erzähler zuzuordnende Hinweis darauf, dass Franks Eltern „sorgsam und liebevoll" mit ihrem Sohn umgehen. Mit diesen positiv wertenden Adjektiven schafft der Berichterstatter ein gewisses Gegengewicht zu der weniger „liebevoll[en]" Beschimpfung „total vernagelt", die Frank vonseiten seines Vaters über sich ergehen lassen muss.

Am Schluss kommt es noch einmal zu einer merkwürdigen Kombination von auktorialem und neutralem Erzählverhalten: Mit der Äußerung „Frank wollte seinen Eltern die Enttäuschung ersparen" nennt der Erzähler die nur ihm selbst bekannten bzw. von ihm so bewerteten Motive des kindlichen Selbstmörders. Frank hat, wie ausdrücklich erwähnt wurde, keinen zweiten Abschiedsbrief hinterlassen, die nachträgliche Deutung seines Handelns setzt also einen allwissenden Erzähler voraus. Aber noch im selben Satz bringt sich der neutrale Erzähler wieder ins Spiel, der sich auf nüchterne Fakten beschränkt („Flurfenster eines fünften Stockwerks") und übergangslos und ohne einen Zusammenhang den Wetterbericht für den Todestag anschließt, so, als ginge es ihm einzig um eine Vollständigkeit aneinander gereihter Fakten, zu denen nun einmal – wie zu den üblichen Abendnachrichten – auch das Wetter gehört.

– Franks Motive

Was zunächst nur der Handschrift eines detailbesessenen Erzähler-Chronisten geschuldet zu sein scheint, erweist sich bei genauerer Prüfung als absichtsvolle Leserlenkung: Während sonst in poetischen Texten Hinweise auf die Natur, vor allem auf das Wetter, eher als symbolhafte Verstärkung des Dargestellten gelesen werden müssen, ist in der vorliegenden Geschichte genau das Gegenteil der Fall. Zwischen dem Geschehen und dem Wetter besteht keine Kongruenz: Der „Himmel über Berlin" ist nicht etwa voller Tränen, sondern „wolkenlos", als Frank stirbt. Dieser merkwürdige Kontrast trägt auch am Schluss noch einmal zu der insgesamt unterkühlten Erzählweise bei und unterstreicht den bereits erwähnten Eindruck des Nicht-Fiktionalen.

Der letzte Satz

Kontrast von Handlung und Natur

Durch die abschließende Feststellung gewinnt der besagte Tag seine Einzigartigkeit nicht mehr durch den höchst beklagenswerten Tod eines 10-Jährigen, sondern durch seine meteorologische Eigenschaft, der „heißeste Tag des Monats Juni" gewesen zu sein. Auf diese Weise wird dem Ereignis seine Dramatik genommen, d. h., es geht unter in einer Vielzahl anderer Ereignisse in Berlin, über die sich der gleiche „wolkenlos[e]" Himmel wölbt, und wird dadurch in seiner Bedeutung scheinbar relativiert. Darin, dass die Zeit gleichmütig über das Schicksal eines Opfers hinweggeht, liegt, fast mehr noch als in Franks Einzelschicksal, das eigentlich Deprimierende von „Frank, eine Kindheit mit Vätern".

4 Die Figuren

Andeutungen im Titel

Der Titel der Geschichte signalisiert, dass neben Frank vor allem die „Väter" von Bedeutung sind, während die Mütter mit Ausnahme der Mutter Franks, die kurz erwähnt wird, keine Rolle zu spielen scheinen. Dass die „Väter" im Plural genannt werden, dass ein Kind nicht nur einen Vater, sondern gleich mehrere Väter hat, ist verwunderlich und lenkt die Aufmerksamkeit des Lesers auf den Grund für diese Eigentümlichkeit. Die Vermutung liegt nahe, dass es etwas gibt, was diese Männer vergleichbar macht bzw. sie über ihren verwandtschaftlichen oder vielmehr genealogischen Zusammenhang hinaus miteinander verbindet.

Biographische Ähnlichkeiten:

– Urgroßvater

In der Tat lassen sich im Leben der Väter einige biographische Ähnlichkeiten und Übereinstimmungen ausmachen. Die Reihe der Väter beginnt mit Franks Ururgroßvater, der als „Tagelöhner" auf der sozialen Leiter sehr weit unten rangiert. Er wird aber nur kurz erwähnt; die Geschichte selbst beginnt mit „Franks Urgroßvater [...]". Er ist der Erste in einer Ahnenreihe, deren männliche Vertreter aus einem bestimmten Grund als Franks Väter zusammengefasst werden können. Als „Pächter eines Bauernhofes" hat „das Kind eines Tagelöhners", Franks Urgroßvater, bereits einen gesellschaftlichen Aufstieg zu verzeichnen – wie es ihm gelungen ist, seiner ärmlichen Herkunft zu entkommen, wird jedoch nicht berichtet. Aber der Urgroßvater ist mit seiner Stellung trotzdem nicht zufrieden: Er hat seiner eigenen Beurteilung nach (und wahrscheinlich auch tatsächlich) ein arbeitsreiches, schweres Leben. Als körperlich hart arbeitender Bauer kennt er aus seiner Umgebung nur den Pfarrer als Vertreter eines höheren Berufsstandes, der es seiner Meinung nach besser hat. Deshalb will er seinem Sohn ein „leichteres Leben" ermöglichen, und dieses bietet seiner Meinung nach die „geistliche Laufbahn". Der Begriff „Laufbahn" verweist bereits auf die Aufstiegswünsche, mit denen der Urgroßvater die berufliche Zukunft seines Sohnes sieht. Man könnte noch einen Schritt weiter gehen und vermuten, dass der Urgroßvater Geistliche als potenzielle Schmarotzer bzw. Faulpelze sieht, auf jeden Fall gibt es keinen Hinweis darauf, dass ihm die Aufgaben des Pfarrers, Superintendenten, Bischofs o. Ä. an sich etwas bedeuten würden. Im Gegenteil: Der Urgroßvater setzt sich über Gottes Gebot, den Feiertag zu heiligen, ohne Bedenken hinweg, indem er „werktags wie sonntags, zwölf Stunden" arbeitet, „um die Schulkosten aufbringen zu können". Aus dem Gefühl der sozialen Benachteiligung heraus entwirft er für seinen Sohn, der nach seinen eigenen Wünschen offenbar gar nicht gefragt worden ist, ein Leben, das leicht erworbenes Einkommen mit Aufstieg verbindet, wobei die konkrete Tätigkeit auswechselbar zu sein scheint.

4 Die Figuren

Dass der kriegsbedingte Tod des Urgroßvaters die geplante „geistliche Laufbahn" des Großvaters vereitelt, ist offensichtlich; gleichwohl gelingt es diesem immerhin, trotz der Unterbrechung seiner schulischen Ausbildung beruflich voranzukommen und sich von der Stellung eines Briefträgers zu der eines Börsenmaklers hochzuarbeiten. Eine gewisse Sprunghaftigkeit und Unstetheit wird an der Vielzahl der Berufe deutlich, die der Großvater ergreift, andererseits werden an der Folge der Berufe auch seine Wendigkeit, seine Anpassungsfähigkeit sowie seine Risikobereitschaft deutlich: Die Stellung eines Postboten verspricht zwar Sicherheit (Pension), bietet aber keine Aufstiegsmöglichkeiten. Als „Volontär einer Berliner Tageszeitung" gibt er diese Sicherheit auf, trainiert aber seine sprachlichen und sozialen Fähigkeiten und gewinnt Einblicke in viele Verhältnisse, die ihm als Börsenmakler zugute kommen. Diese Stellung verspricht ihm zwar schnellen Gewinn, scheint ihm aber auch nicht zu genügen, denn um sein Einkommen aufzubessern, wird er kriminell.

— *Großvater*

Nach der Entlassung aus dem Zuchthaus kann er eine „Kellerdrogerie [...] mit einer Heißmangel im Hinterzimmer" übernehmen und auf diese Weise eine kleinbürgerliche Existenz begründen. Der Begriff „Kellerdrogerie" allerdings, der die Vorstellung von einem Loch hervorruft, markiert den als demütigend empfundenen sozialen Abstieg. Dem „ganze[n] Bestreben" des Urgroßvaters, seinen Sohn eine „geistliche Laufbahn" zu ermöglichen, entspricht der „Traum" des Großvaters, Franks Vater „einen jener sagenumwobenen Pioniere der Technik" werden zu lassen. Statt jedoch in der Folge des Krieges die bescheidene Existenz als Drogerieinhaber zu sichern, setzt der Großvater den für den Ausbau der Kellerdrogerie bestimmten Kredit sowie sein Gespartes aufs Spiel, indem er das Geld einem angeblichen amerikanischen Professor zur treuhänderischen Verwendung für seinen Sohn übergibt. Ähnlich wie der Urgroßvater Franks ist somit auch sein Großvater, obwohl selbst betrogen, kriminell geworden. Nur auf Grund der besonderen politischen Situation Berlins kann er sich der strafrechtlichen Verfolgung entziehen, indem er in die Bundesrepublik zieht, muss dafür aber einen weiteren sozialen Abstieg (vom selbstständigen Inhaber einer Drogerie zum „Fabrikarbeiter in Bochum") in Kauf nehmen.

— *Vater*

Kriminalität und Unehrlichkeit gehören zu den sich wiederholenden Elementen dieser Familien-Saga en miniature: Franks Vater wird zwar nicht – wie zuvor sein Vater und sein Großvater – zum Betrüger, aber einen geraden Weg kann auch er über einige Jahre nicht gehen, wie die „verlogenen Briefe" belegen, die er seinen Eltern schreibt. Obwohl er durch den Betrug an seinem Vater und damit auch an ihm von einer wissenschaftlichen Laufbahn zunächst ausgeschlossen worden ist, gelingt es Franks Vater doch, sich einen gewissen sozialen Aufstieg zu erarbeiten: Aus dem Schiffsjungen wird ein Leichtmatrose, der das

Abendabitur besteht und so im Anschluss an ein Fernstudium die Stellung eines Ingenieurs erlangen kann. Mit Zähigkeit und Zielstrebigkeit arbeitet er sich hoch, doch durch die beruflichen Umwege hat er – wie vordem schon sein Vater – viel Zeit verloren, und er ist mit seiner Situation („geringe berufliche Erfolge") nicht zufrieden. Vor solchen deprimierenden Erfahrungen möchte der Vater seine Kinder bewahren. Die Lernschwäche seines Sohnes allerdings durchkreuzt dieses Vorhaben. Einerseits ist der Vater „sorgsam" und „liebevoll" um den Sohn bemüht, aber seine Ungeduld zeigt sich an der gelegentlichen Verzweiflung und an den verbalen Entgleisungen („total vernagelt") angesichts der schulischen Leistungen Franks.

– Frank

Es fällt auf, dass von allen Figuren nur Frank eines Namens gewürdigt wird. Dieser wird auch dadurch herausgehoben, dass er als das letzte Glied in dieser genealogischen Kette deren Kulminations- und Fluchtpunkt darstellt und, wenn man von der Einschätzung des Vaters („total vernagelt") absieht, als Einziger in der Geschichte persönlich zu Wort kommt. Die Stationen vor Erreichen dieses Punktes bekommen durch die Nicht-Nennung der Namen etwas Nichtpersönliches, fast Austauschbares. Der Name Frank (frank ist ein Synonym von frei) kann nur ironisch gemeint sein, steht er doch in krassem Widerspruch zu den Zwängen, denen der Junge in zunehmendem Maße durch die Anforderungen, die Elternhaus und Schule an ihn stellen, unterworfen wird. Er ist jedoch sensibel genug, um zu bemerken, dass auch seine Eltern unter diesem Umstand leiden.

Sensibilität Franks, aber ...

Während sich Frank in seine Eltern hineinversetzen kann und selbst traurig wird, wenn er sie „traurig" sieht, sind diese dazu Frank gegenüber erstaunlicherweise nicht in der Lage. Als Ingenieur und Lehrerin sind sie ihrem Sohn zwar intellektuell über-, in emotionaler Hinsicht aber hoffnungslos unterlegen. Sie zeigen sich außerstande, sich in ihren Sohn, der sehr wohl weiß, was mit ihm los ist, einzufühlen. Lediglich „erschrocken" und „fassungslos", aber ohne wirkliches Verständnis reagieren sie auf den ersten Selbstmordversuch Franks. Überzeugt davon, nur das Beste für ihn zu wollen, überhören sie seine Hilferufe. Die völlige Blindheit von Franks Vater gegenüber der seelischen Bedrängnis seines Sohnes ist nur aus der generationenlangen Besessenheit zu erklären, die keine anderen Ziele als den sozialen Aufstieg mehr kennt und andere Werte ignoriert.

Unverständnis, ...

Blindheit, ...

Erwartungsdruck der Eltern

Dem enormen Erwartungsdruck, der aufgrund des Welt- und Menschenbildes seiner Eltern auf ihm lastet, kann Frank auf Dauer nicht standhalten. Immer wieder muss er sich als Ursache und Anlass für ihre „Enttäuschung" und ihre Verzweiflung sehen, und er spürt, dass das Lebensglück seiner Eltern mit seinen schulischen Leistungen und den damit verknüpften beruflichen Zukunftschancen aufs Engste verbunden ist. Einer solchen Verantwortung aber fühlt er sich nicht gewachsen, und konsequenterweise wiederholt er seinen ersten, von seinen Erziehern nicht richtig verstandenen Selbstmordversuch.

Eine besondere Bedeutung kommt dabei dem Begriff „ersparen" zu, der in der Beziehung zwischen Frank und seinem Vater bzw. seinen Eltern zweimal gebraucht wird und eine verhängnisvolle Wechselseitigkeit zum Ausdruck bringen soll. Der Vater möchte seinen Kindern die „Nachteil[e]" einer verspäteten Ausbildung auf dem zweiten Bildungsweg „ersparen" und setzt seinen Sohn deshalb unter einen schließlich unerträglichen Leistungsdruck. Frank spürt, dass er seine Eltern immer wieder enttäuscht, und um ihnen dieses künftig zu „ersparen", nimmt er sich das Leben. Eltern und Frank sind einander durchaus in Liebe zugetan und haben die besten Absichten, aber trotzdem oder besser: gerade dadurch fügen sie einander so viel Leid zu.

„ersparen"

Die besondere Ironie besteht darin, dass Frank – im Unterschied zu seinen Eltern – aus den Fehlern seines ersten, gescheiterten Selbstmordversuches gelernt hat, weil seine Eltern in seiner Gegenwart darüber gesprochen haben. Wie wenig sie ihn, den 9-Jährigen, ernst nehmen, zeigt der Umstand, dass sie während ihres Gesprächs über seinen Sprung auf „weiche[n] Mutterboden" so tun, als könne er ihren Ausführungen nicht folgen. Dass er, wenn es um seine Person geht, die Erwachsenen sehr wohl verstehen und Schlüsse aus ihren Worten ziehen kann, wird daran sichtbar, dass er für den zweiten Sprung aus einem Fenster „einen betonierten Gehweg als Ort des Aufpralls" auswählt. Seine Lernfähigkeit, die die Eltern immer wieder in Frage gestellt haben, erweist sich hier als Voraussetzung dafür, dass ihm die Flucht aus einer Welt gelingt, in der Lernen sowie schulischer und beruflicher Erfolg alles bedeuten.

Tödliche Ironie

Für alle Väter gleichermaßen gilt, dass sie ihr eigenes Lebensziel, verkörpert durch die Zukunftserwartungen an ihre Söhne, nicht erreichen; daran sind einerseits die äußeren, d. h. politischen Verhältnisse, andererseits zu einem guten Anteil auch sie selbst nicht unbeteiligt.

Als Nebenfiguren treten in der Geschichte außer dem betrügerischen amerikanischen „Professor" eine Ärztin und Franks Lehrerin in Erscheinung, die in dem tragischen Gang der Dinge zwar ihre Rolle spielen, dafür allerdings persönlich nicht oder nur bedingt verantwortlich gemacht werden können. Beide richten sich nach der vorgegebenen Norm und tun – ohne dass dies hier negativ zu verstehen wäre – ihre Pflicht. Die Ärztin erkennt wohl richtig, dass Frank den Leistungsanforderungen der Grundschule nicht gerecht werden kann, und in diesem Fall ist die von ihr empfohlene Überweisung an eine Sonderschule der übliche Weg. Welche Tragödie sie damit in Gang setzt, wird sie vermutlich nie erfahren, anders als die Lehrerin, die Frank von der Teilnahme an einer Schulfahrt ausschließt. Auch sie handelt in gutem Glauben und will den Jungen nicht schikanieren,

– Der falsche Professor

– Die Ärztin

– Die Lehrerin

sondern ihm Gelegenheit geben, den Anschluss im Unterricht nicht zu verlieren. Dass sie damit den tödlichen Sprung Franks auslöst, ahnt sie deshalb nicht, weil sie sich den Vorstellungen und Erwartungen seiner Eltern gegenüber offenbar stärker verpflichtet fühlt als ihm, dem ihr anvertrauten Schüler.

Exkurs: Zur Zeitstruktur der Erzählung

Den nachfolgenden Ausführungen geht eine schriftliche Kontroverse zwischen dem Verfasser und dem Autor Christoph Hein voraus, die nicht entschieden werden konnte und deshalb dem Urteil des Lesers überlassen bleiben soll.

Es gehört sowohl zur Aussagelogik der Geschichte als auch zum Anspruch des Autors, als Schriftsteller zugleich ein Chronist zu sein, dass es in „Frank, eine Kindheit mit Vätern" auf genaue Zeitangaben ankommt. Dabei werden allerdings – vornehmlich aus stilistischen Gründen – die meisten relevanten Jahreszahlen nicht direkt genannt, sondern müssen innerhalb des Kontextes aus Angaben unterschiedlicher Art erschlossen werden.

Rekonstruktion des Zeitgerüsts

Da gesagt wird, dass der Großvater 1916 das Gymnasium verlassen muss, ist davon auszugehen, dass er zu diesem Zeitpunkt schätzungsweise 14 bis 16 Jahre alt ist und somit um 1901 geboren wurde. Mit 40 Jahren, also ca. 1941, heiratet er. Sein Sohn kommt ungefähr 1942 zur Welt. Mit 16 Jahren wird er von seinen Eltern in die USA geschickt, also um 1958; seine Rückkehr „acht Jahre später" ist dann mit 1966 anzusetzen. Etwa ein Jahr zuvor wird Frank geboren, denn er ist 9 Jahre alt, als er sich im „Herbst 1974" zum ersten Mal das Leben zu nehmen versucht. „Im Sommer des folgenden Jahres", also 1975, verstirbt er nach dem zweiten Selbstmordversuch.

Stimmigkeit?

Diese Rekonstruktion des zeitlichen Gerüsts ist in sich stimmig. Allerdings findet sich in der Geschichte auch ein Hinweis, dass Franks Vater 37 Jahre alt ist, als er „als Ingenieur [...] in Oberschöneweide" eingestellt wird: Dies muss ungefähr um das Jahr 1978 sein. Zu diesem Zeitpunkt ist Frank jedoch schon einige Jahre tot. Damit bleibt fraglich, worauf sich die „geringen beruflichen Erfolge" des Vaters beziehen, die dieser „seinen beiden Kindern [und damit also auch Frank] ersparen" will. Wenn damit seine früheren Tätigkeiten als Schiffsjunge und Leichtmatrose gemeint sind, passt es. Wenn man sie jedoch, was näher liegt, mit seinem eigentlichen Beruf als Ingenieur verknüpft, ist die Bemerkung ohne Sinn, denn einen toten Sohn kann man nicht vor dem „Nachteil" eines verspäteten Ausbildungsganges bewahren.

Ob die Zeit-Konstruktion der Geschichte nun „korrekt" ist, wie der Autor meint, oder ob sie im oben genannten Sinn einen Fehler enthält, mag jeder Leser für sich entscheiden.

5 Zur Aussage der Geschichte

Während sich, wie im Abschnitt zur sprachlichen Gestaltung deutlich wurde, der Erzähler einer Kommentierung und Beurteilung der Vorgänge weitgehend enthält, weicht der Titel von dieser Strategie ab und bietet indirekt einen Interpretationshinweis an. Der entscheidende Punkt ist zunächst die Obsession aller Väter, sich mit dem jeweils erreichten sozialen Stand nicht zufrieden geben zu wollen, und da sie zu alt sind, um für sich selbst noch eine Veränderung ihres Lebens in Betracht ziehen zu können, projizieren sie ihre Wünsche und Vorstellungen auf ihre Söhne.

Obsession der Väter

Dass Christoph Heins Geschichte indes den Titel „Frank, eine Kindheit mit Vätern" und nicht „mit Eltern" trägt, gibt einen deutlichen Hinweis auf die Dominanz der Männer in der Familiengeschichte und damit auf eine patriarchalische Struktur, die bis in die, vom Zeitpunkt der Entstehung der Geschichte (1980) aus betrachtet, jüngere Geschichte hineinreicht. Entsprechend dem bekannten Spruch, dass Geschichte von großen Männern gemacht wird, wird die Familiengeschichte von den Vätern bestimmt, die Frauen bzw. Mütter spielen in ihr nur eine Nebenrolle. So ist es stets der Wunsch der Väter, dass aus ihren Söhnen etwas Besseres wird, von einem eigenen oder gar vom väterlichen Willen abweichenden Willen der Mütter ist nirgendwo die Rede. Daraus ist wohl der Schluss zu ziehen, dass die Mütter sich diesem Wunsch, der mal als „Bestreben", mal als „Traum" und schließlich, im Falle Franks, als Befürchtung charakterisiert wird, fraglos anschließen. So werden sie auch in beruflicher Hinsicht vorwiegend als Anhängsel ihres Mannes aufgeführt: Der Urgroßvater „arbeitete mit seiner Frau" auf einem Pachthof, der Großvater „[führte] gemeinsam mit der Frau [...] eine Kellerdrogerie" und „verzog [...] mit seiner Frau nach Westdeutschland. Beide wurden Fabrikarbeiter [...]". Eine vorsichtige Veränderung der Geschlechterrollen zeigt sich lediglich an der Mutter Franks, die als einzige Frau überhaupt durch die Erwähnung eines eigenen Berufes herausgestellt wird. An der Erziehung Franks ist hier nicht nur der Vater beteiligt, sondern es wird in dem Ausdruck „Eltern" die Mutter mit erfasst: Als Lehrerin erteilt sie ihrem Sohn Nachhilfe. Diese bleibt erfolglos, woran aber bezeichnenderweise nicht sie, sondern Franks Vater „verzweifelt". Dessen Erfolgsorientierung macht sich in seiner geringeren Geduld deutlich be-

„Väter" statt Eltern

Dominanz der Männer

Ausnahme: Franks Mutter

merkbar. Franks Abschiedsbrief beginnt mit „Liebster Papi und Mami", was wohl nicht nur einer Unsicherheit in der Grammatik zuzuschreiben ist: Dass die weibliche Form der Anrede (liebste) ganz unter den Tisch fällt, kann als weiteres Zeichen der männlichen Vorherrschaft auch noch in dieser Familie gesehen werden, die für Frank ganz selbstverständlich ist.

Zeitgeschichte und Familiengeschichte

Der Autor zeichnet in diesem kurzen Text einen Abriss von einem Dreivierteljahrhundert deutscher Geschichte über vier Generationen und mehrere politische Epochen hinweg: Auf engem Raum wird ein weiter Bogen von der Kaiserzeit bis in die Zeit der DDR gespannt, wobei jede Epoche ihren eigenen Beitrag zu dem immer gleichen Ablauf verfehlter Familiengeschichte leistet. Der Erste Weltkrieg ist zugleich entscheidender Einschnitt in die Biographie von einem der Söhne, die, bis auf Frank, immer auch wieder Väter sind: Durch den Soldatentod des Vaters wird der spätere Großvater aus der vorgezeichneten Bahn geworfen, und das gleich in doppeltem Sinn: Er muss nicht nur die Schule verlassen, sondern wird auch kriminell. Die Entwurzelung, die er persönlich erfährt, die vielen Berufe, die er ergreift, finden ihre Parallele in den Wirrnissen der Weimarer Republik, die ebenfalls stark geprägt war von der durch den verlorenen Krieg erzwungenen Neuorientierung, insbesondere durch die Wende in der Innen- und Außenpolitik. So, wie zuerst viele und am Ende die meisten Menschen in der Weimarer Republik sich mit diesem Staat nicht abfinden wollten, kann auch der Großvater sich mit seiner Situation nicht arrangieren. Sein Sohn, Franks Vater, wird um 1940, also ungefähr zu einer Zeit geboren, als gerade ein neuer, der Zweite Weltkrieg, entfesselt wird, dessen Ergebnisse, die Besetzung Deutschlands und die Aufteilung Berlins in Sektoren, die wesentlichen schicksalhaften Weichen für das weitere Leben der Menschen stellen.

Kluft zwischen Anspruch und Wirklichkeit

Christoph Heins Geschichte ist eine Absage an die falschen, illusorischen und unrealistischen Erwartungen an das Leben, die von den Vätern auf die Söhne übertragen werden und dadurch bei diesen ein Scheitern auslösen. Frank schleppt die Last der über Generationen angehäuften Enttäuschungen seiner männlichen Vorfahren mit, und in ihm, dem schwächsten Glied dieser unseligen Kette, lässt sich die Kluft zwischen den hochgesteckten Ansprüchen an die Wirklichkeit und dem Sich-abfinden-Müssen mit deren Beschränkungen nicht mehr schließen. Während die „Väter" für sich noch eine Nische oder Lücke finden und sich auf eine, wenn auch für sie unbefriedigende Weise durchs Leben schlagen, versagt diese Bewältigungsstrategie bei Frank. Die Tragik liegt darin, dass bei ihm die Nichterfüllung von Sehnsüchten nicht auf äußere Umstände geschoben werden kann, denn in ihm, in seinen beschränkten „geistigen Voraussetzungen" und seiner entsprechend schwachen, jedenfalls nicht ausreichenden Begabung liegt der Grund für die schulischen Misserfolge. Den subjekti-

5 Zur Aussage der Geschichte

ven Erwartungen der Eltern werden hier objektiv unüberwindbare Schranken gesetzt.

Auffälligerweise verzichtet Hein darauf, bei allen Vätern ein falsches gesellschaftliches Prestigebewusstsein für deren Bemühungen verantwortlich zu machen. Dass von dem angestrebten Glanz der Söhne auch ein Strahl auf sie selbst als Erzeuger fallen soll, ist als Absicht ihres Strebens nicht zu erkennen. Auch bei Franks Vater ist von Scham über die schlechten Leistungen des Sohnes und das Gerede der Leute darüber nicht die Rede. Dadurch aber wird die Problematik keineswegs entschärft: Auch das subjektiv durchaus Gutgemeinte kann fatalerweise zur Quelle objektiven Übels werden. Weil es den Söhnen aus offenkundig ehrlich gemeinter Fürsorge nicht gestattet wird, einen eigenen, ihnen gemäßen Weg im Leben zu finden, führt der von den Vätern vorgesehene Weg in die Irre und schließlich – bei Frank – auch in wortwörtlicher Hinsicht in den Abgrund.

Subjektiv Gutgemeintes und objektives Übel

Franks Leben und Ende ist – für sich gesehen – kein Einzelfall und kann in den Unterlagen von Psychologen, Jugendämtern und Beratungsstellen zweifellos unzählige Male nachgelesen werden. Unter diesem Aspekt könnte die Frage nach der Relevanz der Geschichte gestellt werden, würde sie doch die hinlänglich bekannten realen Fakten nur um einen fiktionalen Fall ergänzen. Das Besondere an „Frank, eine Kindheit mit Vätern" aber wird schon im Titel angedeutet und besteht darin, dass der für sich unspektakuläre Einzelfall in das geschichtliche Kontinuum gestellt wird.

Dadurch wird nun jedoch nicht etwa eine historische Dimension eröffnet, sondern es geschieht gerade das Gegenteil. Aufgrund seiner fortwährenden Wiederkehr in der Folge von Geschlechtern wird das Phänomen der falschen Väter-Erwartungen gleichsam enthistorisiert. Scheinbar unberührt vom äußeren Wandel behaupten sich kleinbürgerlich-patriarchalische Ideen im monarchistischen ebenso wie im demokratischen und im sozialistischen System. Wenn sich aber solche einander reproduzierenden Familien-Strukturen und Vorstellungen im real existierenden Sozialismus nicht anders als vormals im Kaiserreich finden lassen, müssen Zweifel am historischen Fortschritt bzw. an der Weiterentwicklung menschlichen Bewusstseins aufkommen. Damit jedoch werden Grundüberzeugungen marxistisch-materialistischen Denkens, wie sie in der ehemaligen DDR gepflegt wurden, nachdrücklich in Frage gestellt. Zumindest zeigt Christoph Heins Geschichte, dass falsches gesellschaftliches Bewusstsein langlebiger ist, als der Fortschrittsoptimismus uns glauben lassen möchte.

Enthistorisierung kleinbürgerlich-patriarchalischer Vorstellungen

Absage an den sozialistischen Fortschrittsoptimismus

Der Befund lautet, dass das Bewusstsein mit großer Verzögerung – wenn überhaupt – den Veränderungen des gesellschaftlichen Seins folgt. Die Einsicht in diesen Tatbestand kann indes nicht als Entschuldigung verstanden werden, die Fehler früherer Generationen immer noch einmal zu wiederholen.

Im Gegenteil: Franks „Kindheit mit Vätern" ist vielmehr als dringender Appell zu lesen, das eigene Verhalten und die eigenen Wertvorstellungen im Hinblick auf die Erziehung und die Begleitung der eigenen Söhne und ebenso natürlich auch der Töchter! – selbstkritisch zu prüfen.

Christoph Meckel: Reparaturwerkstatt (1981)

Sie fuhren am Meer entlang in die südlichen Berge, es war ihre
dritte gemeinsame Autotour. Der Ford, ein Automatic, war neu und
stabil. Sie reisten wie üblich außerhalb der Saison, und wie üblich
mit wenig Gepäck der Diebstähle wegen, und verbrachten die
Nächte in kleinen Hotels der Provinz.
Stürmische Tage und Nächte im frühen April, Regenschauer und
abgerissene Blüten, leere Bars an den Straßen und wenig Verkehr.
Auf den Bergen des Hinterlandes lag frischer Schnee. Am sechsten Tag, auf steigenden Serpentinen, ließ der Motor nach und
setzte aus. Der Wagen blieb auf offener Straße stehn. In technischen Dingen hatten sie keine Erfahrung, mit einer Panne hatten
sie nicht gerechnet. Sie standen verärgert und hilflos vor ihrem
Wagen, dann saßen sie rauchend und wartend in ihren Sitzen. Ein
Lieferwagen schleppte sie von den Bergen, zurück in den Ort der
vergangenen Übernachtung. Die einzige Garage lag draußen im
Land, Betongelände mit Werkstatt und mehreren Pumpen. Im Unkraut Benzinkanister und Wracks ohne Räder, verbeulte Reste von
Blech und kaputte Traktoren. Der Chef persönlich sah sich den
Motor an, hantierte an Drähten und prüfte die Batterie. Sie schauten dem Vorgang ohne Interesse zu und waren erleichtert, als ihnen versichert wurde, dass der Wagen am Abend wieder in Ordnung sei.
Sie gingen im Ort spazieren, zum zweiten Mal, und schauten sich
in den vorhandenen Straßen um. Eine ländliche Scenerie mit
Denkmal und Kirche, verschiedenen Haushaltsläden, Hotel und
Bar. Ein Sportplatz, ein Schulhaus und eine Busstation, dahinter
ein Hügelgelände mit Gärten und Wegen. Eine neue Textilfabrik
an der Straße zum Fluss, eine Apotheke im Rathaus, ein Siedlungsbau. Verschiedene Sommerhäuser mit Pappeln und Zäunen.
Stella war lustig, es schien sie zu amüsieren, den Tag zu vertrödeln
an einem beliebigen Ort, ganz unerwartet, ein reizvoller Zwischenfall. Das Hotel war für seine gute Küche bekannt. Sie aßen
Menü und Forelle zum zweiten Mal.
Am Nachmittag schauten sie kurz in der Werkstatt vorbei, der Chef
schien sich weniger optimistisch zu äußern. Der Schaden sah
schwieriger aus, als er anfangs dachte, und was er dazu erklärte,
war schwer zu begreifen. An diesem Tag jedenfalls war nichts mehr
zu machen, und über die Kosten ließ sich nichts Sicheres sagen.
Die Arbeitsstunden, Ersatzteile und so weiter – das schien sich inzwischen bedenklich summiert zu haben. Es blieb nichts übrig, als
wieder zu übernachten, und sie gingen mit ihren Koffern zurück
ins Hotel.

Der Abend war ruhig, sie tranken, aßen Forellen, und starrten vom Bett aus in Filme und Fernsehreklamen. Nachts klatschte der Regen an ihre Fensterscheiben, sie frühstückten guter Laune trotz leiser Bedenken. Am gleichen Mittag stand fest, dass Ersatzteile fehlten, man musste noch einmal warten, vielleicht übernachten, ein Lehrling war unterwegs und es würde schon klappen, vielleicht noch zum Abend, auf jeden Fall nächsten Morgen. Sie gingen wieder spazieren, am Fluss, auf den Hügeln, sie aßen und tranken und übernachteten wieder, sie sahen ihr Auto in Teile zerlegt auf dem Boden, sie frühstückten wieder und gingen wieder spazieren. Die Tage wurden heller, die Mittage wärmer, sie kannten den Ort, sie grüßten und wurden beachtet, sie gingen noch immer spazieren und frühstückten wieder, sie kauften die Zeitungen der lokalen Presse, sie tranken den Wein der Umgebung und aßen Forellen, sie aßen Schokolade und starrten in Filme, sie liebten sich nachts oder mittags und gingen spazieren. Sie schauten zweimal täglich, dann einmal täglich, dann alle paar Tage in der Garage vorbei, sie sahen ihr Auto in Teile zerlegt auf dem Boden und fuhren im Omnibus zu den benachbarten Orten. Die Reparatur konnte täglich in Ordnung kommen, sie wechselten ihre Schecks, wo sie Bankhäuser fanden, sie wechselten vom Hotel in ein nettes Apartment, sie kochten und stritten und schliefen und liebten sich weiter, sie kauften Ansichtskarten, Papier und Töpfe, sie kauften Fahrräder, Wäsche und leichtere Kleider. Die Weinernte ging vorbei, nach dem Sommer kam Regen, der Raureif, der Hagel, die Kälte, das Laub und der Schneefall, die Zeit wurde älter, dann alt, nicht mehr festzustellen, sie kauften Wetterjacken und wärmere Kleider, sie gingen in Stiefeln spazieren und liebten sich weiter. Als Stella erkrankte, wurde ein Arzt gerufen, sie verliebte sich, wurde schöner, und er lief spazieren. Er stand allein in den Bars und beschaute die Frauen, er trank in Gesellschaft und kam animiert nach Hause. Sie blieb im verschlossenen Bad und wusch sich die Haare, sie war mit Hautcreme und Illustrierten beschäftigt, verschwand für drei Tage und Nächte, dann kam sie wieder, da schlug er sie ins Gesicht und dann kam die Versöhnung, er drückte sie in die Matratze, sie ließ es sich gefallen, die Reparatur konnte täglich in Ordnung kommen, sie sahen ihr Auto in Teile zerlegt auf dem Boden, mit Öl verschmiert oder aufgebockt wie schon immer, die Reparatur konnte täglich in Ordnung kommen, die Schneeschmelze kam und die Lehrlinge wechselten häufig, die Katze starb, sie hatten auch eine Katze, dann starb der Chef, die Ersatzteile kamen selten, sie blieben aus oder waren verwechselt worden, die Forellen gingen aus und dann gab es sie wieder, der neue Chef gab sich Mühe, sie gingen spazieren, sie tranken und schliefen, vereinzelt oder zusammen, er entsann sich wieder der Witze seiner

Jugend, erzählte Zoten und Stella erbrach sich vor Lachen. Man stand in verschiedenen Bars, schaffte Gäste nach Hause, man wechselte Schecks und ließ Geld aus Ressourcen kommen, dann kam der Schnee und der Sommer, der Herbst und das Frühjahr, das eine, das andre, es wurden Parties gefeiert, es wurden Straßen gebaut und Weine getrunken, Forellen gegessen, in anderen Betten geschlafen, dann wurde bereut, versöhnt und von vorne begonnen, die Reparatur konnte täglich in Ordnung kommen, die Zeit war alt und hatte nichts mitzuteilen, es wurden Häuser gebaut oder abgerissen, der Schnee, die Erkältungen und der Regierungswechsel, die Zeitung, der Schlaf und die Tage im Allgemeinen, die Nacht, die Forellengräten für die Katze, die immer breiteren Bäuche und faltigen Hälse, das Schnurren der Katze und die Forellengräten, der Aperitif, die Zigarre, die Wimperntusche, die Reparatur konnte täglich in Ordnung kommen, sie sahen ihr Auto in Teile zerlegt auf dem Boden, mit Öl verschmiert oder aufgebockt wie schon immer.

Als er nachts zusammenbrach, auf der Haustreppe starb, war Stella schockiert und verschaffte sich einen Geliebten. Man verbrachte zwei Wochen im vorhandenen Bett, dann fuhr er mit ihr im eigenen Wagen fort.

(Aus: Christoph Meckel, Ein roter Faden, © 1983 Carl Hanser Verlag, München – Wien)

Interpretation

1 Kurzbiographie und Hinweise zum Werk

Christoph Meckel wurde am 12. Juni 1935 in Berlin geboren, wo sein Vater Eberhard Meckel seit 1929 als Schriftsteller und Journalist tätig war. Ohne den 1940 an die Front befohlenen Vater zog die Familie während des Krieges in die Nähe von Freiburg, wo Christoph Meckel das Gymnasium besuchte. Im Anschluss an längere Reisen, die ihn u. a. nach Afrika und Amerika führten, studierte er Mitte der fünfziger Jahre Graphik in Freiburg, München und Paris.

Dichter und Graphiker

Bereits in seinem ersten Lyrik-Band mit dem Titel „Tarnkappe" (1956) präsentierte sich der Künstler zugleich als Dichter und als Graphiker, der sich, wie der Titel schon andeutet, dem Phantastischen in der Poesie und der bildenden Kunst verschrieben hat. Dieser Grundzug im Werk Meckels bedeutet indes nicht, dass er dabei den Boden unter den Füßen verliert; vielmehr liefert das Phantastische oft erst den Schlüssel zum Verständnis einer scheinbar normalen Realität, die mit gesellschaftskritischem Blick betrachtet wird. Mitunter ist es nicht leicht, häufig sogar unmöglich, die unwirklichen Geschichten und skurrilen Bilder (Radierungen, Linolschnitte, Zeichnungen usw.) zu deuten, die den Leser bzw. Betrachter zugleich verunsichern und faszinieren.

Phantastisches und Skurriles

Werke:
– Prosa

In seinen Prosatexten phantasiert sich Christoph Meckel oft in Grenzbereiche, so in dem „Manifest der Toten" (ein „Proroman" von 1960) und in der Sammlung „Im Land der Umbranauten" (1961). In der Erzählung „Tullipan" von 1965 erträumt sich der Ich-Erzähler eine Art Golem mit Namen Tullipan und reflektiert im Dialog mit diesem seine schriftstellerische Tätigkeit.

Die heiter-ironische und dabei überaus anspielungsreiche Seite seines Werkes wird auch am unverhältnismäßig langen Titel des 1966 erschienenen schmalen Quartheftes aus dem Wagenbach-Verlag deutlich: „Die Noticen des Feuerwerkers Christopher Magalan einschließlich zahlreicher Lebenszeugnisse aus Briefen, Tagebüchern und Dokumenten sowie eine Einführung von C. E. McKell, samt Zeichnungen, durchkommentiert von Professor L. Kuchenfuchs".

Von der Kritik besonders hervorgehoben und mit dem Bremer Literaturpreis belohnt wurde Meckels Biographie „Suchbild. Über meinen Vater" (1980). In dem Roman „Nachricht für Baratynsky" (1982) setzte Meckel dem gleichnamigen russischen Lyriker ein Denkmal. Im Jahre 1983 wurden die gesammelten Prosa-Dichtungen unter dem Titel „Ein roter Faden" veröffentlicht, dem auch die 1981 entstande-

1 Kurzbiographie und Hinweise zum Werk

ne, im Folgenden interpretierte Geschichte „Reparaturwerkstatt" entnommen ist. Eng zusammen gehören die beiden Romane „Die Messingstadt" (1991) und „Shalamuns Papiere" (1992), in denen die pessimistische Vision einer verstrahlten „Babylon City" als Ausdruck der Zivilisationshölle entworfen wird. Eher beschaulich dagegen ist der 1997 erschienene Bericht „Ein unbekannter Mensch", ein Porträt seines Nachbarn in der Drôme, des Lavendelbauern Mathieu. Der Band „Dichter und andere Gesellen" (1998) fasst zweiunddreißig Texte, meist zu zeitgenössischen Schriftstellern und bildenden Künstlern, zusammen.

Ein besonderes Interesse Christoph Meckels gilt den Kindern, wie u. a. an den Romanen „Bockshorn" (1973) und schon an der Erzählung „Gwili und Punk" aus „Im Land der Umbranauten" von 1961 deutlich wird; zu dem von der UNO 1989 verabschiedeten Übereinkommen über „Die Rechte des Kindes" hat der Künstler 1994 einen Zyklus von 28 Radierungen veröffentlicht, in dem er die Welt der Kinder mit der der Erwachsenen konfrontiert: Spielzeug, Schaukeln und Luftschiffe stoßen auf Panzer, Zerstörung, Vertreibung; Spielerisch-Heiteres tritt neben Bedrückend-Bedrohliches. Noch düsterer erscheinen die „Sieben Blätter für Monsieur Bernstein" von 1986, in denen sich der Zeichner Meckel in einfachen Strichen dem Grauen der Judenverfolgung zu nähern versucht.

Wichtiges Motiv: Kinder

Neben dem epischen und dem graphischen Werk nimmt die Lyrik in Christoph Meckels Schaffen einen zentralen Platz ein. Viele Gedichtbände erschienen seit seinem Erstlingswerk von 1956, die z.T. in „Ausgewählte Gedichte 1955–1978" von 1979 zusammengefasst wurden. Den Band „Säure" gab der Autor als ersten Teil der Trilogie „Die Komödie der Hölle" im selben Jahr heraus, 1984 folgte „Souterrain", 1987 schließlich „Anzahlung auf ein Glas Wasser" als dritter Teil. Als Gedicht-Zyklen bilden „Das Buch Jubal" von 1987 und „Das Buch Shiralee" von 1989 eine thematische Einheit.

– Lyrik

Christoph Meckel wurde für sein vielfältiges Werk mehrfach geehrt, u. a. 1959 mit dem Förderpreis zum Immermann-Preis der Stadt Düsseldorf und 1962 durch ein Stipendium in der Villa-Massimo in Rom. Er nahm 1970 den Preis der Heinrich-Zille-Stiftung für sozialkritische Graphik entgegen, 1973 den Preis der Neuen Literarischen Gesellschaft in Hamburg, 1978 den Rainer-Maria-Rilke Preis und 1981 den Bremer Literaturpreis. Der Preis der Deutschen Schillerstiftung von 1859 wurde ihm 1998 verliehen.

Ehrungen

Christoph Meckel wohnt und arbeitet in Berlin und bei Remuzat in der Drôme.

2 Zum Aufbau der Geschichte

Christoph Meckels Text „Reparaturwerkstatt" besteht vom äußeren Aufbau her aus insgesamt sechs Abschnitten, von denen der erste von der Reise eines Paares berichtet und dabei durch zwei mit „wie üblich" eingeleiteten Hinweisen auf dessen Reisegewohnheiten aufmerksam macht; im Übrigen erfährt der Leser über die Vorgeschichte nichts. Der Aufbau dieser konsequent linear aufgebauten Geschichte ist mit ihrer Zeitstruktur eng verknüpft.

Lineare Struktur

Der zweite Absatz schildert telegrammstilartig äußere Eindrücke der Reise und fasst daraufhin die Autopanne in den Bergen, das Abschleppen des Autos und die Rückkehr des Paares in den Ort des letzten Nachtquartiers, wo die Reparatur erfolgen soll, zusammen. Das Warten auf die Instandsetzung während des zweiten, unfreiwilligen Aufenthalts in dem Ort sowie dessen Erscheinungsbild beschreibt der dritte Abschnitt, während der folgende die Zeit zwischen Nachmittag und Abend desselben Tages zum Inhalt hat und die erneute, durch Verzögerung der Reparatur erzwungene Übernachtung im bereits bekannten Hotel ankündigt.

Zeitraffung

Länger als alle anderen Absätze zusammen fällt der fünfte aus; in ihm wird die verstreichende Zeit in beschleunigter Weise gerafft, wobei der Ort des Geschehens stets derselbe bleibt, wenn man davon absieht, dass das Hotel später mit einem Apartment vertauscht wird. Während der Abend, die Nacht und der folgende Tag zunächst noch gesondert betrachtet werden, wird die Erzählung in ihrer Zeitstruktur immer gröber. Von den Tageszeiten geht sie auf „die Tage" über, die nun aber schon gar nicht mehr als einzelne Zeitabschnitte behandelt werden. Die Geschichte beschränkt sich auf die Beschreibung der Handlung im Kontext der Naturzeiten, d. h. auf die Nennung der jeweiligen Jahreszeiten. Dem „frühen April" zu Beginn schließt sich der „Sommer" an, Herbst und Winter werden nur umschrieben. Mit der erwähnten „Schneeschmelze" ist das erste Jahr vorüber, ein weiteres wird unvollständig, einzelne Jahreszeiten bereits überspringend, nur noch mit „der Schnee und der Sommer, der Herbst und das Frühjahr" angedeutet, ehe die Zeit endgültig ins Schemenhafte verrinnt: „das eine, das andere". Der Erzähler lässt auf diese Weise eine nicht näher genannte Anzahl von Jahren fließend ineinander übergehen, in denen sich einmal beschriebene Vorgänge nur noch wiederholen.

Pointenhafter Schluss

Deutlich abgesetzt von diesem trostlosen Kontinuum des Immergleichen ist der pointenartig kurze letzte Absatz, der vom Tod des Mannes, der neuen Verbindung der Frau und ihrer gemeinsamen Abreise aus dem Ort berichtet.

Insofern sowohl der erste als auch der letzte Satz das Thema des Reisens und deshalb auch das Verb „fahren" enthält („fuhren" bzw.

3   Erzählverhalten und Sprache

„fuhr"), kann hier von einem Rahmen gesprochen werden: Ein Kreis hat sich geschlossen und ein neuer ist vielleicht begonnen worden, dessen Geschichte dem Leser aber nicht mehr erzählt zu werden braucht.

Rahmen

3   Erzählverhalten und Sprache

Der mit dem ersten Satz der Geschichte gestaltete unvermittelte Einstieg erinnert an eine traditionelle Kurzgeschichte: Personen, Ort und Umstände werden zwar angesprochen, bleiben aber weitgehend im Dunkeln, denn wer sind „sie"? Von welchem „Meer" und von welchen „südlichen Berge[n]" ist die Rede? Auch im weiteren Verlauf von „Reparaturwerkstatt" werden diese Fragen nicht geklärt, wenngleich der Begriff „Garage", der einmal an Stelle von „Werkstatt" gebraucht wird, auf Frankreich hindeutet.

Der Erzähler, der die genauen Zusammenhänge der „Autotour" nicht preisgibt, kann als *neutral* bezeichnet werden, denn er beschränkt sich weitgehend auf die fotografische, dabei kommentarlose, anonyme Abschilderung der äußeren Wirklichkeit. Dazu passt der Stil, der in den beiden ersten Absätzen – mit Ausnahme des letzten Satzes – nüchtern *parataktisch* gehalten ist: Sachinformation reiht sich an Sachinformation, Detail an Detail. Verstärkt wird dieser Satzbau durch den Gebrauch von *Ellipsen* bei der Beschreibung der Natur sowie der von den Reisenden befahrenen Straßen und Dörfer: „Stürmische Tage und Nächte im frühen April, Regenschauer und abgerissene Blüten, leere Bars an den Straßen und wenig Verkehr." Der Stil, der im Ganzen betont sachlich und neutral wirkt, erzeugt eine eher bedrückende, keinesfalls anheimelnde Stimmung, und die beschriebene Seelenlandschaft bereitet auf das Kommende atmosphärisch vor.

Neutraler Er-Erzähler

Parataxen

Ellipsen

Wie eng diese „Autotour" mit dem unfreiwilligen Aufenthalt in dem kleinen „Ort der vergangenen Übernachtung" verknüpft ist, in dem sich das Paar zunächst vorübergehend und schließlich ganz aufhält, wird daran deutlich, dass die Ellipse im folgenden Abschnitt als Stilmittel aufgegriffen und so eine assoziative Verbindung zwischen der Reise einerseits und dem Ort des Verweilens andererseits hergestellt wird: Durch die Aneinanderreihung einzelner Elemente, die wie zusammenhanglos nebeneinander stehen, wird als „ländliche Scenerie" in Wirklichkeit ein lebloses Bild entworfen: „Eine neue Textilfabrik an der Straße zum Fluss, eine Apotheke im Rathaus, ein Siedlungsbau. Verschiedene Sommerhäuser mit Pappeln und Zäunen." Der Verzicht auf Verben in den beiden zitierten Passagen lässt den Eindruck einer gewissen Bewegungslosigkeit und Starre aufkommen.

Bewegungslosigkeit und Starre

Obwohl der Hinweis auf „Sommerhäuser" zunächst an Urlaub, Freizeit, Erholung usw. denken lässt, entsteht durch die Art der sprachlichen Einbindung dieses Begriffs kein positives Bild, diese „Sommerhäuser" fügen sich nicht in ein harmonisches Ensemble ein und lassen schon deshalb keine einladende Ausstrahlung als Ferienort erkennen. Auffälligerweise wird an dem Begriff „Ort" durchgängig festgehalten, wohl, weil „Dorf" oder „Städtchen" zu idyllisch klingen würden, während „Ort" emotional nicht besetzt ist und dem vorherrschenden neutralen Stil damit genau entspricht.

Nur kurz, während der ersten Phase der Reparatur des Wagens, wird das neutrale Erzählverhalten aufgegeben und mit Hilfe des Verbs „scheinen" eine teils auktoriale, teils personale Sicht eingenommen: „Stella war lustig, es schien sie zu amüsieren, den Tag zu vertrödeln [...], ein reizvoller Zwischenfall"; schon bald aber macht sich Unruhe in ihnen breit: „[...] der Chef schien sich weniger optimistisch zu äußern" und schließlich „Die Arbeitsstunden, Ersatzteile und so weiter – das schien sich inzwischen bedenklich summiert zu haben."

Anaphern

Ein wichtiges Stilmittel in der Geschichte ist die *Anapher*, deren Gebrauch vor allem auf die Beziehung der beiden Hauptfiguren zueinander bezogen ist. So findet sich, als die beiden die ersten Tage in dem Ort zubringen, gehäuft die Anapher „sie": „[....] sie kannten den Ort, sie grüßten [...], sie gingen immer noch spazieren [...] sie kauften die Zeitungen [...], sie tranken den Wein [...]". Hier wird zwar einerseits bereits das Serielle ihres hintereinander ablaufenden Daseins, andererseits aber auch ihre noch vorhandene Eintracht spürbar: Sie verbringen den ganzen Tag gemeinsam und scheinen sich nicht einmal für kurze Zeit zu trennen.

Im Gegensatz dazu wird die Anapher bzw. deren abrupter Wechsel von „er" zu „sie" an einer anderen Stelle eingesetzt, um die Beziehungskrise und die vorübergehende Trennung des Paares zu betonen: „[...] und er lief spazieren. Er stand allein in den Bars [...], er trank in Gesellschaft [...]. Sie blieb im verschlossenen Bad [...], sie war mit Hautcreme und Illustrierten beschäftigt [...]."

Wort- und Satzwiederholungen als ...

Von ganz entscheidender Bedeutung für das Verständnis der Geschichte sind die auffällig häufigen *Wort-* und sogar *Satzwiederholungen*. Am häufigsten findet sich dabei die Formulierung „Sie gingen spazieren", die in insgesamt sieben Variationen auftaucht. Zuerst findet sich der Satz, als das Paar den defekten Wagen in der Werkstatt abgegeben hat, auf die Fertigstellung wartet und sich die Zeit vertreiben muss: „Sie gingen im Ort spazieren, zum zweiten Mal." Darauf wird der Satz für den zweiten Tag im Ort gebraucht: „[...] sie gingen wieder spazieren [...]", etwas später in der gesteigerten Form von „sie gingen noch immer spazieren [...]" und dann – mit Bezug auf die Jahreszeit – „[...] sie gingen in Stiefeln spazieren [...]." Die stereotype Verwendung dieses Satzes wirft ein bezeichnendes Bild auf die Beziehung,

... Charakterisierung der Beziehung

zumal, wenn man hinzunimmt, dass der Satz im Zusammenhang der ersten kurzen Trennung der beiden abgewandelt wird; nun heißt es: „[...] er lief spazieren", um das Ungewohnte dieses Zustandes herauszustellen.

Die zweite wichtige Wiederholung besteht aus der viermal identisch verwendeten Formulierung „[...] sie sahen ihr Auto in Teile zerlegt auf dem Boden, [...]", die in den beiden letzten Malen um die Wendung „mit Öl verschmiert oder aufgebockt wie schon immer" ergänzt wird. Als inhaltlicher Kontrast zu der in dém Satz vorliegenden deprimierenden Beobachtung wird – allerdings ebenfalls litaneiartig – fünfmal der Satz „Die Reparatur konnte täglich in Ordnung kommen [...]." gebraucht, der die Hoffnung der Reisenden ausdrückt und womöglich auch die stets wiederholte Zusicherung des Chefs der Reparaturwerkstatt enthält, demnächst weiterfahren und den Ort verlassen zu können. In einigen Fällen werden die genannten stereotypen Sätze sogar miteinander verknüpft, so dass ein besonders eindringliches, paradoxes Bild vom Zeitstillstand im Zustand der Vergänglichkeit evoziert wird: „[...] die Reparatur konnte täglich in Ordnung kommen, sie sahen ihr Auto in Teile zerlegt auf dem Boden, mit Öl verschmiert oder aufgebockt wie schon immer." Mit dieser monotonen Formulierung endet auch der vorletzte Absatz, ehe in dem letzten mit dem Tod des Mannes eine ganz neue Situation entsteht und die alte überwunden wird.

Stillstand und Monotonie

4 Die Figuren

Der Erzähler der Geschichte unternimmt kaum Versuche, den Leser mit seinen beiden Hauptfiguren vertraut zu machen. Dass es sich bei dem reisenden Paar um ein Ehepaar handelt, kann, wie noch gezeigt wird, wohl angenommen werden, eine Bestätigung dafür aber gibt es nicht, denn Bezeichnungen wie „seine Frau" oder „ihr Mann", die das Verhältnis der beiden zueinander klar definieren würden, werden sorgfältig gemieden. Eher wie zufällig wird der Name der Frau im ersten Drittel der Geschichte mit Stella angegeben, während der Mann gänzlich namenlos bleibt. Der Name Stella (lat. Stern) deutet allerdings nicht etwa auf Funkelndes in ihrem Wesen, sondern bildet einen ironischen Gegensatz zu ihrer tatsächlichen Farblosigkeit. So bleiben beide Figuren bis zum Schluss auffällig konturenlos und lassen selbst da, wo sie sich streiten oder vorübergehend trennen, keine individuellen Züge erkennen. Dazu trägt bei, dass für ihre Bezeichnung fast ausschließlich das Personalpronomen „sie" verwendet wird. Und wenn zum Schluss hin das „sie" durch ein noch unpersönlicheres, ana-

Konturenlosigkeit:

– Personalpronomen

– *Indefinit-
pronomen*

– *Passiv*

Mittelmäßigkeit

Routine

*Phantasie-
losigkeit*

phorisch verwendetes Indefinitpronomen „man" ersetzt wird („Man stand in verschiedenen Bars [...], man wechselte Schecks [...]"), scheinen die Figuren ihren letzten Rest von Individualität eingebüßt zu haben. Sie sind austauschbar geworden und als Subjekte kaum noch wahrnehmbar. Dazu passt, dass nun auch die Form des Passivs dominiert, das Subjekt des Satzes bzw. die Subjekte der Handlung gänzlich zum Verschwinden gebracht worden sind: „[...] es wurden Parties gefeiert, es wurden Straßen gebaut und Weine getrunken, Forellen gegessen [...]".

Etwas Eigenes, Subjektiv-Unverwechselbares oder gar Neues haben diese Figuren nicht zu bieten, weshalb sie bezeichnenderweise auch von „Ressourcen" leben, während von beruflicher Tätigkeit, die etwas Besonderes an ihnen kennzeichnen könnte, an keiner Stelle der Geschichte die Rede ist. Es hat den Anschein, als lebten diese Figuren von der Substanz, genauer: von dem unveränderlichen Bestand ihrer Mittelmäßigkeit.

Eine gewisse Durchschnittlichkeit der Figuren wird bereits im ersten Absatz erkennbar. Schon die Reise der beiden Personen ist nicht nur aufgrund der äußeren Umstände wenig begeisternd, zusätzlich hat sich, wie das wiederholte „wie üblich" im ersten Absatz verrät, eine gewisse Routine eingeschlichen, denn es ist, wie auffallend pedantisch konstatiert wird, bereits „ihre dritte gemeinsame Autotour".

Beide scheinen also wenig Sinn für Abwechslung zu haben und sind auf das Gewohnte, eben das, was „üblich" ist, eingeschworen. Dies wird auch daraus ersichtlich, dass sie, obwohl sie durch die Panne aus dem geplanten Ablauf ihrer Reise herausgerissen worden sind, schon bald wieder beginnen, Gewohnheiten anzunehmen. So bestellen sie z. B. an mehreren Abenden hintereinander Forellen zum Abendessen. Zwar scheint es Stella „zu amüsieren", „ganz unerwartet" wieder in dem Ort der letzten Übernachtung zu verweilen, aber hauptsächlich wohl deshalb, weil sie nun „Menü und Forelle zum zweiten Mal" genießen kann. (Durch die Inversion an dieser Stelle wird der Akzent deutlich auf „zum zweiten Mal" gelegt). Auch am folgenden Abend bestellen sie wieder Forelle, und der Erzähler hält es für erwähnenswert, dass sich auch in den folgenden Monaten daran wenig ändert: „[...] die Forellen gingen aus und dann gab es sie wieder." Was ursprünglich wohl als Delikatesse genossen wurde, verkommt zum Alltäglichen und wird so zum Zeichen einer Phantasielosigkeit bzw. Bequemlichkeit in allen Lebensbereichen, nicht nur im Nebensächlichen.

Auch ihre Beschäftigungen lassen wenig Phantasie erkennen. So beschränken sie sich darauf, spazieren zu gehen. Dass die Wendung „sie [...] starrten in Filme" kurz hintereinander zweimal gebraucht wird, kann als Beleg dafür gesehen werden, dass sie auch im Hinblick auf ihre Unterhaltungsgewohnheiten wenig kreativ sind und sich mit dem

4 Die Figuren

Ungewöhnlichen der Reparatur und der Unterbrechung ihrer Reise erstaunlich schnell abgefunden haben. Indem sie in gewohnte Verhaltensmuster flüchten, können sie die Besonderheit ihrer Lage immer mehr aus ihrem Bewusstsein verdrängen.

Als wolle sich der Erzähler über das Einförmige ihrer Verhaltensweisen auch sprachlich mokieren, verwendet er das Verb „wechseln" hintereinander in unterschiedlichen Sinnzusammenhängen und erzeugt dadurch, verstärkt durch eine Anapher an dieser Stelle, eine gewisse, die Figuren charakterisierende Monotonie: „[...] sie wechselten ihre Schecks [...], sie wechselten vom Hotel in ein nettes Apartment, [...]." Dass sich in Wirklichkeit gerade nichts wandelt, macht den ironischen Gestus dieser Passage aus. *Ironie*

Selbst als etwas Unvorhergesehenes eintritt, Stella krank wird und sich in den behandelnden Arzt verliebt, weicht der Mann nicht von seiner Gewohnheit ab: „[...] und er lief spazieren." Beim „Spazieren" also bleibt es, auch wenn die Ersetzung des Verbs „gehen" durch „laufen" hier eine Abweichung vom üblichen Geschehen andeutet und eine etwas andere seelische Gestimmtheit ausdrückt.

Eine wirkliche Veränderung aber tritt auch durch den Seitensprung der Frau nicht ein, denn nach der zweifelhaften „Versöhnung" geht das gewohnte Leben weiter seinen Gang, was durch den stereotypen Satz „[...] die Reparatur konnte täglich in Ordnung kommen [...]" an dieser Stelle und auch später noch einmal hervorgehoben wird: „[...] dann wurde bereut, versöhnt und von vorne begonnen, die Reparatur konnte täglich in Ordnung kommen [...]."

Dem entspricht, dass der Erzähler sich bei der Schilderung ihres Lebens am Ende darauf beschränkt, nur noch Ausschnitte ihres Daseins wie Bruchstücke einer flüchtig vorübereilenden Existenz aufzuzählen, ohne sie miteinander in einen sinnvollen Zusammenhang zu stellen: „[...] der Schnee, die Erkältungen und der Regierungswechsel, die Zeitung, der Schlaf und die Tage im Allgemeinen, die Nacht, die Forellengräten für die Katze [...], das Schnurren der Katze und die Forellengräten" werden als Ellipsen präsentiert. Indem der Erzähler die Begriffe „Katze" und „Forellengräten" innerhalb dieser zusammengewürfelten, scheinbar zufälligen Auflistung sogar noch einmal aufgreift, verstärkt er den Eindruck des ins Gleichförmige Erstarrten dieser Beziehung. Die räumliche Starre zu Beginn der Geschichte, die in der Verwendung von Ellipsen bei der Beschreibung der „ländliche[n] Scenerie" erkennbar wurde, wird am Ende von „Reparaturwerkstatt" durch die Hinzufügung der zur Langeweile geronnenen, erstarrten Zeit noch gesteigert. *Erstarrung im Gleichförmigen*

Die emotionale Beziehung der Figuren zueinander wird kaum erkennbar. Die Liebe wird an keiner Stelle hervorgehoben, sondern beschränkt sich auf den körperlichen Vollzug und wird nur, der Vollständigkeit halber, mit erwähnt: „[...] sie liebten sich nachts oder mit- *Beziehung* tags und gingen spazieren. [...] sie kochten und stritten und schliefen und liebten sich weiter [...]." (Die polysyndetische Reihe an dieser Stelle verdeutlicht, dass auch die Liebe nur in das tägliche Allerlei eingebettet ist.) Dass Stella ihren Mann schließlich sogar nicht mehr ausstehen kann, wird zwar nicht ausdrücklich gesagt, aber an der sprachlichen Formulierung ihrer Reaktion auf die Zoten und „Witze seiner Jugend" ablesbar: Anstatt darüber zu lachen und sich zu amüsieren, „erbrach [sie] sich vor Lachen", d. h., er ist ihr widerlich und sie findet ihn selbst da, wo er gerne originell und unterhaltsam sein möchte, buchstäblich zum Kotzen.

Wende

Erst mit dem letzten Absatz vollzieht sich eine zwar abrupte, jedoch keineswegs tragische, aber auch keinesfalls positive Wende: Der bis zum Schluss namenlos gebliebene „er" stirbt „auf der Haustreppe" und ruft durch seinen Tod eine eigenartige Reaktion Stellas hervor: Sie ist „schockiert und verschaffte sich einen Geliebten." Dass beide Vorgänge in einen Satz zusammengedrängt werden, verbunden nur durch die Konjunktion „und", wirft ein bezeichnendes Licht auf die Beziehung: Statt zur Trauer über den Verlust reichen die Gefühle nur zu einem Schock. In Wirklichkeit erlebt Stella den rasch überwundenen Tod des Mannes als Glücksfall, indem sie sich umgehend einen Liebhaber „verschafft". Dass hier wohl kaum mit einem neuen Glück zu rechnen ist, lässt bereits das wenig gefühlvolle, nüchtern-pragmatisch wirkende Verb „verschaffen" ahnen. Schon im folgenden und vorletzten Satz sind die Liebenden wieder im unbestimmten „man"

Kein Happyend

verschwunden, und der letzte Satz („fuhr er mit ihr im eigenen Wagen fort") macht wenig Hoffnung auf ein Happyend, denn wie im ersten Satz ist wieder vom Autofahren die Rede, und wohin die Reise führen kann, wenn der Wagen eine Panne hat, ist mittlerweile hinreichend klar geworden.

5 Zur Aussage der Geschichte

Parabel

Der Leser hat es nicht ganz leicht, sich in dieser verwirrenden Geschichte zurechtzufinden. Dass „Reparaturwerkstatt" nur im Zusammenhang ihres allegorischen Charakters verständlich wird und als Parabel zu lesen ist, wird erst beim zweiten Hinsehen klar. Aus einer zunächst als normal wahrgenommenen, durchaus realistisch wirkenden Handlungssituation fühlt der Leser sich vom Erzähler unmerklich in eine surreale, albtraumhafte Sphäre gezogen, ohne jedoch die Nahtstelle präzise angeben zu können, denn der Übergang erweist sich als fließend.

Was wie die Urlaubsfahrt eines Paares mit Hindernissen beginnt, ent-

5 Zur Aussage der Geschichte

puppt sich nach und nach als die Beschreibung einer Lebensbeziehung, vielleicht auch einer Ehe, als deren allegorischer Ausdruck das beständig in der Werkstatt befindliche Auto gesehen werden kann. Es wird zu Beginn als „neu und stabil" bezeichnet und weist sogar den Vorzug einer „Automatic" auf. Dieser Wagen flößt also zunächst Vertrauen ein, verspricht Sicherheit und Verlässlichkeit und darüber hinaus leichte Fahrbarkeit. So betrachtet kann die gemeinsame Reise in diesem Gefährt als Aufbruch in eine Welt des Glücks gedeutet werden, es ließe sich an eine Hochzeitsreise und damit zugleich an eine symbolische Reise in eine gemeinsame Zukunft denken. Allerdings erweisen sich die Erwartungen an das Auto schon bald als ungerechtfertigt: Bereits auf der ersten längeren Fahrt lässt es seine Besitzer im Stich und trägt, wie sich zeigen wird, einen irreparablen Schaden davon, dessen Tragweite anfänglich allerdings weder für das Paar noch für den Chef der Garage erkennbar ist. Die Reise in eine neue Welt führt ungewollt, aber selbstverschuldet schon bald wieder in die alte zurück.

Das Auto als Allegorie

Glückserwartung und -enttäuschung

Die Bedeutung des Titels der Geschichte lässt sich so erklären, dass die „Reparaturwerkstatt" in mehrfacher Hinsicht das Zentrum ihres Daseins bzw. ihrer Beziehung symbolisiert. Hier befindet sich das nicht funktionsfähige Auto, das Mittel, mit dem sich, wenn es „in Ordnung" wäre, die beiden fortbewegen und weiterentwickeln könnten. Ständig aufs Neue wird das Auto untersucht, befindet es sich „in Teile zerlegt auf dem Boden". Man könnte hier an einen Arzt oder Analytiker denken, der die Beziehung der beiden zergliedert, um sie zu verstehen und heilen zu können. Aber stets fehlt ein Ersatzteil, und die erfolglose, verschleppte oder unterlassene Reparatur wird zu einem Dauerzustand, die Beziehung befindet sich längst in einer Dauerkrise. Schon früh ahnen die beiden dies, wie die vordergründig auf das Auto bezogenen „leise[n] Bedenken" bereits am zweiten Tag im Hotel belegen. Immer seltener schauen sie in der Werkstatt vorbei, obwohl doch gerade das Gegenteil das Natürliche wäre. Statt ungeduldig zu werden und Vorwürfe gegen den Chef und seine Mitarbeiter zu erheben, legen sie eine erstaunliche Gleichgültigkeit an den Tag, und ihr Interesse am Zustand ihres Wagens schwindet sichtbar. Wie zuvor der „Automatic" ihres Wagens, vertrauen sie ihre Zukunft nun Fremden, den Mechanikern in der Werkstatt, an und überlassen sich damit einem Schicksal, das sie – wie ihr Auto – nicht bzw. nicht mehr bewusst steuern können. Während sie, damit die Lebens-Reise weitergehen kann, auf die Reparatur warten – oder eigentlich schon nicht mehr warten –, spielt sich ihr Leben nicht als etwas Vorläufiges, sondern als das Leben selbst ab.

Reparatur als Dauerzustand

Der Leser wird zunehmend irritiert und zugleich ungeduldig angesichts der Tatsache, dass die beiden Reisenden nicht versuchen, auf eine andere Weise als mit dem Wagen, der sich in der Reparaturwerkstatt befindet, den Ort ihres Zwangsaufenthaltes zu verlassen. Wie festgenagelt bleiben sie dort, so, als hänge ihr Leben einzig daran, sich mit gerade diesem ihnen gehörenden Wagen fortzubewegen.

Ohne Initiative

Sie entwickeln keine Initiative, in ihren Heimatort zurückzugelangen, obwohl sie, wie die Erwähnung der Omnibusverbindung „zu den benachbarten Orten" beweist, durchaus nicht von der Außenwelt abgeschnitten sind. Stattdessen nehmen sie die endlos sich hinziehende Reparatur geradezu fatalistisch hin, indem sie warten und sich zuerst zuversichtlich, dann zweifelnd und schließlich routinemäßig mit der Phrase „die Reparatur konnte täglich in Ordnung kommen" begnügen. Währenddessen richten sie sich immer mehr darauf ein, ihre Situation als endgültig zu begreifen, indem sie sich zunächst kurzfristig (im Hotel), dann vorübergehend (im Apartment) und schließlich endgültig in dem Ort niederlassen.

Fatalismus

Dieser Umstand wird durch die Erwähnung der Katze sinnfällig: Katzen akzeptieren bekanntlich Orts- und Wohnungswechsel nur sehr widerwillig, und dass sich die beiden eine Katze halten, lässt darauf schließen, dass sie sich auf einen längeren Aufenthalt eingestellt haben. Von der Katze ist bezeichnenderweise zum ersten Mal bei ihrem Tod die Rede: „[...] die Katze starb, sie hatten auch eine Katze, [...]". Dem „auch" möchte man in Gedanken ein „übrigens" voranstellen: Gleichsam wie nebenbei wird hier mit dem Hinweis auf die Katze auch ein Zeitsprung markiert. Überhaupt wird die zeitliche Dimension immer unsicherer und verschwimmt, wie u. a. in folgender Personifikation deutlich wird: „[...] die Zeit wurde älter, dann alt, nicht mehr festzustellen [...], die Zeit war alt und hatte nichts mitzuteilen [...]."

Bedrückendes Leben in einer Beziehung

So läuft vor den Augen des Lesers ein bedrückendes Leben in einer Beziehung ab, die von Gleichförmigkeit und Langeweile gekennzeichnet ist und ihre schicksalhaften, aber letztlich folgenlosen Höhepunkte ironischerweise nur durch Pannen, Krankheit und Tod erfährt: „Als Stella erkrankte, wurde ein Arzt gerufen, sie verliebte sich, wurde schöner [...]." Was zunächst auf eine Trennung und damit auf einen hoffnungsvollen Neuanfang hinzuweisen scheint, ist nur von kurzer Dauer und hat – weshalb, bleibt unklar – keinen Bestand: Stella „kam [...] wieder, da schlug er sie ins Gesicht und dann kam die Versöhnung, er drückte sie in die Matratze, sie ließ es sich gefallen [...]."

Keine Veränderung der Personen und ihrer Situation

Die emotionslos beschriebene, mechanische Abfolge, in der die einzelnen Handlungen hier präsentiert werden, deutet schon darauf hin, dass fortan auch der Ehebruch zum festen Bestandteil der gemeinsamen Routine gehört und nicht dazu beiträgt, dass sich die Figuren verändern oder ihre Situation sich substanziell wandelt. Selbst der Tod des Mannes, der an sich einen schmerzvollen Einschnitt bedeuten könnte, führt statt zu einer Wende wahrscheinlich eher in eine neue

5 Zur Aussage der Geschichte

Warteschleife, denn auch der Wagen des „Geliebten" wird irgendwann in die „Reparaturwerkstatt" müssen.

Auf beklemmende Weise vermittelt Meckel in allegorischer Form die desillusionierende Erfahrung von der Anfälligkeit von Beziehungen gegen die Gewöhnung und das Gewohnte. Der Ort, in dem sich das Leben abspielt, wird von den Partnern nicht selbst bestimmt, sondern verdankt sich dem Zufall einer Autopanne. Die Illusion, dass das Auto und damit die Beziehung „in Ordnung" kommen kann, ist trügerisch. Sie wird zwar nach außen hin ritualmäßig immer wieder beschworen, scheint aber im Innern längst aufgegeben worden zu sein. An dem mangelnden Mut und der Unentschlossenheit, an ihrer Situation und an sich wirklich etwas zu ändern, scheitern die Figuren. „Reparaturwerkstatt" ist eine unendlich traurige Parabel, die mit einer geschickt kalkulierten Mischung von realer und surrealer Darstellung eine Grunderfahrung ganz gewöhnlichen Lebens einfängt: die Aufrechterhaltung einer durch nichts begründeten Hoffnung auf eine Besserung (Reparatur) und zugleich das Sich-Abfinden mit dem vermeintlich Unabänderlichen, was zu einer Lähmung und einem Verharren im Mittelmäßigen führen muss.

Gefahr der Gewöhnung

Grunderfahrung gewöhnlichen Lebens

Erich Fried: Der Präventivschlag (1982)

Kein Zweifel mehr: Mein eigener Bruder Kain will mich töten. Ich habe ihn genau gesehen, wie sich sein Geist zu einer haßerfüllten Fratze verzog, weil sein Opfer nicht so gnädig angenommen wurde wie meines. Und ich habe die Stimme gehört, die Stimme dessen, dem er und ich Opfer bringen, jeder sein eigenes, wie er Kain wegen seines Zornes zur Rede stellte und ihn vor der Sünde warnte. Daß die Sünde vor seiner Türe ruht und wartet und Verlangen nach ihm trägt. Und was diese Sünde ist, die Kain in sich herumträgt, wie meine Schafe ihre ungeborenen Lämmer, das weiß ich ganz genau.

Lange genug leide ich schon Angst. Ich habe keine Hoffnung, seinen hinterlistigen Angriff abwehren zu können. Ich weiß, Kain ist stärker als ich; er ist nicht nur der Ältere, ich war immer schon schwächer, sondern auch das Umgraben seines Ackers stärkt ihm die Arme und den ganzen Körper weit mehr als mir das Aufziehen und Hüten der Schafe, das meine Arbeit ist. Außerdem hat er seine gefährlichen Geräte, den Spaten und seinen Pfahl mit der scharfen, im Feuer gehärteten Spitze. Und überhaupt, der, der den anderen unversehens überfällt, ist immer im Vorteil.

Und doch ist er, dem wir unsere Opfer bringen, ich die Erstlinge meiner Herde, er seine Ähren und Früchte und sein Grünzeug, nur mir zugeneigt, nicht ihm. Das zeigt schon der Rauch unserer Opfer: Mein Opferrauch stieg, wie immer, geradeaus zum Himmel auf, der seine aber kroch wieder schwer und mit üblem Unkrautfeuergeruch am Boden hin und wollte sich nicht heben. Ich glaube, der Wille, der über uns ist, kann nicht wollen, daß dieser Erdbodenzerhacker auch mich mit seinen staubigen, kotverkrusteten Werkzeugen trifft und zerhackt, als Dünger für sein umgegrabenes Feld, auf dem er vielleicht schon den Boden locker gemacht hat für mein Grab.

Nein, so darf es nicht sein. Ich selbst muß den Vorteil wahrnehmen! Nicht er soll mich, sondern ich will ihn überraschen. Und weiß er Spaten und Pfahl zu handhaben, so habe ich doch mein Steinbeil, mit dem ich meine Herde vor den reißenden Tieren schütze. Er, der mein Opfer gnädig angenommen und das seine verschmäht hat, weiß es: Mein Bruder Kain ist nicht mehr besser als das reißende Raubzeug, das meinen Lämmern und Schafen nach dem Leben trachtet. Ärger noch, denn er hat es nicht auf ein Tier abgesehen, nein, auf mich, seinen eigenen Bruder. Aber er soll sich getäuscht haben!

Da kommt er. Ja, ja; sein Gruß kann mich nicht betrügen. Damit will er mich nur in Sicherheit wiegen, aber die Zeiten sind vorbei.

Er soll mir vom Leibe bleiben. Da: Auch das ist ein Anzeichen. Nie noch, in letzter Zeit hat er meinen Blick lange ertragen. Und auch jetzt wendet er wieder den Kopf ab und sieht nicht mich an, seinen Bruder, sondern er blickt zurück auf seinen elenden Altar, von dem die Rauchschlange immer noch hinunterkriecht, zu Boden, dunkel und schwer. Jetzt muß es sein! Jetzt, solange er nichts als den unerlösten Rauch sieht ...

Wie schnell das gegangen ist; als ob ich es gar nicht getan hätte. Als ob es gar nicht wahr wäre. Aber es *ist* wahr: Da liegt er vor mir, auf dem Boden. Aus. Er wird keine Mordpläne mehr gegen mich hecken. Er wird nicht den Spaten hinterrücks gegen mich heben, und auch nicht den spitzen Pfahl. *Sein* Blut ist es, nicht das meine, das jetzt hier die Vertiefung im Stein füllt, fast wie drüben das Wasser den Tümpel dort, am Weg, auf dem meine Tiere zur Tränke gehen. Der Wille dessen, der mein Opfer angenommen und das seine verworfen hat, ist geschehen! *Seine* Stimme war es, die für mich und gegen ihn entschieden hat ...
Ja, seine Stimme. Ich höre sie. Sie spricht laut und vernehmlich. Aber was ruft sie? „Kain", ruft sie, „Kain, wo ist dein Bruder Abel?" Hier bin ich, Herr, hier! Hab keine Angst mehr um mich: Hier stehe ich, Abel, dessen Opfer du gnädig angenommen hast. Und Kain, den du verworfen hast, liegt dort hinter mir. Seine eigene Sünde hat sich gegen ihn gekehrt. Ich habe sein Gesicht mit welkem Laub zugedeckt, daß seine starren Augen nicht den Himmel beleidigen. Nein, Herr: Du irrst. Ich bin *nicht* Kain! Abel ist nicht mein Bruder, das bin ich selbst! Wieso fragst du mich, wo mein Bruder Abel ist? Du irrst dich! Da: ich zeige ihn dir, meinen Bruder. Da liegt er. Ja, gewiß, das ist Kain, wer sonst? Warte: ich nehme das Laub von seinem Gesicht, daß du es selbst ...
Das kann doch nicht sein? Nie im Leben hat er mir so ähnlich gesehen. Fast als ... oder bilde ich mir das nur ein? Aber ich kenne doch mein Gesicht. Da drüben im Tümpel, der alles spiegelt, sehe ich es tagtäglich. Und jetzt soll er wie ich aussehen? Nein, das kann nicht sein. Das kommt mir nur so vor, weil er tot ist. Ich sehe anders aus als er. Ich weiß, ich gehe zum Tümpel: Ich will mein eigenes Gesicht wiedersehen.
Jetzt weiß ich, warum er sich irrt und mich Kain ruft.
(Aus: Erich Fried, Das Unmaß aller Dinge. Verlag Klaus Wagenbach, Berlin 1982)

Interpretation

1 Kurzbiographie und Hinweise zum Werk

Herkunft:
Wien

Als einziges Kind eines Spediteurs und einer Graphikerin wurde Erich Fried 1921 in Wien geboren. Nach der Eingliederung Österreichs im März 1938 in das nun so genannte Großdeutsche Reich geriet die jüdische Familie unter starken Druck: Die Eltern wurden vorübergehend verhaftet, und der Vater starb nach einem Verhör durch die Gestapo. Noch im selben Jahr floh der siebzehnjährige Erich Fried nach England, die Mutter folgte ihm im Jahr darauf. Bis zu seinem Tod 1988 hatte der Autor seinen Wohnsitz in London.

Jüdischer Exilant
in London

Im Exil engagierte sich Fried in Emigrantenorganisationen, verfasste Gedichte und ein Drama und war für von den Engländern herausgegebene deutschsprachige Zeitschriften tätig. Bereits seit Mitte der fünfziger Jahre arbeitete Fried auch als Übersetzer, u. a. von Stücken des englischen Dramatikers und Lyrikers Dylan Thomas. In Bremen

Shakespeare-
Übersetzer

wurde 1963 das erste Shakespeare-Stück in Frieds Übertragung aufgeführt; in den Folgejahren erschienen weitere 26 Dramen des englischen Dramatikers in seiner Übersetzung.

Daneben verfasste er Hörspiele und ein Opernlibretto („Arden muß sterben", 1967) und nahm an mehreren Treffen der Gruppe 47 teil. Neben seiner schriftstellerischen und Übersetzertätigkeit meldete sich Fried immer wieder zu politischen Fragen zu Wort. In Deutschland,

Politisches
Engagement

wo er sich häufig aufhielt, beteiligte er sich außerdem am Kampf gegen die Notstandsgesetze und die NPD, stand der Studentenbewegung nahe und war mit Rudi Dutschke befreundet. Die israelische Palästina-Politik verurteilte er in mehreren Reden und u. a. in seinem Gedichtband „Höre, Israel!" von 1974.

Vor allem in den siebziger Jahren hatte Fried als linker Kritiker der bundesrepublikanischen Staatsgewalt des Öfteren mit deutschen Gerichten zu tun, u. a. wegen eines Gedichts anlässlich der Ermordung des Generalbundesanwalts Buback. Politiker in Bremen, Bayern und Schleswig-Holstein sprachen sich gegen die Behandlung von Gedichten Frieds in der Schule bzw. im Rundfunk aus.

Werke:
– Lyrik

Einen Schwerpunkt seiner Arbeit bildete die zumeist politisch engagierte oder sozialkritische Lyrik, die (neben den Shakespeare-Übersetzungen) Frieds Ruhm begründete. Zum ersten Mal erschien 1958 eine Auswahl in Deutschland („Gedichte"); eine Zusammenstellung von Gedichtzyklen aus den Jahren 1947 bis 1963 trug den Titel „Reich der Steine"; 1964 folgten „Warngedichte".

Ein Ergebnis seines Protests gegen den Vietnam-Krieg war im Jahre

2 Zum Aufbau der Geschichte

1966 sein Gedichtband „und Vietnam und", der einiges Aufsehen erregte. Vor allem politisch engagierte Gedichte enthielt der Band „Die Beine der größeren Lügen" (1969). Der Gedichtband „Die Freiheit, den Mund aufzumachen" kam 1972 heraus, 1977 wurde der Band „So kam ich unter die Deutschen" veröffentlicht, dem 1979 die „Liebesgedichte" und 1981 „Zur Zeit und zur Unzeit" sowie „Lebensschatten" und 1985 „Um Klarheit" folgten. Seine letzten Lyrik-Bände trugen die Titel „Am Rand unserer Lebenszeit" (1987) und „Unverwundenes" (1988). Alle Werke Frieds wurden von Klaus Wagenbach verlegt, mit dem der Autor befreundet war.

Neben den lyrischen Arbeiten entstanden auch Prosa-Texte, u. a. der Roman „Ein Soldat und ein Mädchen", der 1946 begonnen, aber erst 1960 veröffentlicht wurde. In ihm wird von einer zum Tode verurteilten KZ-Aufseherin erzählt, die vor ihrer Hinrichtung mit einem ihrer Bewacher, einem US-Soldaten, die letzte Nacht verbringen will. Eine Sammlung von Kurzprosa-Texten wurde 1965 herausgegeben („Kinder und Narren"); 1975 erschien „Fast alles Mögliche", ebenfalls Kurzprosa, und 1982 wurden 35 Texte unter dem Titel „Das Unmaß aller Dinge" herausgegeben, unter ihnen die hier interpretierte Geschichte „Der Präventivschlag". In dem Band „Mitunter sogar Lachen" mit dem Untertitel „Zwischenfälle und Erinnerungen" stellte der Autor 1986 episodenhaft Erlebnisse aus seinem Leben zusammen.

– Prosa

Erich Fried wurde häufig geehrt, so u. a. 1965 mit der Fördergabe des Schiller-Gedächtnispreises des Landes Baden-Württemberg. Das Preisgeld, das er 1973 für den Würdigungspreis für Literatur 1972 in Wien erhielt, übergab Fried an Einrichtungen, die verfolgte Palästinenser unterstützten. Im Jahre 1977 nahm der Autor in Frankfurt den Internationalen Verlegerpreis der Sieben entgegen, 1980 den Preis der Stadt Wien für Literatur. Der Bremer Literaturpreis wurde Erich Fried 1983 verliehen, 1986 die Carl-von-Ossietzky-Medaille. Mit dem Georg-Büchner-Preis wurde er 1987 ausgezeichnet.

Ehrungen

Seit 1982 litt der Autor an Krebs und wurde mehrfach operiert. Er starb 1988 in Baden-Baden und wurde in London beigesetzt.

2 Zum Aufbau der Geschichte

Erich Frieds Erzählung „Der Präventivschlag" weist, abgesehen vom ersten Absatz, eine klare lineare Struktur auf und besteht aus zwei ungleich langen Teilen, die durch einen Zwischenraum im Text auch optisch deutlich voneinander getrennt worden sind. Der erste und längere dieser beiden Teile enthält in der Form eines Selbstgespräches die Gedanken vor, der zweite die nach der Tat. Die Lücke dazwischen

Zwei Teile

Lücke:	markiert einen Zeitsprung, den der nicht näher beschriebene Mord
Zeitsprung	am Bruder ausfüllt.
1. Teil:	Der erste Teil ist äußerlich in fünf Absätze gegliedert, von denen der
Hinführung zum	erste, der ohne jede Hinführung mit „Kein Zweifel mehr: [...]" ein-
Brudermord	setzt, einen knappen Rückgriff darstellt: Der Sprecher äußert die Ge-
	wissheit, dass sein Bruder ihn heimtückisch töten will. Er ruft sich
	zeitlich gerafft den Vorgang des gemeinsam mit Kain dargebrachten
	Brandopfers in Erinnerung, wie er aus dem Alten Testament bekannt
	ist.
	Im zweiten Absatz drückt er seine Furcht vor dem als körperlich kräf-
	tiger empfundenen Bruder aus, dem er abermals Mordabsichten un-
	terstellt. Im dritten äußert er die Vermutung, dass derjenige, dem die
	Brüder opfern, nicht wollen könne, dass sein Bruder ihn töte; als Zei-
	chen dafür nimmt er die unterschiedliche Annahme des vorausge-
	gangenen Opfers.
	Im folgenden Absatz verstärkt sich der Entschluss des Sprechers, dem
	Mordanschlag des Bruders durch dessen Tötung zuvorzukommen.
	Er beruft sich noch einmal auf einen höheren „Wille[n]", der sich sei-
	ner Auffassung nach in seinem „gnädig angenommen[en]" Opfer ge-
	zeigt hat.
	Im letzten Absatz des ersten Abschnitts wird deutlich, dass die Hand-
	lung auf den Höhepunkt zusteuert, da der Bruder sich dem Sprecher
	nähert. Die Kopfhaltung des anderen gilt ihm als weiteres Indiz für
	dessen feindliche Absichten und bietet gleichzeitig die Gelegenheit zur
	eigenen Tat, zum Brudermord.
2. Teil:	Der Mord wird durch die Lücke im Text zwar ausgespart, im ersten
Selbstrecht-	Absatz des zweiten Abschnittes durch die Beschreibung des am Bo-
fertigung	den Liegenden und des vergossenen Blutes für den Leser aber zur
	Gewissheit. Der Sprecher sucht vor sich sein Handeln mit den bereits
	bekannten Argumenten zu rechtfertigen.
	In den drei folgenden Absätzen wird das Selbstgespräch dadurch un-
	terbrochen, dass der Sprecher sich an die „Stimme" wendet, auf de-
	ren wiederholte Frage nach dem Verbleib seines Bruders Abel er rea-
	gieren muss. Dabei verwirrt ihn (ebenso wie den Leser), dass er als
	Kain angesprochen wird, und er versucht, den Irrtum des „Herr[n]"
	aufzuklären, indem er dem Toten die welken Blätter vom Gesicht
	nimmt, um ihn klar als Kain zu identifizieren. An dieser Stelle kün-
	digt sich der Wendepunkt in der Geschichte an.
Wendepunkt	Die Überraschung und die Fassungslosigkeit darüber, dass er im Blick
	auf die Leiche in sein eigenes Gesicht sieht, wird im fünften Absatz
	ausgedrückt; der Sprecher sucht nach einer Erklärung dafür und will
	sich zum Tümpel begeben, der ihm das ihm vertraute eigene Gesicht
	widerspiegeln soll.
	Zwischen dem vorletzten und dem letzten Absatz, der auch zugleich
	der kürzeste ist und nur aus einem einzigen Satz besteht, hat man sich

wiederum einen kleinen Zeitsprung zu denken: Der Sprecher hat inzwischen in den Tümpel geblickt, und damit bricht das Selbstgespräch abrupt ab: Der Sprecher erkennt schlagartig, warum er von der Stimme als Kain angesprochen worden ist, teilt den Grund aber nicht mehr mit. Der Leser soll die Antwort selbst finden.

Abrupter Schluss

3 Erzählverhalten und Sprache

Nicht nur die *Ich-Form*, sondern auch das *personale Erzählverhalten* bieten die erzähltechnischen Voraussetzungen für die extrem eingeschränkte Perspektive in Frieds „Der Präventivschlag": Der Ich-Erzähler, oder hier besser: Sprecher, formuliert in einem *inneren Monolog* seine Gedanken zum vorausgegangenen Geschehen, dem von beiden Brüdern getrennt dargebrachten Opfer, und begründet damit seine Pläne, den Mord sowie die darauf folgenden Nachbetrachtungen, d. h. Selbstrechtfertigungen. Das Selbstgespräch ist ein geeignetes Instrument, die Paranoia des Sprechers herauszustellen: Alles, was gesagt wird, wird in den Zusammenhang eines bestimmten Vorurteils gestellt und muss dazu dienen, dieses zu bestätigen.

In diese Gedanken und Betrachtungen hinein erfolgen die Vorgangsbeschreibungen aus dem unmittelbaren Augenblick heraus: „Da kommt er. Ja, ja; sein Gruß kann mich nicht betrügen." Rede und Handlung werden als Gleichzeitiges präsentiert. Der Leser wird so zum Zuhörer und zugleich zum Zeugen des aktuellen inneren wie äußeren Geschehens. Emotional geprägte Ausrufe tragen dazu bei, dass er den Sprecher geradezu vor sich zu haben glaubt und sich beinahe angesprochen fühlt: „Nein, so darf es nicht sein. Ich selbst muß den Vorteil wahrnehmen! [...] Aber er soll sich getäuscht haben!" Auf diese Weise wird dem Leser zunächst kaum Zeit gelassen, das Berichtete zu reflektieren, da er gleichsam in den Sog des Gefüges von Selbstgespräch und Handlung einbezogen wird und nicht einmal gedanklich in dessen tödlichen Ablauf eingreifen kann. Die Möglichkeit zur Distanz ergibt sich als Folge dieser Erzählweise erst mit dem Abschluss der Geschichte. Diese konsequente Darlegung der Innensicht bietet dem Leser die Möglichkeit, sich einzufühlen und Verständnis für den Sprecher zu entwickeln, ohne dass er der Gefahr erliegen muss, sich mit diesem zu identifizieren.

Das durchgängig personale Erzählverhalten wird nur kurz durch ein neutrales unterbrochen, wenn der Sprecher die „Stimme" wiedergibt, die ihn nach seinem Bruder fragt, und er auf sie antwortet: „Hier bin ich, Herr, hier! Hab keine Angst mehr um mich [...]."

Mit der in Anführungsstriche gesetzten Frage „Kain, wo ist dein Bru-

Ich-Form, personales Erzählverhalten

Innerer Monolog

Der Leser als Zeuge

Innensicht

Stilmischung

Bibel-Zitate und archaisierender Erzählgestus

Vergleiche

Umgangssprache

Redensarten

der Abel?" wird wörtlich aus dem Alten Testament zitiert. Hier zeigt sich bereits eine sprachliche Eigenart der Geschichte, die man als *Stilmischung* bezeichnen könnte. Der Text weist neben einem biblischen Stil, der den Bezug zum Ursprungstext bewusst halten soll, einen eher alltagssprachlichen Ton auf. Durch diese Uneinheitlichkeit stehen Altes und Neues in befremdlicher Weise nebeneinander, wodurch deutlich werden soll, dass es sich hier um eine alte Geschichte handelt, die sprachlich immer wieder neu angereichert wird. (Aufgrund des inhaltlichen Ernstes von „Der Präventivschlag" kann hier allerdings nicht von einer Parodie gesprochen werden.)

Zu den biblischen Elementen zählt außer den direkten *Zitaten* und wörtlichen Anleihen („mein Opfer gnädig angenommen") ein gelegentlich etwas umständlich anmutender *archaisierender, didaktisch-demonstrierender* Erzählgestus, der sich u. a. in erläuternden, betonenden und ergänzenden Nachstellungen sowie in hypotaktischen Satzstrukturen äußert: „Und ich habe die Stimme gehört, die Stimme dessen, dem er und ich Opfer bringen, jeder sein eigenes [...]" und „Er wird nicht den Spaten hinterrücks gegen mich heben, und auch nicht den spitzen Pfahl." „*Sein* Blut ist es, nicht das meine, das jetzt hier die Vertiefung im Stein füllt, fast wie drüben das Wasser den Tümpel dort, am Weg, auf dem meine Tiere zur Tränke gehen."

An dem letzten Beispiel wird ein weiterer Zug des vorliegenden Erzählstils deutlich: die vielen bildkräftigen *Vergleiche*, die in biblischer Tradition zur Anschaulichkeit beitragen und an deren volkstümlichen Charakter anknüpfen, z. B. „diese Sünde[...], die Kain in sich herumträgt, wie meine Schafe ihre ungeborenen Lämmer" und, verstärkt durch eine Alliteration: „Mein Bruder Kain ist nicht mehr besser als das reißende Raubzeug [...]." Die ungewöhnliche Metapher „Rauchschlange" schließlich, die „immer noch hinunterkriecht", soll das Böse Kains belegen, indem sie an das Bild von der Schlange im Paradies denken lässt.

Neben diesen Elementen, mit denen der vorliegende Text jenen Stil des Alten Testaments adaptiert, der uns in traditionellen Übersetzungen, etwa der Lutherschen, vorliegt, finden sich auch eher umgangssprachliche Ausdrücke, vor allem dann, wenn der Sprecher sich auf seinen Bruder bezieht. So wertet er dessen Opfergaben verächtlich als „Grünzeug" ab, erfindet ungewöhnliche Komposita („Unkrautfeuergeruch") und nennt Kain geringschätzig einen „Erdbodenzerhacker".

Auffällig sind in diesem Zusammenhang auch Redensarten, die zu dem ansonsten hohen Stil nicht passen wollen: „[...] aber die Zeiten sind vorbei. Er soll mir vom Leibe bleiben." Sie dokumentieren den inneren Zustand des Sprechers, der sich in Rage redet und sich so auch gefühlsmäßig auf die geplante Tat einstimmt.

Eine ähnlich selbststimulierende Funktion besitzen auch die vielen

3 Erzählverhalten und Sprache

Wiederholungen in dem vorliegenden Text. Immer wieder erinnert der Sprecher in fast übereinstimmenden Formulierungen an das vorausgegangene „Opfer" und das seiner Meinung nach darin sichtbar gewordene Zeichen, um sich innerlich darin zu bestärken, dass der geplante „Präventivschlag" moralisch gerechtfertigt ist: Beinahe beschwörend weist er darauf hin, dass „[...] sein Opfer nicht so gnädig angenommen wurde [...]" durch den, „[...] der mein Opfer gnädig angenommen und das seine verschmäht hat [...]", „[...] der mein Opfer angenommen und das seine verworfen hat [...]", und schließlich wendet sich der Mörder direkt an seinen „Herr[n]" als „Abel, dessen Opfer du gnädig angenommen hast".

Wiederholungen

Neben den erwähnten stilistischen Eigenarten fallen in der Geschichte einige *Anaphern* auf. So verrät der Sprecher seine sehr subjektive, einseitige Perspektive durch das wiederholte „Ich": „Ich habe keine Hoffnung, seinen hinterlistigen Angriff abwehren zu können. Ich weiß, [...]". Kurz vor dem Mord bestärkt er sich in seiner Entschlossenheit: „Jetzt muß es sein! Jetzt, solange er nichts als den unerlösten Rauch sieht ..."

Anaphern

Nach der Tat erscheint dem Mörder das Geschehene zunächst unreal, was durch eine Anapher (und zugleich eine doppelte Ellipse) verdeutlicht wird: „[...]; als ob ich es gar nicht getan hätte. Als ob es gar nicht wahr wäre." Daraufhin konzentriert sich das Augenmerk auf den Getöteten: „Er wird keine Mordpläne mehr gegen mich hecken. Er wird nicht den Spaten hinterrücks gegen mich heben, [...]". Mit der Anapher „er" in Verbindung mit der wiederholten Wendung „gegen mich" wird ein Gefühl der Genugtuung, ja des Triumphes deutlich, und zugleich soll der Anschuldigung gegen das Mordopfer noch einmal Nachdruck verliehen werden. Am Ende, nachdem der Sprecher mit dem Blick auf die Leiche eine verwirrende und zutiefst beunruhigende Entdeckung gemacht hat, fällt der Anapher „ich" die Funktion zu, die existenzielle Verunsicherung des Sprechers nachfühlbar zu machen: „Ich sehe anders aus als er. Ich weiß, ich gehe zum Tümpel: Ich will mein eigenes Gesicht wiedersehen." Der Sprecher ringt um sein Ich, um die Gewissheit seiner Identität, die er verloren hat und verzweifelt wiederzugewinnen sucht.

Ringen um Ich-Gewissheit

Dreimal enden Absätze mit drei Punkten, die signalhaft darauf vorbereiten, dass eine neue Situation entsteht: vor dem Mord am Bruder, vor dem Hören der Stimme und vor der überraschenden Entdeckung, wer wirklich ermordet worden ist.

4 Die Figuren

– Abel/Sprecher

Aufgrund des gewählten Erzählverhaltens in Verbindung mit der Ich-Erzählform gibt es für die Aussagen zu den Figuren nur einen unsicheren Gewährsmann, den Sprecher, der sich gleich zu Beginn als Abel zu erkennen gibt: „Mein eigener Bruder Kain will mich töten." Die gefühlsmäßige Beziehung des Sprechers zu seinem Bruder drückt sich deutlich in der Wendung „mein eigener Bruder" aus, die an späterer Stelle in ähnlicher Weise aufgegriffen wird: „[...] er hat es [...] auf mich, seinen eigenen Bruder [abgesehen]". Ist der Begriff „eigener" an dieser Stelle ohnehin schon redundant (es gibt keinen fremden Bruder), so zusätzlich noch deshalb, weil es andere Brüder weder für ihn noch für sonst eine Person gibt, da – in der zugrunde liegenden biblischen Version der Fabel – neben Adam und Eva und deren Söhnen noch niemand die Erde bevölkert. Dennoch wird mit dem Attribut „eigener" eine emotionale Bindung zum Ausdruck gebracht, deren Zweck aber nicht darin liegt, eine besondere Zuneigung, Nähe usw. zu verdeutlichen, sondern im Gegenteil: Hier wird sie zum Zeichen der moralischen Entrüstung. Durch die Betonung der engen verwandtschaftlichen Bindung erscheint der erwartete Mordanschlag als ganz besonders verwerflich, und die geplante eigene Tat soll so durch die Skrupellosigkeit des Bruders ihre Rechtfertigung erhalten.

Paranoia

Die Symptome sind überdeutlich: Der Sprecher leidet an Verfolgungswahn. „Kein Zweifel mehr: [...]" – schon der erste Satz zeugt von einer paranoiden Selbstgewissheit, die „kein[en] Zweifel" an dem Mordplan des Bruders zulässt. Auch an anderen Stellen zeigt sich, dass der Sprecher sich seines furchtbaren Verdachts sehr sicher ist, denn es heißt z. B. „das weiß ich ganz genau" oder „Ich weiß, Kain ist stärker als ich [...]". Entscheidend dabei ist, dass der Sprecher sein Wissen aus dem gewonnen hat, was er „gesehen" und „gehört" hat. Den Rauch des Opfers interpretiert er für sich so, dass er in den Augen dessen, „der über uns ist", der Bevorzugte ist. Er maßt sich sogar an, auch zu wissen, was der, der „mein Opfer gnädig angenommen hat und das seine verschmäht hat, weiß [...]", nämlich, dass Kain ihm „nach dem Leben trachtet". So ist er auch überzeugt davon, genaue Kenntnis von dem zu besitzen, was die „Stimme" mit der Warnung vor der „Sünde" gemeint hat, obwohl der Brudermord von ihr gar nicht angesprochen worden ist.

Naive Hybris

Den Willen dessen, den er nach der Tat mit „Herr" direkt anspricht, meint er genau verstanden zu haben. Dennoch traut er ihm später zu, sich zu irren, als er von der „Stimme" mit „Kain" angeredet wird: „Nein, Herr: Du irrst." Dieser Satz ist Ausdruck naiver Hybris: Dass der Sprecher die Allmacht und die Allwissenheit des Angesprochenen hiermit frevelhaft in Frage stellt, wird ihm gar nicht bewusst. Er be-

merkt in seiner Verblendung nicht, dass er nicht der Vollstrecker eines übergeordneten, sondern der seines eigenen „Willen[s]" ist. Eigenartig ist auch, dass er dem „Herr[n]" ganz menschliche Gefühle zuordnet, die in Wirklichkeit seine eigenen sind. So meint er nach dem Mord, der „Herr" brauche „keine Angst mehr um" ihn zu haben, so, als könnte im biblischen Sinne überhaupt etwas geschehen, was nicht dem allmächtigen Willen entspräche.
Seinen „Präventivschlag", für den das Selbstgespräch die Rechtfertigung liefern soll, begründet der Sprecher einerseits mit einem vermeintlich höheren „Wille[n]", andererseits mit der körperlichen Überlegenheit des Bruders. Er stellt sich als zusätzlich benachteiligt dar, indem er auf die „gefährlichen Geräte" hinweist, die der Bruder besitzt, „den Spaten und seinen Pfahl mit der scharfen, im Feuer gehärteten Spitze". *Legitimierung des Mordes*
Auffälligerweise lässt er dabei ganz unerwähnt, dass er selbst über ein tödliches Werkzeug verfügt, ein „Steinbeil, mit dem ich meine Herde vor den reißenden Tieren schütze". Das hier verschwiegene Steinbeil wird erst etwas später wie nebenbei als Verteidigungsinstrument angesprochen, und der Sprecher tut so, als ob es nicht, ebenso wie die ursprünglich für friedliche Zwecke bestimmten Spaten und Pfahl, zum Mordinstrument werden könne. Da er sich selbst nur gute, dem Bruder aber mörderische Absichten unterstellt, kommt ihm gar nicht der Gedanke, dass er ebenso bewaffnet und also wehrhaft ist wie jener. Während das Steinbeil dazu taugt, die „Herde vor den reißenden Tieren" zu ‚schützen', erfüllt es diese Aufgabe offenbar nicht, wenn der Bruder der Angreifer ist, obwohl dieser ja ebenfalls als „reißendes Raubzeug" bezeichnet wird.
In diesem symbolhaften Vergleich ordnet sich der Sprecher den „Lämmern und Schafen" zu, die allgemein als harmlos, schutzlos und friedfertig angesehen werden. Dass er aber keineswegs so friedfertig ist, wie er behauptet, zeigt sich daran, dass er durchaus kampfstrategisch denken und schließlich auch handeln kann: „Und überhaupt, der, der den anderen unversehens überfällt, ist immer im Vorteil." Weshalb Kain es nötig haben sollte, den anderen „hinterlistig" zu ermorden, wenn er infolge der schweren Arbeit auf dem Feld doch ohnehin der Stärkere, also körperlich Überlegene, ist, bleibt einer der Widersprüche, in die sich der Sprecher immer wieder verstrickt. *Widersprüche*
Der zitierte „Vorteil", der im Überraschungsangriff liegt, wird zunächst nur auf den Bruder bezogen, im Verlauf der Überlegungen aber dann selbst beansprucht: „Ich selbst muß den Vorteil wahrnehmen!"
Seine Selbstgerechtigkeit und Ichbezogenheit hindern den Sprecher daran, zu erkennen, dass er gedanklich bereits die Rolle, die er dem Bruder zugedacht hat, übernommen hat; dabei ist nicht einmal sicher, ob der Verdacht begründet ist, dass der andere ihn umbringen will. *Selbstgerechtigkeit*

Gehässigkeit und Arroganz

Krankhaftes Misstrauen

– *Kain*

– *Die Stimme*

Der Sprecher redet sich ein, dem anderen moralisch überlegen zu sein, sodass er sich herausnimmt, in jeder Hinsicht schlecht über ihn zu reden. Schon die Bezeichnung „Fratze" zu Beginn zielt in die Richtung, den Bruder zu dämonisieren. Von den abwertenden Bezeichnungen wie „Erdbodenzerhacker" war an anderer Stelle bereits die Rede. Selbst den „staubigen, kotverkrusteten Werkzeugen" des anderen bringt der Sprecher seine ganze Geringschätzung entgegen und bezeichnet dessen Altar arrogant und gehässig als „elend", so, als stünde ihm zu, darüber mit demselben Recht zu urteilen wie der, dem die beiden ihre Opfer gebracht haben.

Zusätzlich maßt sich der Sprecher an, schlichtweg jede Handlung und Geste des Bruders in dem einmal gefassten Sinn zu interpretieren. „Ja, ja; sein Gruß kann mich nicht betrügen." In seinem krankhaften Misstrauen übersieht er an dieser Stelle, dass er es genauso negativ ausgelegt hätte, wenn der Bruder ihn nicht gegrüßt hätte. Da dessen Schlechtigkeit und Mordlust für ihn ein für allemal feststehen, kann er sich aus seinem inneren Teufelskreis von Hass, Angst und Argwohn nicht mehr befreien.

Auch dass der Bruder noch kurz vor dem Mord auf das am Boden hinkriechende Feuer blickt und „nicht auf mich [...], seinen Bruder", deutet der Sprecher selbstgerecht als „Anzeichen" für dessen Falschheit. Ihm kommt gar nicht der Gedanke, dass der andere über den am Boden hinkriechenden Rauch lediglich betrübt, vielleicht auch verärgert ist, und nutzt dessen Arglosigkeit, die in seinem Wegsehen deutlich wird, um die Tat in eben der Weise „hinterrücks" zu vollbringen, wie er sie dem anderen von Anbeginn an unterstellt hat.

Über den anderen Bruder, *Kain*, lässt sich nicht viel sagen, da er selbst nicht zu Wort kommt und nur aus der Sicht des Sprechers in den Blick gerät. Ob sein Gesicht wirklich so „haßerfüllt" ist, wie dieser behauptet, kann ebenso wenig nachgeprüft werden wie seine Absichten im Hinblick auf den Bruder. Einen objektiven Beweis dafür, dass er Tötungsabsichten hat, findet der Leser, unabhängig von dem Verdacht des Sprechers, im Text jedenfalls nicht.

Schwer zu entscheiden ist auch, was es mit der *„Stimme"* auf sich hat, auf die sich der Sprecher immer wieder beruft. Da auch sie nur als Zitat des Sprechers in Erscheinung tritt, kann durchaus bezweifelt werden, dass sie etwas außerhalb des Sprechers Liegendes, unabhängig von ihm Existierendes ist. Ebenso wie der „Wille, der über uns ist" könnte es eine Eigenkonstruktion des Sprechers sein, eine Fiktion, die den eigenen Willen zu einem höheren, göttlichen aufwerten und dadurch legitimieren soll.

Aber selbst wenn die „Stimme" real ist, ist keineswegs klar, dass mit deren Warnung vor der „Sünde vor seiner [Kains] Tür" dessen Absicht gemeint ist, den Bruder aus Eifersucht oder Neid umzubringen. In jedem Fall erfüllt die „Stimme" in erster Linie die Funktion, dem

Exkurs: Die Geschichte von Kain und Abel

Sprecher ein Alibi für seine Tat zu bieten und ihm die moralische Verantwortung für den Mord abzunehmen. Und wenn die „Stimme" den Mörder schließlich nach dem „Bruder Abel" fragt, kann auch daran gedacht werden, dass es sich um das Gewissen des Mörders handelt, das hier zur im Innern vernommenen Stimme wird. Dass der Sprecher bis zuletzt daran glaubt, der mit „Herr" Angesprochene irre, wenn er ihn mit Kain anruft, zeigt, dass er den Vorgang in seiner ganzen Tragweite noch immer nicht begriffen hat.

Funktion:
Alibi für
den Mord

Exkurs: Gemeinsamkeiten und Unterschiede zur Geschichte von Kain und Abel

Schon mit dem ersten Satz wird deutlich, dass sich Fried in „Der Präventivschlag" unmittelbar auf das Alte Testament, genauer: auf Genesis I, 4, 2-12, bezieht, die bekannte Geschichte von Kain und Abel. Sie ist gelegentlich als erste Kriminalgeschichte der Weltliteratur bezeichnet worden, denn sie enthält alles dazu Nötige: ein Motiv, einen Täter, ein Opfer, einen Ermittler, die Verurteilung und die Sühne.

Vorlage:
Altes Testament

Frieds Version unterscheidet sich in inhaltlicher und erzähltechnischer Hinsicht von der Vorlage. Dies gilt bereits für das Erzählverhalten der beiden Texte. Während die alttestamentarische Fassung einen auktorialen Erzähler aufweist, der außerhalb des Geschehens steht, wird bei Fried, wie erwähnt, die Perspektive radikal verengt, und zwar auf die Sicht des Mörders.

Veränderte
Perspektive

In einzelnen Teilen hält sich Fried inhaltlich sehr eng an die Vorlage, in anderen weicht er – mitunter nur in Kleinigkeiten – davon ab. So unterliegt das erste Brüderpaar der Schöpfungsgeschichte bereits der Arbeitsteilung: „Abel wurde ein Schafhirt, Kain aber wurde ein Ackerbauer." Fried übernimmt diese Konstellation, weitet die unterschiedlichen Tätigkeiten aber aus zu einem Unterschied der Körperkräfte: „[...] Kain ist stärker als ich; [...] das Umgraben seines Ackers stärkt ihm die Arme und den ganzen Körper weit mehr als mir das Aufziehen und Hüten der Schafe [...]". Der Sprecher leitet aus seiner physischen Unterlegenheit für sich das Recht ab, seinem Bruder mit der Ermordung zuvorzukommen.

Schafhirt und
Ackerbauer

Identisch ist zunächst auch, dass die beiden Brüder ein Opfer darbringen. In der biblischen Version heißt es dann: „Und Jahwe schaute gnädig auf Abel und sein Opfer. Auf Kain und sein Opfer aber schaute er nicht." Der Sprecher in „Der Präventivschlag" übernimmt den Text der Bibel und zitiert fast wörtlich, dass des Bruders „Opfer nicht so gnädig angenommen wurde wie [s]eines"; er wählt im Un-

„Stimme" statt
Jahwe oder Gott

terschied zum Original also eine Passiv-Form. Dazu passt, dass in der Friedschen Fassung der Name Jahwe oder Gott nicht ein einziges Mal benutzt wird: Lediglich von einer „Stimme" ist die Rede, und es wird die Anrede „Herr" gebraucht. Anders als der Jahwe der Bibel, der direkt als handelndes Subjekt auftaucht, bleibt die „Stimme", wie ausgeführt, etwas im Hintergrund Verborgenes; man kann nicht einmal sicher sein, ob es sie wirklich gibt.

Übernahme von Zitaten ...

Dass Kain „sehr zornig" wird, weil Jahwe auf sein Opfer nicht schaut, findet sich auch bei Fried: Der Sprecher gibt an, dass die „Stimme" „Kain wegen seines Zornes zur Rede stellte und ihn vor der Sünde warnte". So ist auch bei ihm davon die Rede, dass „die Sünde vor seiner Tür ruht und wartet und Verlangen nach ihm trägt", ähnlich wie in Genesis I, wo es heißt: „Wenn du aber nicht recht handelst, ist dann nicht die Sünde an der Tür ein lauerndes Tier, das nach dir verlangt und das du beherrschen sollst?"

... und Bildern

Bis in einzelne bildliche Details hinein übernimmt Fried sogar die Rezeption der ursprünglichen Fassung. So gibt die Bibel selbst keine Auskunft darüber, woran denn zu erkennen sei, dass Jahwe nicht „gnädig" auf Kains Opfer schaut. Deshalb ist es nur eine – allerdings in der Tradition weit verbreitete – Vorstellung, dass aufsteigender bzw. am Boden hinkriechender Rauch als entsprechendes Zeichen der Annahme bzw. Ablehnung des Brandopfers zu interpretieren sei. Dieses zwar anschauliche, vom Text des Alten Testaments her aber nicht belegbare Bild übernimmt auch der Sprecher in Frieds Geschichte, wenn er behauptet: „Das zeigt schon der Rauch unserer Opfer: [...]."

Neufassung: Mord als „Präventivschlag"

Im entscheidenden Punkt jedoch weicht die Neufassung erheblich von ihrer Vorlage ab. Während sich in der ursprünglichen Geschichte die Vorausdeutung erfüllt und der Gewarnte der „Sünde" erliegt und zum Mörder wird, geschieht in der Friedschen Version genau das Gegenteil: Der Sprecher fühlt sich als potenzielles Opfer bedroht, und zwar, wie es im Text heißt, schon „lange genug", nicht erst, seit die „Stimme" hörbar geworden ist. Er reagiert darauf, indem er den vermeintlichen Angreifer vorsorglich umbringt. Der Kain des Alten Testaments lockt Abel dorthin, wo er seine Arbeit verrichtet, aufs Feld, und erschlägt ihn dort.

Beide Fassungen: Arglosigkeit des Opfers

Der biblische Abel ist arglos und wird deshalb zum Opfer. Bei Fried hat der Sprecher schon eine genaue Vorstellung von dem, was kommen kann, denn er kennt die alte Geschichte und hegt deshalb den Verdacht, dass der andere ihn womöglich „trifft und zerhackt" und „schon den Boden locker gemacht hat für [s]ein Grab". Auch er nutzt die Arglosigkeit des anderen, der zu sehr mit dem kriechenden Rauch beschäftigt ist, um die Absichten des Bruders zu ahnen. Während in der alten Fassung davon die Rede ist, dass das Blut auf den Ackerboden rinnt, „füllt" es „jetzt hier die Vertiefung im Stein", ganz nahe bei dem „Weg, auf dem [Abels] Tiere zur Tränke gehen". Auch der Mörder der zweiten Fassung vollbringt die Tat an einem ihm vertrauten Ort, wo er sonst seiner Arbeit nachgeht.

In der Nachgeschichte gibt es dann zunächst wieder Parallelen. Die Frage: „Wo ist dein Bruder Abel?" beantwortet Kain in der Bibel mit vorgeblicher Unkenntnis und dreister Verstellung: „Ich weiß es nicht. Bin ich denn der Hüter meines Bruders?" In der Friedschen Fassung muss sich der Angesprochene nicht verstellen, denn er fühlt sich nicht schuldig und wundert sich nur, dass er nicht mit dem Namen Abel, sondern mit dem des gerade eben erschlagenen Kain angeredet wird: „Du irrst. Ich bin *nicht* Kain! Abel ist nicht mein Bruder, das bin ich selbst!" Diesen vermeintlichen Irrtum aufzuklären, wird sich der Sprecher nun bemühen, um am Ende zu der furchtbaren Erkenntnis zu gelangen, dass er selbst zu Kain geworden ist.

Furchtbare Erkenntnis des Mörders

Eine Abrundung, wie sie in Genesis I für diese Geschichte vorliegt, fehlt in „Der Präventivschlag"; entscheidend für das Verständnis von Frieds Geschichte sind das Motiv, die Täter-Opfer-Konstellation und die Selbsterkenntnis des Täters – auf die nachfolgende Bestrafung und die Sühne kommt es ihm nicht an.

5 Zur Aussage der Geschichte

Vor dem Hintergrund der allgemein bekannten Geschichte von Kain und Abel kann das von Fried als Aussage Gemeinte besonders scharf hervortreten. Die zunächst befremdenden Abweichungen von der Vorlage sind dabei der Schlüssel zum Verständnis von „Der Präventivschlag". Die entscheidende Frage für die Interpretation ist dabei zunächst die, ob die biblische Fassung von Fried nur in eine verständlichere Form gebracht werden soll oder ob es ihm um eine Revision geht. Die Frage ist deshalb nicht leicht zu entscheiden, weil Fried zum Teil bis ins Einzelne Elemente fragmentarisch adaptiert, andererseits aber auch einen ganz und gar anderen Schluss verfasst.

Zweck der Abweichungen

Wie kommt es zu dem Mord? Im Alten Testament ist die Sache eindeutig: Kain ist eifersüchtig darauf, dass Gott augenscheinlich gnädiger auf Abel herabsieht, was das Zeichen des Opferrauchs verrät. Allerdings erschlägt er seinen Bruder nicht etwa im Affekt, sondern er bringt ihn zunächst noch dazu, mit ihm aufs Feld zu kommen, ehe er ihn tötet. Er plant seine Tat also, und das, obwohl er zuvor von Jahwe gewarnt worden ist, seinen Zorn zu beherrschen. Er besteht die Probe, die Jahwe ihm auferlegt hat, nicht und wird so zum Mörder.

Altes Mordmotiv: Eifersucht

Ein ganz anderes Motiv hat zunächst hingegen der Sprecher in Frieds Geschichte: „Angst". Sie wird für ihn einerseits zum zentralen Beweggrund für sein Handeln und ausdrücklich auch zum Mittel der

Neues Mordmotiv: Angst

Rechtfertigung. Der Sprecher ist nicht neidisch, sondern hochmütig in seiner vermeintlichen moralischen Überlegenheit, und er fürchtet zugleich um sein Leben, das er durch den im Grunde verachteten Bruder gefährdet sieht.

Aggression als Folge von Angst

Da er mit seinem Bruder das Gespräch nicht sucht, sondern sich auf äußere Zeichen verlässt (den Rauch, die Stimme, das von Hass gezeichnete Gesicht des anderen), kann er seine Ängste auch nicht rational verarbeiten, sondern gewährt ihnen ein Eigenleben in seinem Kopf. Aus „Angst" wird so Aggression, aus dem Gefühl, bedroht zu sein, der Wunsch, selbst bedrohlich und gefährlich zu werden. Warum er „keine Hoffnung" hat, den „hinterlistigen Angriff abwehren zu können", führt der Sprecher nicht aus – außer seinem Gefühl, das er nicht weiter hinterfragt, gibt es wohl auch keine Begründung. Dass der Bruder „hinterlistig" auf eine gute Gelegenheit zum Mord wartet, ist nicht bewiesen, eindeutig hingegen ist, dass der Sprecher im Zuge seiner Gedanken selbst zum Mittel der Hinterlist greift.

Wandel der Täter-Opfer-Konstellation

So wird das vermeintliche Opfer dem vermeintlichen Täter in seiner Projektion immer ähnlicher, bis Mörder und Opfer nicht mehr auseinander zu halten sind. Und das ist auch die Erklärung dafür, dass sich der Sprecher nicht mehr als Abel erkennt, sondern selbst meint, die Züge seines Bruders angenommen zu haben: „Nie im Leben hat er mir so ähnlich gesehen. Fast als ..." Mit dieser Aposiopese bewahrt sich der Sprecher vor der Feststellung: Fast als wäre ich es selbst. Er ahnt wohl, dass er selbst es ist, der da vor ihm liegt. Abel ist zu Kain geworden, indem er Abel getötet hat. Dabei ist der Hinweis auf den „Tümpel, der alles spiegelt", insofern verräterisch, als gerade ein „Tümpel" nicht gerade für Klarheit, Eindeutigkeit und Sauberkeit steht. Man könnte vermuten, dass der Sprecher zwar der Überzeugung ist, sich in dem Tümpel ‚gespiegelt' zu haben, sich aber in dem verschmutzten Wasser auch bisher selbst nie richtig gesehen, also ein falsches Bild von sich gewonnen hat. Dass er sich bei dem Blick in den Tümpel nun nicht mehr erkennt, hat seinen Grund also zum einen darin, dass er sich verändert, zum anderen aber auch darin, dass er vorher eine subjektive Selbsteinschätzung besessen hat.

Das Böse als Resultat eines Prozesses

Das im Alten Testament noch so eindeutige Täter-Opfer-Verhältnis ist aufgegeben: Beide sind Opfer und zugleich Täter, das Verhältnis von Angst und Gewalt ist ein wechselseitiges geworden. Nicht weil er Kain ist, muss er zum Mörder werden, sondern weil er zum Kain geworden ist. Das Böse ist nicht etwas einmalig Verhängtes, ein vorbestimmtes Schicksal, sondern das Ergebnis eines Prozesses. Das „hasserfüllte" Gesicht des Bruders löst selbst Hass aus, wie an der aggressiven Sprache des Sprechers deutlich wird. Kalt berechnend nutzt der Mörder die gefühlsmäßige Situation des anderen aus, als der auf seinen Altar zurückblickt.

5 Zur Aussage der Geschichte

Wenn aber Selbsterhaltung und Selbstschutz von Aggression und Mordabsicht nicht mehr zu unterscheiden sind, muss die Frage nach der Schuld neu gestellt werden. Der Übrigbleibende ist immer der erfolgreichere Vertreter der Gewalt, der seinen vermeintlichen moralischen Vorsprung durch die Tat eingebüßt hat. Seine Unschuld ist zur Schuld geworden.

Frage der Schuld

Das besonders Infame an der Tat ist, dass der Mörder gerade diese Situation ausnutzt, also den vermeintlichen höheren Willen, der den Bruder ablenkt und schutzlos macht vor dem Anschlag des Sprechers. Davon aber will dieser nichts wissen. Auch nach der Tat glaubt er sich so ohne „Zweifel" im Recht, dass er sich als verlängerten Arm der „Stimme" sieht. Er bemerkt nicht, dass er als Meuchelmörder selbst schon zu einem Raubtier geworden ist, zu dem er den Bruder zuvor erklärt hat. Nun schlüpft der Sprecher als Wolf in den Schafspelz, um sich vor sich selbst zu verstellen und sich vor dem eigenen schlechten Gewissen zu schützen, das ihn in der Gestalt der „Stimme" als Kain anspricht.

Selbstschutz des Gewissens

Fried will mit seiner Neufassung der alttestamentarischen Geschichte zeigen, dass übliche Vorstellungen von Gut und Böse einer Revision bedürfen. Dass der selbsternannte Gute das Recht besitzt, das für böse Erkannte zu vernichten, wird nicht nur in Frage gestellt, sondern eindeutig verneint. Für den „Präventivschlag" gibt es keine Absolution, es ist ein Schlag wie jeder andere Schlag auch, moralisch verwerflich und meist das Ergebnis einer unheilvollen Verbindung von Angst, Verachtung und Hass. Der „Präventivschlag" richtet sich nicht nur gegen den vermeintlichen Aggressor, sondern auch gegen den, der ihn ausführt, dessen moralische Integrität er im Augenblick der Tat aufhebt.

Moralische Verurteilung des Präventivschlags

Ungeachtet der allgemeinen Aussage, die in der Geschichte liegt, trägt auch der Zeitpunkt ihrer Entstehung zu ihrer Interpretation bei: Im Jahre 1979 wurden die so genannten Nachrüstungsbeschlüsse der NATO gefasst. Um den atomaren Vorsprung der Sowjetunion (SS-20-Raketen) wettzumachen, wurde beschlossen, die NATO-Streitkräfte mit neuen Waffen auszurüsten (atomar bestückten Pershing-2-Raketen und Cruise-Missiles-Marschflugkörpern). Während einerseits Abrüstungsverhandlungen geführt wurden, strebte das Wettrüsten zwischen den Supermächten und ihren Blöcken einem neuen Höhepunkt entgegen. Zu Beginn der achtziger Jahre setzten umfangreiche Demonstrationen gegen diesen Doppelbeschluss ein.

NATO-Doppelbeschluss

Der engagierte Pazifist Fried, der sich der Friedensbewegung eng verbunden fühlte, wollte darauf aufmerksam machen, dass die wachsenden militärischen Möglichkeiten eine ernste Bedrohung für die Menschheit darstellten, insofern sie immer auch die Möglichkeit eines „Präventivschlag[s]" eröffneten. Wenn sich die Ost-West-Konfrontation weiter zugespitzt hätte, hätte von den verantwortlichen Po-

Warnung vor atomarer Vernichtung

litikern stets auch das Argument der Vorausverteidigung als legitimer Grund für den atomaren Erstschlag angeführt werden können, um die westliche bzw. die östliche Welt vor dem hinterlistigen Angriff der Gegenseite zu schützen. In der sich verschärfenden ideologischen Auseinandersetzung zwischen Antikommunismus und Antikapitalismus, die mit der Hochrüstung einherging, sahen viele die Gefahr, dass die moralische Hemmschwelle zur Vernichtung der anderen Seite allmählich schwinden könnte. In dieser Situation greift der Autor auf die uralte Geschichte von Kain und Abel zurück und präsentiert sie in einer Variante, die gewohnte Denk- und Fühlgewohnheiten aufbrechen und die von der Politik vertretene Position, die von weiten Teilen der Bevölkerung übernommen wurde, als höchst bedenklich darstellen soll. Dabei nutzt er die Diskrepanz zwischen dem biblischen Inhalt und dem militärtechnischen Begriff des „Präventivschlag[s]", um zu zeigen, dass die Menschheit dem archaischen Faustrecht heute näher ist, als sie und besonders die für den atomaren Wahnsinn Verantwortlichen bereit sind, sich vor dem Hintergrund ihrer eigenen militärischen und politischen Logik bewusst zu machen.

Hans Joachim Schädlich:
Am frühen Abend (1987)

Am frühen Abend des achtundzwanzigsten Februar betrat der junge Handelsreisende Saller die kleine Halle des Bahnhofs von Schwäbisch Hall, einem Ort in der Nähe Stuttgarts.
Die Luft ist um diese Zeit kalt, sodass Saller die Helle und Wärme der kleinen Halle willkommen war. Er sah, dass auf dem steinernen Fußboden vor dem Ofen ein Mann lag. Saller gab sich den Anschein, als achte er nicht auf den Schlafenden. Er betrachtete den Fahrplan, suchte die Abfahrtszeit des Zuges, mit welchem er in das nahe Stuttgart fahren wollte, sah auf die Uhr über der Tür und warf einen schnellen Blick auf den Mann. Saller bemerkte, dass der Mann sich den Anschein gab, als bemerkte er Saller nicht.
Saller setzte sich. Zu seiner Linken hatte er den halbwachen Mann im Auge.
Bis zur Einfahrt seines Zuges waren es noch sieben, bis zur Abfahrt acht Minuten. Saller rechnete zwei Minuten für den Weg zum Bahnsteig. Sechs Minuten kann ich ausruhen, sagte er.
Der Mann sagte nichts.
Saller sah das strähnige, wirre Haar des Mannes, die schmutzigbraune Haut des Gesichts, den schütteren Vollbart, die fleckige Joppe, deren Knöpfe fehlten, die schmutzig-schwarzbraune Haut der Hände, die schmierige Hose, die nassen Halbschuhe.
Saller sagte auf gut Glück, Es ist zu kalt auf dem Steinfußboden.
Der Mann öffnete die Augen, sagte, Ich wollte am Ofen stehen, aber die Beine, die verdammten, tragen mich nicht mehr. Ich bin zusammengesackt. Ich habe Beine, ganz kaputt. Wund. Die Wunden groß wie meine Hand.
Auf der Bank wäre es besser für Sie, sagte Saller und zeigte auf den Platz neben sich.
Aber wie hinkommen, sagte der Mann.
Ich könnte Ihnen helfen, sagte Saller.
Aber Sie können mich nicht tragen, sagte der Mann.
Nein, sagte Saller.
Ich hab mir was gebettelt in Schwäbisch Hall, sagte der Mann. Aber nicht viel. Leute, fromm und geizig.
Wo wollen Sie hin, sagte Saller.
Wo will ich hin, sagte der Mann. Wohin soll ich wollen. Ich bin hier.
Hier können Sie nicht bleiben, sagte Saller.
Wie soll ich weg? Allein schaff ich es nicht. Mir hilft kein Gott und kein Bulle. Und wenn ich drei Mal schrei, Herzlieber Jesu mein.
Sie brauchen einen Arzt, sagte Saller.

Du redest, wie du's verstehst. Wie klein Moritz, sagte der Mann. Bezahlst du den Arzt?
Nein, sagte Saller. Einen Notarzt.
45 Hatte ich schon, sagte der Mann. Hat leise gesagt zu mir, Dreckskerl elender.
Sie müssen in ein Krankenhaus, sagte Saller.
Und wo?, sagte der Mann.
In Stuttgart, sagte Saller.
50 Bravo!, sagte der Mann. Darauf noch 'n Asbach uralt. Ich schaff's nicht bis zu deiner Bank, der Doktor fasst mich nicht an, die Bullen rollen mich aus'm Bahnhof und der liebe Gott selig pfeift auf mich. Nee, Märchen glaub ich nur noch meine eigenen.
Saller schwieg.
55 Der Zug nach Stuttgart fuhr ein, Saller stand auf, sagte, Auf Wiedersehen! und ging auf den Bahnsteig.
Der Mann sagte, Er hilft mir auch nicht.

(Aus: Hans Joachim Schädlich, Ostwestberlin. Copyright © 1987 by Rowohlt Verlag GmbH, Reinbek bei Hamburg)

Interpretation

1 Kurzbiographie und Hinweise zum Werk

Hans Joachim Schädlich wurde am 8. Oktober 1935 in Reichenbach im Vogtland geboren. Er studierte Germanistik in Berlin und Leipzig und promovierte 1960 mit einer Arbeit über die „Phonologie des Ostvogtländischen" zum Dr. phil. Von 1959 bis 1976 war Schädlich Mitarbeiter der Ostberliner Akademie der Wissenschaften und widmete sich vor allem linguistischen Studien. Aus der Akademie wurde er entlassen, nachdem er mit vielen anderen Künstlern der DDR eine Protest-Erklärung gegen die Ausweisung Wolf Biermanns unterzeichnet hatte. Fortan arbeitete Schädlich als freier Übersetzer. Ein Ausreiseantrag vom September 1977 wurde zunächst abgelehnt. Nachdem aber sein Erzählungsband „Versuchte Nähe" ohne Genehmigung der Behörden der DDR im Rowohlt-Verlag erschienen war und auf der Frankfurter Buchmesse für einiges Aufsehen gesorgt hatte, ließen die DDR-Behörden den Autor im Dezember 1977 in den Westen ausreisen. Schädlich lebte für kurze Zeit in Hamburg und Dahlenburg und hat seinen Wohnsitz seit 1979 in Westberlin.

Seit 1969 arbeitete Schädlich an den 25 Prosatexten für den Band „Versuchte Nähe", die in der DDR nicht erscheinen durften, das Leben in diesem Staat aber zum Thema haben, denn in ihnen geht es um den leidvoll erfahrenen Widerspruch zwischen Anspruch und Wirklichkeit des real existierenden Sozialismus. Der Autor bedient sich dazu einer außerordentlich kunstvollen, präzise kalkulierten Sprache, die sich einer flüchtigen Rezeption konsequent entzieht.

In den folgenden Jahren erschienen neben dem Kinderbuch „Der Sprachabschneider" (1980) nur kleinere Sammlungen kürzerer Texte, ehe Schädlich 1986 mit dem romanähnlichen Werk „Tallhover" hervortrat. Schädlich, der in den Akten des Ministeriums für Staatssicherheit als OV (Operativer Vorgang) „Schädling" geführt und sogar vom eigenen Bruder bespitzelt wurde, schuf mit der Titelfigur den Typ des ewigen, über die Epochen in immer neuem Gewand präsenten Spitzels, der sich als Handlanger der Macht im Staate und damit als Garant der jeweiligen politischen Ordnung definiert. Tallhovers fiktive Biographie beginnt im Jahre der Karlsbader Beschlüsse Metternichs (1819), die durch so genannte Demagogenverfolgung, Zensur und Geheimdiensttätigkeit die demokratische Opposition in den Staaten des Deutschen Bundes ausschalten sollten, und sie endet 1955, zwei Jahre nach dem Aufstand des 17. Juni: Tallhover, der sich selbst als gescheitert betrachtet, führt sein eigenes Ende herbei. (In sei-

Herkunft: Vogtland

1977 Ausreise aus der DDR

Werke

Der ewige Spitzel als Thema des Hauptwerkes

nem Roman „Ein weites Feld" von 1995 lässt Günter Grass, der Hans Joachim Schädlichs Prosa schon bei dessen Debut 1977 sehr gelobt hatte, die Figur des Spitzels Tallhovers wieder auferstehen: Zum „Hoftaller" gewendet, wird dieser zum ständigen Begleiter und Bewacher, zum „Schatten" Fontys, einer um hundert Jahre verschobenen Wieder-Geburt Theodor Fontanes.)

Die im Folgenden näher untersuchte Geschichte „Am frühen Abend" ist dem Band „Ostwestberlin" von 1987 entnommen, in dem überwiegend zwischen 1977 und 1986 entstandene kürzere Texte Schädlichs zusammengetragen sind. Der Roman „Schott" folgte 1992, und im selben Jahr erschien unter dem Titel „Über Dreck, Politik und Literatur" ein Band, der „Aufsätze, Reden, Gespräche, Kurzprosa" enthält, in denen der Autor sich vor allem mit Erfahrungen des Schriftstellers in der DDR bzw. in einem diktatorischen Staat auseinander setzt. Zwei Erzählungen enthält der Band „Mal hören, was noch kommt / Jetzt, wo alles zu spät is", den Schädlich 1995 vorlegte; 1996 folgte das Märchen „Der Kuckuck und die Nachtigall", 1998 die Politsatire „Trivialroman".

Ehrungen

Neben seiner Tätigkeit als Schriftsteller trat Schädlich auch als Übersetzer und Herausgeber hervor. Zu den zahlreichen Preisen, die er erhielt, zählen der Marburger Literaturpreis von 1986, der Hamburger Literaturpreis für Kurzprosa von 1988 und der Heinrich-Böll-Preis der Stadt Köln von 1992; 1996 nahm der Autor den Kleist-Preis entgegen. Hans Joachim Schädlich ist geschieden und hat drei Kinder.

2 Zum Aufbau der Geschichte

Drei Teile

Die Handlung der kurzen Geschichte „Am frühen Abend" kann vereinfacht in drei Teile gegliedert werden, von denen der erste mit „Ankunft Sallers in der Bahnhofshalle", der zweite mit „Gespräch zwischen Saller und dem Mann" und der dritte mit „Eintreffen des Zuges" zu überschreiben wäre. Die Geschichte ist streng linear konstruiert, greift also nicht auf Vorgänge, die in der Vergangenheit liegen, zurück und gibt auch keine Hinweise auf Zukünftiges.

Lineare Handlungsstruktur

1. Teil

Innerhalb der genannten Grobstruktur lässt sich noch eine feinere Gliederung in insgesamt sieben Teile erkennen: Zeit, Ort und einer der Handelnden werden im ersten Abschnitt (zugleich erster Absatz) vorgestellt: Die Erwähnung des „achtundzwanzigsten Februar[s]", der Bahnhofshalle in Schwäbisch Hall sowie des „junge[n] Handelsreisende[n]" Saller führen den Leser knapp in die äußeren Umstände des Geschehens ein. Der zweite Abschnitt beinhaltet Sallers Orientierung nach seinem Eintreten in die Halle, seine Beobachtungen und

Gedanken, die zwischen dem „Mann" auf dem Boden, dem Fahrplan und der Uhr hin- und herwandern. Am Ende dieses Abschnitts gibt Saller mit einer kurzen Bemerkung überraschend den Anstoß zu einer Unterhaltung, auf den der Angesprochene aber noch nicht reagiert. Die Handlung wird im Folgenden, dem vierten Abschnitt durch eine genauere Beschreibung des Mannes, der sehr elend und heruntergekommen aussieht, noch einmal hinausgezögert. Der weitaus umfangreichste und damit der Hauptteil von „Am frühen Abend" besteht aus dem nun doch einsetzenden Dialog zwischen dem Handelsreisenden und dem Mann. Eingeleitet wird er mit Sallers Worten „Es ist zu kalt auf dem Steinfußboden" und endet knapp mit der Bemerkung „Saller schwieg". Der junge Vertreter nimmt sich – allerdings nur verbal-unverbindlich – der Situation des Mannes am Boden an; er gibt ihm im Verlauf des Gesprächs mehrere Ratschläge, die dieser aber, zunehmend unhöflicher werdend, als abwegig zurückweist. Den dritten Teil bilden die Ankunft des Zuges und Sallers Hinaustreten auf den Bahnsteig (sechster Abschnitt) sowie der pointenhaft wirkende, resignative Ausspruch des zurückgelassenen Mannes „Er hilft mir auch nicht" (siebter Abschnitt), mit dem die Geschichte ausklingt.

2. Teil

3. Teil

3 Erzählverhalten und Sprache

Auffällig knapp, in den Informationen aber sichtlich um Präzision bemüht, setzt die Geschichte mit einer genauen Zeitangabe ein. Dabei fällt auf, dass zwar die Tageszeit, der genaue Monat sowie der Tag („achtundzwanzigste[r] Februar"), nicht aber das dazugehörige Jahr genannt werden. Zwei Erklärungen für diesen Umstand bieten sich an: Der Schreiber unterstellt, das Jahr sei dem Leser ohnehin bekannt und brauche deshalb nicht mehr gesondert genannt zu werden. Das lässt an eine aktuelle Reportage denken, die aus dem unmittelbaren Zeitgeschehen heraus entstanden ist. Dazu passt auch die Erläuterung zum Ort des Geschehens, Schwäbisch-Hall: ein „Ort in der Nähe Stuttgarts". Der Leser fühlt sich durch Angaben dieser Art sogleich an eine Fernseh- oder Zeitungsreportage erinnert, und seine Erwartungen werden so auf etwas Außergewöhnliches, Spektakuläres, auf jeden Fall aber etwas Wichtiges, Mitteilenswertes gelenkt. Dazu in Widerspruch steht die zweite Erklärungsmöglichkeit: Danach wird auf die Jahresangabe verzichtet, weil der geschilderte Vorgang so allgemein und unspektakulär ist, dass er sich in jedem beliebigen Jahr zugetragen haben könnte. (Für die zweite Lesart spricht der Name der Hauptfigur, Saller, ein Familienname, der zwar nicht selten vor-

Ähnlichkeit mit Reportage

Sprechender Name	kommt, hier aber – als sprechender Name – an „alle" erinnert.) Die weitere Untersuchung wird zeigen, dass beide Deutungen in dieser Geschichte ihre Berechtigung haben.
Wenige Adjektive	Typisch für den Reportagestil ist auch der sparsame, aber gezielte Einsatz von *Adjektiven* („Am frühen Abend", „der junge Handelsreisende", „die kleine Halle"), die hier allerdings durch präzisere Angaben hätten ersetzt werden können. So werden dem Leser die Uhrzeit, das exakte Alter Sallers und die Größe der Halle vorenthalten. Daran wird deutlich, dass zwar sprachliche Mittel der Reportage verwendet werden, es sich aber keineswegs um eine Reportage, sondern um eine – allerdings sehr wirklichkeitsnahe – Fiktion handelt.
Stil	Der *Stil* des Erzählerberichts ist teilweise parataktisch, teilweise hypotaktisch, aber auch dabei betont einfach und überschaubar gehalten. Eine Ausnahme bildet der Satz, der Sallers Reaktion beschreibt, nachdem dieser den Raum betreten und den Mann auf dem Boden entdeckt hat. Seine innere Unruhe wird durch eine asyndetische Reihung spürbar gemacht, in der mit auffällig vielen Verben die verschiedenen Handlungen aufgezählt werden, die vom psychologischen Standpunkt her als Übersprunghandlungen, als Verlegenheitsreaktionen, zu bezeichnen sind: „Er betrachtete den Fahrplan, suchte die Abfahrtszeit des Zuges, mit welchem er in das nahe Stuttgart fahren wollte, sah auf die Uhr über der Tür und warf einen schnellen Blick auf den Mann."
Wortwahl	Die *Wortwahl* ist so schlicht, dass für den „Mann" stets nur dieses neutrale Substantiv gebraucht wird. Besonders hierin zeigt sich, dass der Erzähler sich jeder Kommentierung und Individualisierung enthalten will. Nimmt man den oben angesprochenen Reportagestil und den Umstand, dass der Hauptteil der Geschichte aus einem Dialog besteht, hinzu, so kann bei „Am frühen Abend" überwiegend von einem *neutralen Erzähler* gesprochen werden, der die Vorgänge wie mit einer Kamera aufnimmt und die Deutung der Vorgänge weitgehend dem Leser überlässt. Denn nur kurz gewährt der Erzähler dem Leser einen Blick in das Innere Sallers: „[...] so dass Saller die Helle und Wärme der kleinen Halle willkommen war." Bei der Beschreibung des Mannes allerdings wird der neutrale Standort mit dem Blick Sallers kombiniert, zumindest wird das abstoßende Äußere des offenbar Obdachlosen durch die subjektive Sicht seines Betrachters („Saller sah [...]") verstärkt. Die detaillierte, hier mit ausdrucksstarken Adjektiven versehene Beschreibung wirkt überdies aufgrund der auffälligen Verwendung von *Alliterationen* und *Assonanzen* abwertend: „schmutzigbraune Haut"(als Steigerung sogar „schmutzig-schwarzbraune Haut"), „schüttere[r] Vollbart" und als Ekel erregender Höhepunkt „schmierige Hose".
Neutrales Erzählverhalten	
Alliterationen Assonanzen	
Wortwiederholungen	*Wortwiederholungen* verdeutlichen bereits die Beziehung zwischen den beiden Figuren, ehe sie das erste Wort miteinander gewechselt haben:

3 Erzählverhalten und Sprache 189

„Saller gab sich den Anschein, als achte er nicht auf den Schlafenden. [...] Saller bemerkte, dass der Mann sich den Anschein gab, als bemerkte er Saller nicht." Beide scheinen sich zu belauern und täuschen sich aus einer wechselseitigen Verunsicherung heraus etwas vor, denn sie sind sich unschlüssig darüber, wie sie miteinander umgehen sollen.
Neben dem fortwährenden und deshalb monoton wirkenden Gebrauch des Substantivs „Mann" fällt besonders die ständige Wiederholung des Verbs „sagte" ins Auge, die der geschilderten Situation etwas Irritierendes verleiht. Nicht einmal in grammatisch klar erkennbaren Fragesätzen wird von „sagte" abgewichen und nach einer der vielen möglichen Varianten, die die deutsche Sprache bereithält, gesucht: „Aber wie hinkommen, sagte der Mann. [...] Und wo?, sagte der Mann." Der Verzicht darauf, eines der vielfältigen Ersatzwörter zu „sagte" zu verwenden, ist ein Hinweis nicht nur auf die nüchternsachliche Sprache des Reportagenstils, sondern darüber hinaus ein Beweis für die Art, wie hier miteinander gesprochen und das Gesprochene aufgenommen wird. Die Wortbeiträge sind keine natürliche, menschlich spontane Reaktion auf das von dem anderen Geäußerten, was an folgendem Beispiel besonders deutlich wird: „Wo wollen Sie hin, sagte Saller." Er stellt eine Frage und will die Antwort darauf in Wirklichkeit gar nicht wissen. Den Umstand, dass es sich hier eher um einen Scheindialog handelt, erfasst das Verb „sagte" atmosphärisch viel eindringlicher als ein grammatisch passendes „fragte". Sallers Frage an den Obdachlosen ist rhetorischer Natur und deshalb nicht Ausdruck echter Anteilnahme, sondern eben nur ‚Gesagtes'.
Für Saller entsteht das ‚Gesagte' aus der Verlegenheit des vermeintlichen Miteinander-sprechen-Müssens heraus, für den Mann kennzeichnet es die wiederholte Erfahrung und die am Ende aufs Neue bestätigte Erwartung „Er hilft mir auch nicht." Auch der Notarzt, den der Mann kurz erwähnt, hat etwas „gesagt", und zwar „leise": „Dreckskerl elender". Das Verb „sagen" charakterisiert aufgrund seines unspezifischen Charakters hier die Unverbindlichkeit im Umgang der Menschen miteinander. Das Gesprochene hat keinen eigenen Wert mehr, was nicht nur den fehlenden Variationen des Prädikats, sondern auch dem durchgängigen Verzicht auf die für die wörtliche Rede sonst üblichen Anführungsstriche in dieser Geschichte Sinn verleiht.

„Mann"
„sagte"

Scheindialog

Unverbindlichkeit

4   Die Figuren

Die kurze Geschichte schildert die Begegnung zweier Männer aus unterschiedlichen Gesellschaftsschichten an einem Ort, der normalerweise nicht zum Verweilen gedacht ist: in einer Bahnhofshalle. Von dem zuerst genannten *Saller* erfährt man nicht viel mehr, als dass er ein „junge[r] Handelsreisende[r]" auf der Durchreise von Schwäbisch Hall nach Stuttgart ist; ob Stuttgart sein Wohnort oder nur der Ort seines nächsten beruflichen Einsatzes ist, bleibt ebenso offen wie die Frage, welche Firma bzw. welche Handelsartikel er vertritt. Man darf ihn sich wohl als korrekt gekleidet denken. Dass seine Person jedoch nicht schärfer konturiert werden soll, lässt auch der Name Saller vermuten, in dem sich, wie bereits erwähnt, als eine Art sprechender Name das Indefinitpronomen „alle" verbirgt: Es handelt sich um einen Durchschnittsbürger, der durch nichts besonders auffällt. Wie alle sucht auch er an einem Wintertag „die Helle und Wärme" und meidet Dunkelheit und Kälte, wobei er unversehens mit dem konfrontiert wird, was er ebenfalls meiden möchte: der Armut. Diese aber tritt ihm in der Gestalt des „Mannes" entgegen, der zwar den Weg in „die Helle und Wärme" bereits gefunden hat, dort aber auf dem kalten Boden liegt.

Saller kann, obwohl er nicht näher beschrieben wird, als Vertreter der modernen Leistungsgesellschaft gesehen werden, in der Leute wie der „Mann" eine Randexistenz führen. Zeit und Raum haben für die beiden Figuren deshalb eine ganz unterschiedliche Bedeutung: Während Saller offensichtlich unter Zeitdruck steht, nur wenige Minuten vor dem Einlaufen des Zuges im Bahnhof eingetroffen ist und als Erstes auf die „Uhr über der Tür" schaut, ehe er „einen schnellen Blick" auf den Obdachlosen wirft, ist dieser ohne Ziel und deshalb ohne Hast: „Wohin soll ich wollen. Ich bin hier." Anders als Saller, der wahrscheinlich nach einem vollen Terminkalender lebt, muss der Mann von einem Tag zum anderen sein Überleben sichern: „Ich hab mir was gebettelt [...]." So ist der Bahnhof für Saller ein Ort, der ihm im konkreten wie im übertragenen Sinn das Weiterkommen sichert, wohingegen der Mann nur einen Ort zum Aufwärmen sucht – und das noch nicht einmal mit Erfolg, denn einen Platz im Warmen findet er auch hier nicht. Den Weg auf die Bank schafft er nicht, und er muss ständig damit rechnen, von den „Bullen" hinausgewiesen zu werden. Die Begegnung mit dem Obdachlosen ist Saller in doppelter Hinsicht unangenehm – zum einen fühlt er sich vom Äußeren des Mannes abgestoßen, zum anderen kann er dessen Hilflosigkeit nicht wirklich übersehen. Aus einem Zustand heraus, in dem Berührungsangst und Betroffenheit miteinander konkurrieren, spricht er ihn an. Auf die Klagen des Mannes über seinen schlechten körperlichen Zustand rea-

Marginalien:
– *Saller*

Durchschnittsbürger

Betroffenheit und Berührungsangst

4 Die Figuren

giert Saller ganz unangemessen mit einer Reihe von Belehrungen, deren Sinn- und Nutzlosigkeit der andere ihm mit Leichtigkeit nachweisen kann. Am Ende zieht sich Saller in betretenes Schweigen zurück, ehe er aus der für ihn unbequemen Situation durch den einlaufenden Zug erlöst wird. Sein „Auf Wiedersehen" beim Weggehen ist natürlich nicht ernst gemeint und insofern genauso floskelhaft wie alles Gesagte zuvor, das nur den einen Zweck hatte, eine temporäre Peinlichkeit erträglicher zu machen und den Schein von Anteilnahme zu wahren. *Schein von Anteilnahme*

Während der Handlungsreisende mit einem Namen, „Saller", ausgestattet wird, bleibt der stets nur *„Mann"* Genannte gänzlich anonym. Von ihm erfährt man weder den Namen noch das Alter, bekommt dafür aber eine ausführliche Schilderung seines Äußeren, weil dies für das Verständnis von Sallers Verhalten von Bedeutung ist. So wird der Leser mit diesem vermutlich auf Ersatzbegriffe wie „Obdachloser", „Berber", „Nicht-Sesshafter" oder gar – als schlimme Abwertung – auf „Penner" kommen. Anders als Saller, der, wie der sprechende Name schon andeutet, auch durch die Sterilität seiner Worte merkwürdig blass und farblos bleibt, gewinnt der Mann durch die Art, wie er redet, sogleich an Gestalt: Er ist offen und gibt von sich etwas preis, indem er beschreibt, wie seine Beine ihm den Dienst versagen. Seine körperlichen Beschwerden und Gefühle drückt er unverstellt und bildkräftig aus, indem er flucht, Umgangssprache verwendet und sich gelegentlich auf Ellipsen beschränkt: „[...] die Beine, die verdammten, [...] ganz kaputt. Wund.", klagt er. Er hat Menschenkenntnis genug, um den jungen Mann auf der Bank richtig einschätzen zu können, und legt sich keine Zurückhaltung auf, geht sogar ins Duzen über und verspottet Saller: „Du redest, wie du's verstehst. Wie klein Moritz [...]." Provozierend fügt er hinzu: „Bezahlst du den Arzt?", wohl wissend, dass er in diesem Moment die Scheinheiligkeit des Fragenden bloßstellt. Verbittert und sarkastisch, aber nicht ohne Mutterwitz, kommentiert er Sallers Vorschlag, ein Krankenhaus in Stuttgart aufzusuchen: „Bravo!, sagte der Mann. Darauf noch'n Asbach uralt." Trotz seiner desolaten Lage ist er kritisch und fähig, einen Dialog mit wachem Geist zu führen. In diesem Dialog ist er Saller überlegen: Er lässt sich nicht gänzlich unterkriegen und hat mit einem Rest von Stolz das letzte Wort gegenüber diesem in seinen Augen arroganten Reisenden. Seine Verzweiflung behält er am Ende ganz für sich: „Er hilft mir auch nicht."

– Der „Mann"

Nicht-Sesshafter

Menschenkenner

Sarkasmus und Mutterwitz

Stolz trotz Verzweiflung

Exkurs: Die Geschichte im Spiegel des Gleichnisses vom barmherzigen Samariter

Vorlage:
Neues Testament

Bei näherem Hinsehen weist „Am frühen Abend" Bezüge zu einer der vielleicht bekanntesten Geschichten aus dem Neuen Testament, dem Gleichnis vom barmherzigen Samariter (Lk 10, 30 -37), auf. Jesus erzählt hier eine Geschichte, um die Frage eines Rechtsgelehrten zu beantworten, der nach der Bedeutung des Begriffs „Nächster" gefragt hat: Ein Mann – offenbar handelt es sich um einen Juden, denn er befindet sich auf dem Weg „von Jerusalem hinab nach Jericho" – wird unterwegs brutal ausgeraubt und halb tot liegen gelassen. Ein Priester kommt vorbei, ohne dem Mann zu helfen, desgleichen ein Levit, ein Hilfspriester. (Dass nach einem Gesetz aus dem Alten Testament (Moses 3, 21,1) religiös-rituelle Gründe, hier: Reinheitsgebote, einer Hilfeleistung durch den jüdischen Priester und den Leviten entgegenstehen, wird in der Rezeption des Gleichnisses meist übersehen.) Als Dritter kommt ein Samariter hinzu, ein Mann also aus einer von den Juden verachteten und feindlich betrachteten Gemeinschaft, und dieser fühlt „Mitleid" und versorgt den Hilflosen. Er wäscht seine Wunden und schafft ihn auf seinem Lasttier in eine Herberge, wo der Beraubte auf Kosten des Samariters weiter gepflegt wird. Die Antwort auf die Frage, wer von den Dreien denn dem Überfallenen der „Nächste" gewesen sei, kann sich der Rechtsgelehrte nun selbst geben. Anstelle einer rechtskundlichen oder moralischen Definition hält die Geschichte in ihrer beinahe schlichten Anschaulichkeit alles Wesentliche für die Erkenntnis richtigen Handelns bereit.

Motive:

– Reise

Die inhaltlichen Bezüge von Schädlichs Geschichte zum Gleichnis sind – bei allen Unterschieden im Detail – offensichtlich: Saller befindet sich auf einer Reise, deren Ausgangs- und Zielort ebenso genannt werden wie im Lukas-Evangelium: Schwäbisch Hall und Stuttgart. Auch der Samariter ist wahrscheinlich ein „Handelsreisender", denn er führt ein „Lasttier" mit sich, auf dem er vermutlich für den Handel bestimmte Waren transportiert, und er nimmt, wie der Besuch der ihm vertrauten Herberge beweist, oft denselben Weg. Saller findet den „Mann" (so wird dieser auch bei Lukas genannt) auf dem Boden liegend und bewegungsunfähig vor. Wenngleich von einem Überfall nicht die Rede ist und die Ursachen dafür, weshalb er ins Elend geraten ist, ungenannt bleiben, trägt er „Wunden", genau wie der Beraubte. Und auch Saller ist nicht der Erste, der den Mann in seiner Lage gesehen hat: Aus dessen Bericht geht hervor, dass der Notarzt schon bei ihm gewesen ist und ihn nur beschimpft hat. Auch die Polizei scheint schon da gewesen zu sein: „[...] die Bullen rollen mich aus'm Bahnhof [...]."

– Wunden

5 Zur Aussage der Geschichte

Der Mann am Ofen ist außerdem unrein, nämlich „fleckig" und „schmutzig" wie in dem biblischen Gleichnis der Reisende, und sein äußerer Zustand ist in beiden Geschichten ein Grund dafür, dass ihm nicht geholfen wird: Während der Priester und der Levit mit Rücksicht auf ihre religiösen Gesetze aus dem Buch Mose den Mann nicht anfassen, weil sie nicht mit dem Blut eines Fremden in Berührung kommen dürfen, will sich auch Saller nicht beflecken, wenn auch natürlich aus anderen Gründen, die aber ebenfalls mit seinem Beruf und dem nötigen tadellosen Äußeren zusammenhängen.

– Unreinheit

Den Bezug zum Gleichnis stellt der Mann in der Bahnhofshalle selbst her, wenn er sarkastisch feststellt: „Mir hilft kein Gott und kein Bulle. Und wenn ich drei Mal schrei, Herzlieber Jesu mein." Mit ‚Hilfe' und ‚Jesu' wird deutlich auf den Zusammenhang von Barmherzigkeit, Nächstenliebe und christlichem Glauben angespielt, den der Mann für sich längst abgeschrieben hat: „[...] und der liebe Gott selig pfeift auf mich." Gott ist „selig", also tot, von ihm erwartet der Mann nichts mehr. Und wenn er – seine Aussage durch eine Inversion ironisch verstärkend – hinzufügt „Nee, Märchen glaub ich nur noch meine eigenen", dann verweist er das Gleichnis vom barmherzigen Samariter in den Bereich des Unglaubhaften. Er hat die Menschen anders kennen gelernt, „fromm und geizig" sind sie, nicht wirklich gläubig und mildtätig. Frömmigkeit kaschiert als äußere Fassade nur die Hartherzigkeit der „Leute" und hat mit tätiger Nächstenliebe ebenso wenig gemein wie Saller mit dem Samariter, auch wenn beide Namen mit demselben Buchstaben beginnen.

– Nächstenliebe

Saller: kein Samariter

5 Zur Aussage der Geschichte

Dass die Geschichte den Titel „Am frühen Abend" trägt, kann, wie schon im Kapitel zur Sprachgestaltung angedeutet wurde, auf zweierlei Weise interpretiert werden: Der Autor greift die Anfangsworte der Geschichte lediglich auf, so, als verdanke sich diese Überschrift der Konvention, dass nun einmal eine Überschrift gefunden werden muss. Demnach wäre sie aus einer gewissen Verlegenheit heraus entstanden und zeigt an, dass sich für einen ganz alltäglichen und beinahe banalen Vorgang ein besonders origineller Titel nicht eignet. Der Verzicht darauf kann somit als Betonung des Unspektakulären aufgefasst werden – das beschriebene Geschehen soll nicht durch einen Titel herausgehoben werden aus anderem Geschehen, das sich am Morgen, Mittag oder eben „am frühen Abend" abspielt; es ist tagtäglich in ähnlicher Weise beobachtbar. Gleichwohl macht es ganz typische Elemente von Alltagsbewusstsein und -verhalten durchsichtig.

Sinn des Titels:

– Alltäglichkeit

– Unscharfer Moralbegriff

Mit der Tageszeit „am frühen Abend" assoziiert man aber auch einen Zustand zwischen Tag und Nacht, in dem zwischen Hell und Dunkel, zwischen Gut und Böse die Grenzen verschwimmen, undeutlich werden. Und Schädlichs Geschichte lässt den Leser – ob mit oder ohne biblischen Bezug – in der Tat nicht im Unklaren darüber, dass ihr Thema und ihre Aussage auch eine ethische Dimension aufweisen.

Im Zentrum der Deutung steht natürlich Saller, der in gewisser Weise als eine Kombination der drei Vorbeikommenden im biblischen Gleichnis gesehen werden kann: Zwar geht er nicht kommentarlos an dem Obdachlosen vorüber und sieht auch nicht gleichgültig weg, aber er hilft ihm auch nicht wie der barmherzige Samariter im Lukas-Evangelium. Während das Gleichnis ganz deutlich zwischen gutem und falschem Handeln unterscheidet und damit eine moralische Handlungsrichtung vorgibt, sucht Saller eine Zwischenlösung für sich, denn er ist sowohl unfähig zu ignorieren als auch unwillig zu helfen. Diese Diskrepanz ist das eigentliche Thema der Geschichte.

Sallers inneres Dilemma

Schon beim Eintritt in die Halle hat er den Mann bemerkt und bereits im selben Moment den Entschluss gefasst, so zu tun, „als achte er nicht auf den Schlafenden". Wenn Saller wirklich meint, er habe einen Schlafenden vor sich, würde die Attitüde des Nicht-Sehens keinen Sinn ergeben – wer außer dem Mann am Boden sollte sie überhaupt registrieren? Insgeheim weiß Saller also, dass der Mann keineswegs schläft, obwohl ihm dies am liebsten wäre, denn dann hätte er einen vertretbaren Grund, wegzuschauen. Bilder wie die des Mannes am Ofen sind ihm anscheinend vertraut und dennoch immer wieder unangenehm und peinlich. Er kann sie nicht wirklich übersehen, d. h. aus seinem Gesichtsfeld verdrängen, weil sein Gewissen sich in ihm regt. Darin zeigt sich seine innere Verfassung. Er ist unsicher, fühlt sich insgeheim beobachtet, wie er den anderen auch beobachtet.

Peinlichkeit

Verunsicherung

Und deshalb sind seine Tätigkeiten Ausdruck seiner Verlegenheit: Natürlich braucht er „die Abfahrtszeit des Zuges" auf dem Fahrplan nicht mehr zu suchen, denn er hat sich gewiss vorher genau informiert, sonst würde er nicht so pünktlich am Bahnhof sein. Seine wirkliche Aufmerksamkeit gilt dem Mann, auf den er „einen schnellen Blick" wirft, um ihn fortan „im Auge" zu behalten, so, als fürchte er sich vor ihm. Saller ist durch die Begegnung peinlich berührt und fühlt sich so unwohl, dass er die Minuten bis zur Abfahrt seines Zuges nach Stuttgart genau durchrechnet.

Undeutliche Signale Sallers

Warum aber sagt er, anstatt einfach die Zeit abzuwarten: „Sechs Minuten kann ich ausruhen"? Ganz offensichtlich spricht er diese Worte nicht zu sich selbst, sondern laut genug, damit der andere sie hören kann. Will er ein Signal geben, dass er in diesen sechs Minuten kein Gespräch wünscht, sondern in Ruhe gelassen bleiben möchte, damit er „ausruhen" kann? Stellt er mit seinen Worten seine Angestrengtheit, seine Zeitknappheit und Rastlosigkeit unter Beweis? Oder hält

5 Zur Aussage der Geschichte

er die Stille in dem Raum nicht aus? Dann wären seine Worte als Versuch zu werten, ein Gespräch zu beginnen, dessen zeitliche Begrenzung aber für den anderen vorab deutlich werden soll, um falsche Erwartungen zu verhindern und ungewünschter Vertraulichkeit vorzubeugen. Der Satz „Sechs Minuten kann ich ausruhen" klingt wie eine Entschuldigung, so, als sei es nötig, seinem Gewissen und dem Mann mit dem Zeitdruck eine glaubhafte Begründung für seine längst beschlossene Untätigkeit zu liefern.

Das Schweigen des anderen aber verunsichert ihn und drängt ihn zu einem Zeichen der Anteilnahme: „Es ist zu kalt auf dem Steinfußboden." Saller spricht diesen Satz „auf gut Glück", weil er in der Tat nicht wissen kann, mit welcher Reaktion des Mannes er zu rechnen hat.

Aus seiner Feststellung könnte der Mann zwar eine indirekte Aufforderung (wie etwa „Stehen Sie doch bitte auf, Sie werden sich sonst noch eine Erkältung zuziehen") heraushören, aber auf die in einer solchen Formulierung enthaltene menschliche Nähe will Saller sich gar nicht einlassen. Lieber belässt er es bei einer allgemein gehaltenen Bemerkung, die ihn zu nichts verpflichtet. Äußerlich anteilnehmend, verrät sich Saller als in Wahrheit doch Unbeteiligter, der sich, durch eine Mitgefühl und Hilfsbereitschaft vortäuschende Floskel besserwisserisch hervortun und zugleich psychisch entlasten will. Welche Reaktion erwartet er aber? Dass der Mann aufsteht und sich neben ihn auf die Bank setzt? An tätige Hilfe jedenfalls denkt er nicht, das zeigt der Konjunktiv in seiner folgenden Formulierung „Ich könnte Ihnen helfen [...]." Und beinahe erleichtert bestätigt er schnell mit einem lakonischen „Nein" die Vermutung des Mannes, Saller sei zu schwach, um ihn zu der Bank zu tragen. Die Möglichkeit, dass dieser vielleicht auf Widerspruch und das Angebot zu helfen gehofft hat, verdrängt Saller erfolgreich.

Floskeln als psychische Entlastung

Vielleicht wäre ihm am ehesten damit gedient, wenn der Mann darum bitten würde, einfach in Ruhe gelassen zu werden. Den Gefallen aber tut der Angesprochene Saller nicht, dieses „Glück" wird ihm versagt, denn der Mann geht auf das allerdings sehr indirekte und nicht einmal halbherzig gemeinte Hilfsangebot ein.

Der nun folgende Dialog verstärkt Sallers Dilemma, mit dem Elend eines Mitmenschen direkt konfrontiert zu werden, ohne sich praktisch damit befassen zu wollen. Anstatt das Naheliegende für diesen Mann zu tun und ihm auf die Bank zu helfen, hält er ihn auf Distanz. Er beruft sich immer wieder neu auf die Zuständigkeit abwesender anonymer Instanzen (Arzt, Notarzt, Krankenhaus), um dem Gefühl einer persönlichen Verantwortung, das er in sich nicht ganz zu unterdrücken vermag, auszuweichen. Sein innerer Zwiespalt teilt sich dabei dem anderen im Dialog so deutlich mit, dass er Saller bloßstellt und schließlich sogar verspottet. Der entlarvende Blick von unten so-

Abschieben der Verantwortung

wie das respektlose Sprachverhalten des Mannes kehren das Verhältnis der beiden vollständig um. Gleichsam von oben herab spricht der Obdachlose zu dem auf der Bank Sitzenden, der am Ende nur beschämt schweigen kann.

Ironie in der Wahl des Ortes

In der Wahl des Ortes Schwäbisch Hall könnte man eine ironische Anspielung auf den Firmensitz einer bekannten deutschen Bausparkasse sehen. Nimmt man die sprichwörtliche schwäbische Sparsamkeit und die Feststellung des Mannes hinzu, die „Leute" seien „fromm und geizig", so könnte man in Schwäbisch Hall eine Art Mikrokosmos gesellschaftlicher Realität und in dem Handelsreisenden Saller ihren typischen Vertreter sehen. Sallers unterdrücktes Wissen um seine persönliche moralische Verantwortung stimmt mit seinem Handeln dem Nächsten gegenüber ebenso wenig überein wie wahrhaftige Frömmigkeit mit Geiz. Letztendlich denkt er nur an sich (vielleicht an sein eigenes Haus) und überlässt den Unbehausten in der Bahnhofshalle seinem Schicksal.

Die Geschichte zeigt an einem Beispiel, wie viele Menschen sich verhalten, die, mit der Not Benachteiligter konfrontiert, in ihrem ästhetischen Empfinden irritiert und in ihren ethischen Ansprüchen verunsichert werden. Weil Erscheinungen dieser Art nicht in ihr persönliches Leben gehören, wollen sie durch sie nicht gestört werden und sich auch nicht ernsthaft mit ihnen auseinander setzen. In der konkreten Situation sind sie dann mehr mit der Beruhigung ihres eigenen Gewissens beschäftigt als mit einer kleinen Hilfe. Dabei scheint Saller noch nicht einmal ein mit Vorurteilen belasteter Spießer zu sein, sondern eben einer wie wir alle, ob man es sich eingestehen mag oder nicht. Darin liegt auch der Grund für das wirklich Beunruhigende an der Erzählung „Am frühen Abend": Das ungute Gefühl, das Saller angesichts seiner Begegnung mit dem Mann am Boden erfasst, überträgt sich auf den Leser, der sich zwar nicht mit der Figur des Saller identifizieren möchte, sich aber gleichwohl in ihr wiedererkennen und sich eingestehen muss, dass er wahrscheinlich auch nicht geholfen hätte.

Beunruhigende Parallele: Die Leser als Sallers?

WEITERE TITEL ZUR UNTERRICHTSVORBEREITUNG

Sekundarstufe II

Kurt Binneberg
Interpretationshilfen
Deutsche Lyrik von der Aufklärung bis zur Klassik
ISBN 3-12-922601-X

Kurt Binneberg
Interpretationshilfen
Deutsche Lyrik von der Klassik zur Romantik
ISBN 3-12-922605-2

Peter Christian Giese
Interpretationshilfen
Lyrik des Expressionismus
ISBN-3-12-922602-8

Eberhard Hermes
Interpretationshilfen
**Der Antigone-Stoff
Sophokles – Anouilh – Brecht – Hochhuth**
ISBN 3-12-922603-6

Rainer Könecke
Interpretationshilfen
Deutsche Kurzgeschichten von 1945–1968
ISBN 3-12-922606-0

Wolfgang Pasche
Interpretationshilfen
**Friedrich Dürrenmatts Kriminalromane
Der Richter und sein Henker – Der Verdacht – Die Panne – Das Versprechen**
ISBN 3-12-922609-5

Eberhard Hermes
Interpretationshilfen
**Ideal und Wirklichkeit
Lessing – Goethe – Brecht**
ISBN 3-12-922612-5